歴史を感じる大阪の街道スポット　西国街道

▲かつて参勤交代で栄えた芥川宿（高槻市内）

▲亀岡街道との交差点に建つ道標
（茨木市内）

▲約300年前の姿をとどめる
郡山宿本陣（茨木市内）

▲修復・保存されている江戸期の長屋門（箕面市内）

▲瀬川・半町立会駅所と本陣跡を示す街道脇の解説板（箕面市内）

歴史を感じる大阪の街道スポット　京街道

▲高麗橋と里程元票の石柱（大阪市中央区内）

▲関目七曲り（大阪市旭区内）

▲街道沿いに再現された高札場（守口市内）

▲光善寺の太鼓櫓（枚方市内）

▼森小路京かい道商店街の街灯のくり抜き看板
（大阪市旭区内）

歴史を感じる大阪の街道スポット　熊野街道

▲熊野街道の起点は八軒家浜（大阪市中央区内）

▲四天王寺にある「熊野権現禮拝石」を示す標石（大阪市天王寺区内）

◀街道沿いにある「小栗判官の笠かけ松」と「照手姫の腰かけ石」（和泉市内）

▲古い街並みが残る橋本集落（泉南市内）

▲信達宿本陣跡（泉南市内）

▶信達岡中の集落内に続く街道（泉南市内）

歴史を感じる大阪の街道スポット　**暗越奈良野街道**

▲ JR 玉造駅東にある「二軒茶屋跡」の碑
（大阪市東成区内）

▼街道沿いの歌碑（東大阪市内）

◀深江稲荷神社門前の「深江菅笠ゆかりの地」の碑（大阪市東成区内）

▲街道沿いに残る「おかげ灯籠」（東大阪市内）

▲暗峠に向かって急こう配が続く道（東大阪市内）

▲暗峠。奈良県生駒市側から東大阪市を望む

歴史を感じる大阪の街道スポット　東高野街道

◀「月夜田」の交差点に建つ道標（京都府八幡市内）

▼街道が集落内に通じる出屋敷地区（枚方市内）

▲四條畷市立歴史民俗資料館前に通じる東高野街道敷地区（四條畷市内）

◀東高野街道（左）と山根街道（右）の分岐点（枚方市内）

▲弘法井戸の説明板（寝屋川市内）

▲石切劔箭神社の参道（東大阪市内）

歴史を感じる大阪の街道スポット　西高野街道

▲榎元町４丁で分岐する西高野街道（右）と竹内街道（左）
（堺市堺区内）

▲関茶屋の街道沿いに立つ十二里石（堺市東区内）

▲多くの古民家が残る旧三日市宿
（河内長野市内）

▼西高野街道（左）と中高野街道（右）の合流点
（河内長野市内）

▲新天野橋の北詰にある八里石（左）と街道（河内長野市内）

▼紀見峠に立つ六里石（左）（和歌山県橋本市内）

歴史を感じる大阪の街道スポット　竹内街道

▲大小路にある大阪側の街道の起点（堺市堺区内）

▲街道沿いの旧山本家住宅（太子町内）

▲金岡神社のクスノキの大木（堺市北区内）

▲岡公園前にある竹内街道の説明板（松原市内）

▲街道が通じる交差点に建つ高灯籠（羽曳野市内）

▲飛鳥の集落内を通る街道（羽曳野市内）

歴史を感じる大阪の街道スポット　大阪市内の諸街道

▲裁判所は鍋島藩の蔵屋敷跡（大阪市北区内）

▼第４次大阪大空襲の戦火で焼かれた姫嶋神社の大クスノキ（大阪市西淀川区内）

▼大坂冬の陣の古戦場だったことを示す石碑と、丸木舟の出土跡の説明板（大阪市城東区内）

▼西俊徳地蔵尊（大阪市生野区内）

▲庚申堂の南にある「谷の清水」（大阪市天王寺区内）

▲庚申街道と合流する古市街道の街並み（大阪市平野区内）

小西　進

大阪の街道を歩く

徹底ガイド　東西南北11ルート

日本機関紙出版センター

はじめに

本書は、大阪の週刊地方政治新聞「大阪民主新報」で、2017年1月から3年間にわたって筆者が連載した「大阪の街道を歩く」（全160回）から、11の街道を選んで1冊にまとめ、若干の加筆・訂正・補強を行ったものです。同じ「大阪民主新報」で2021年1月から2023年12月まで連載した「続・大阪の街道を歩く」から、西高野街道も本書に収録しました。

「街道」とは

連載を1冊にまとめるにあたり、「街道」とは何か、あらためて考えてみました。『広辞苑』（第七版）は、「街道」について「各都市間を結ぶ主要道路。江戸時代には、江戸から各地に通じた五街道のほかに、脇往還（わきおうかん）などがあった。海道」としています。五街道とは、東海道・中山道・日光道中・奥州道中・甲州道中。「脇往還」または「脇街道」は、これら五街道などの主要街道から分岐したり、連絡したりする街道です。

藤岡謙二郎他編『日本歴史地理用語辞典』（柏書房、1991年・新装版）では、「街道（Street）」について「街道は道路（Road）のうち、起終点がはっきりしている場合をいう」と記しています。同時に、「この意味では現在の国道や府県道もまた街道であるが、明治9年（1876）国道や県道の名称が使用されてからは、街道という名称はあまり使用されていない」と指摘しています。

ただし、大阪でも明治期になって山間部の難所を避けるために、街道名を付した新道が開かれたこともあり、その街道名を刻む道標が設置された例もあります。大阪府が明治36（1903）年に発行した『大阪府誌』第4編の道路の項目で、大阪府域の国道や県道などについて街道名と共に記述しています。

筆者の理解では、江戸時代までは人々の移動は徒歩が基本で、その交通路となったのが街道。明治期になって鉄道建設が進むようになっても、街道はその役割を果たしていたと言えるでしょう。第2次世界大戦後、とくに自動車交通が劇的に普及し、高速道路網も整備されていく中で、街道の役割は形骸化し、ルートの一部は国道や県道などに吸収され、市街化によって消滅しました。

1978年度から文化庁が「歴史の道」調査事業を始め、全国各地の教育委員会などが街道の経路、沿道に残る道標、遺跡や史跡などの調査・研究を進めました。大阪府でも、その成果が『歴史の道調査報告書』（全6集、1987～1991年）にまとめられ、これらを参考に大阪府都市整備部が、街道歩きのための「歴史街道ウォーキングマップ」を作成しています。

本書で取り上げる諸街道

本書で取り上げる諸街道には、歴史的な成り立ちや役割にさまざまな特徴があります。以下、連載で紹介した順に各街道について簡単に触れてみます。

第1章「西国街道」は、江戸時代に京都と西国（下関・九州）とを結ぶ重要な交通路で、大名が参勤交代に使った脇往還でした。古代の山陽道の後身とされています。

第2章「京街道」は大阪と京都を結ぶ街道で、豊臣秀吉が諸大名に命じて淀川右岸に造らせた「文禄堤」（文禄5＝慶長元＝1596年）が起源。江戸時代には東海道の延長部となりました。

第3章「熊野街道」は中世において紀州の熊野三山への参詣路に始まり、近世以降は「小栗街道」とも呼ばれました。泉佐野市内で紀州街道と合流して南下します。紀州街道は元禄14（1701）年から紀州徳川家の参勤交代路となり、泉南市と阪南市にはかつての宿場跡があります。

第4章「暗越奈良街道」は大阪と奈良を結ぶ諸街道の中で、生駒山地の暗峠を越える最短ルートです。大阪から伊勢神宮に向かう参詣路にもなってきました。

第5章「東高野街道」と第6章「西高野街道」は、大阪や京都から紀州の高野山に参詣するための街道で、両街道は河内長野市内で合流し「高野街道」となって大阪と和歌山の府県境、紀見峠を越えます。

第7章「竹内街道」は大阪と奈良を結ぶ街道ですが、起源は古代の官道（国道）である丹比道（たじひみち）とされています。

第8章「大阪市域の諸街道」は、大阪市の各地に刻まれた歴史を「歩く視点」で訪ねるという番外編的なもので、「大和田街道」「古堤街道」「俊徳街道」「庚申街道」の4街道を収めました。

それでは、大阪の街道を歩く旅に出かけましょう。

①本文中の写真は、一部を除いて取材時点のもので、沿道の景観などは当時と変わっている場合もあります（巻末に連載の初出と取材の記録を掲載）。
②本書の地図は、街道の経路や主な道路、史跡などの位置を中心にした略図で、細かい道路などは省いています。
③資料館などの施設情報は2024年7月時点のものです。

QRコードの使い方

本書掲載写真の場所の確認のためにQRコードを写真に添付しました。スマートフォンで読み取るとグーグルマップ上に該当場所が表示されます（但し近隣場所が表示される場合もあります）。実際に街道を歩くときや画面上で現地を確認する時に使ってください。

もくじ

大阪の街道を歩く

——徹底ガイド　東西南北11ルート——

第1章　西国街道

第2章　京街道

第3章　熊野街道

第4章　暗越奈良街道

第5章　東高野街道

第6章　西高野街道

第7章　竹内街道

第8章　大阪市内の諸街道

大和田街道

古堤街道

俊徳街道

庚申街道

本書で取り上げる大阪府域の街道と取材で歩いた区間

第1章　西国街道

京都と西国（下関・九州）とを結ぶ江戸時代の重要な交通路。京都の東寺を起点に、山崎（大山崎町）、芥川（高槻市）、郡山（茨木市）、瀬川（箕面市）の宿場を経て昆陽（こや、兵庫県伊丹市）、西宮（西宮市）へと続く。

西国街道（1）　島本町から高槻市へ

京都と西国を結ぶ江戸時代の重要路

島本町内に通じる西国街道。沿道には古い街並みも

西国街道は、京都と西国（下関・九州）とを結ぶ江戸時代の重要な交通路。江戸時代の正式名称は「山崎道」です。京都の東寺を起点に、山崎（京都府乙訓郡大山崎町）、芥川（高槻市）、郡山（茨木市）、瀬川（箕面市）の宿場を経て昆陽（こや、兵庫県伊丹市）、西宮（西宮市）へと続きます。

阪急京都線大山崎駅で下車し、改札を出るとすぐそこが街道で、ここは大山崎町。地図と標識を頼りに西へと歩き始めると、離宮八幡宮があります。平安時代の貞観年間（859〜877年）の創建で、当時の神官が荏胡麻（えごま）油の製造を始めたことから、日本での製油発祥の地とされています。

明治9（1876）年の東海道線京都―神戸間の開通で、敷地の大半が鉄道用地になり、境内の裏側がJR京都線の山崎駅。八幡宮の横手を曲がっていくと間もなく島本町、大阪府域に入ります。JR線の向こうにサントリー山崎蒸留所を見ながら進み、町立第一小学校前の信号を左に曲がると水無瀬神宮があります。後鳥羽天皇の離宮があったとされる地で、客殿や茶室は国指定重要文化財。境内にある「離宮の水」は大阪府内で唯一、「全国名水百選」（環境省）に選ばれています。一般開放の取水場には、人々がペットボトルなどの容器を持って水くみに訪れます。

水無瀬神宮の「離宮の水」は「全国名水百選」に選定。取水に訪れる人が後を絶ちません

街道に戻り、JR水無瀬駅前に出ると、奈良時代の交通施設「桜井駅跡」と、島本町立歴史文化資料館があります。館内では西国街道と島本町のかかわり、遺跡発掘で出土した縄文時代から中・近世の遺物を展示しています。

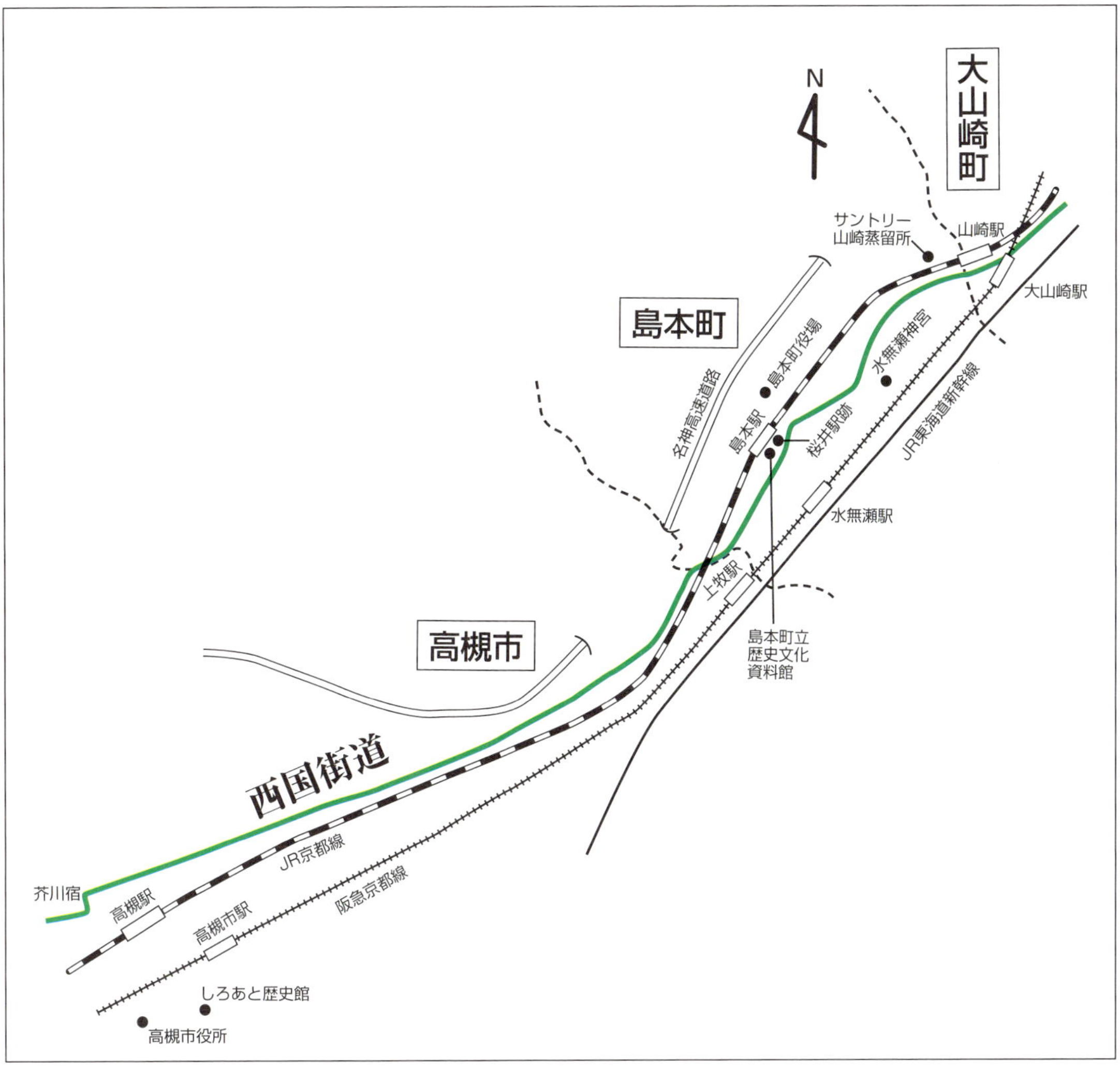

桧尾川橋の欄干。江戸時代の参勤交代の様子を透かし彫りに

高槻市域に入ると、阪急京都線上牧駅の近くで街道はＪＲ京都線の下をくぐり、ＪＲ線の北側を歩くことになります。やがて梶原の一里塚跡。近くには高槻市営バスの「東梶原」停留所があり、1時間に1～2本、ＪＲ高槻駅や阪急高槻市駅を結ぶバスが西国街道を走っています。

畑山神社付近に残る古い町並み

を抜け、桧尾川（淀川の支流）に架かる桧尾川橋を渡ります。欄干に透かし彫りで描かれているのは江戸時代の参勤交代の様子。ＪＲ高槻駅まで街道は京都線に沿ってほぼ並行します。

かつて参勤交代で栄えた芥川宿。いまも街並みに面影が残ります

高槻駅の西側に進むと、芥川宿です。江戸時代に参勤交代の大名が使う「本陣」が置かれるなど宿場町として発展しました。当地にある「芥川一里塚」は、約４キロメートルごとに設けられた一里塚としては、西国街道で唯一現存するもの。そこからの道沿いには、いまもかつての宿駅の面影が残ります。

今回の街道歩きはここまで。阪急高槻市駅方面に足を伸ばし、高槻市立しろあと歴史館へ。常設展では城下町としての高槻の歴史や西国街道、芥川宿、淀川の船運などについて展示・解説しています。

西国街道で唯一現存する一里塚

■島本町立歴史文化資料館　開館時間＝午前9時半〜午後5時、休館日＝月曜（祝日の場合は翌日休館）、12月29日〜1月3日。入場無料。ＪＲ島本駅徒歩1分、阪急水無瀬駅徒歩5分。075・961・3411。

■高槻市立しろあと歴史館　開館時間＝午前10時〜午後5時（入館4時半まで）、休館日＝月曜・祝日の翌日（月曜が祝日の場合は火曜休館）、12月28日〜1月3日。入場無料（特別展は有料）。阪急高槻市駅から徒歩10分、ＪＲ高槻駅から徒歩15分。072・673・3987。

西国街道（2）

高槻市（その1）

歴史刻む灯籠や道標

西国街道を大山崎（京都府乙訓郡大山崎町）から歩き始めて大阪府域の島本町に入り、前回は高槻市の芥川宿に到着。芥川一里塚から、引き続き西に向かいます。

芥川宿を過ぎると、右手にお堂。子宝地蔵尊をまつる地蔵堂で、ちょうちんが風に揺れています。その隣に愛宕燈籠。かつてこの地域では、京都・愛宕山神社を「火伏せ（火災防止）の神」として信仰する「愛宕講」が組織され、燈籠は文政５（１８２２）年に建てられたもの。その先、道の左手の金毘羅大権現の常夜燈は、文政12（１８２９）年の建立です。

芥川宿から西へ。芥川橋の手前にある子宝地蔵尊のお堂と愛宕燈籠

このあたりから道は少し上り坂となり、春には桜の名所として知られる芥川に架かる芥川橋に出ます。橋の手前の左手に「橋詰地蔵尊」のお堂。高槻市教委の解説板によると「芥川宿の西口に位置し、悪霊や疫病の侵入から宿場を守る、道祖神の役目も果たしていました」。

お堂の隣には、高槻市北部・原盆地にある神峯山寺（かぶさんじ）の本尊・毘沙門天への参詣道を示す道標があります。享和元（１８０１）年の建立。橋を渡り切ると左手に芥川地蔵堂があります。

街並みを眺めながら歩いていくと、やがて女瀬川（にょぜがわ、芥川の支流）。ここで橋を渡らず、街道から少し離れて「いましろ大王の杜」に立ち寄ってみましょう。

橋詰地蔵尊の隣には、神峯山寺への参詣道を示す道標

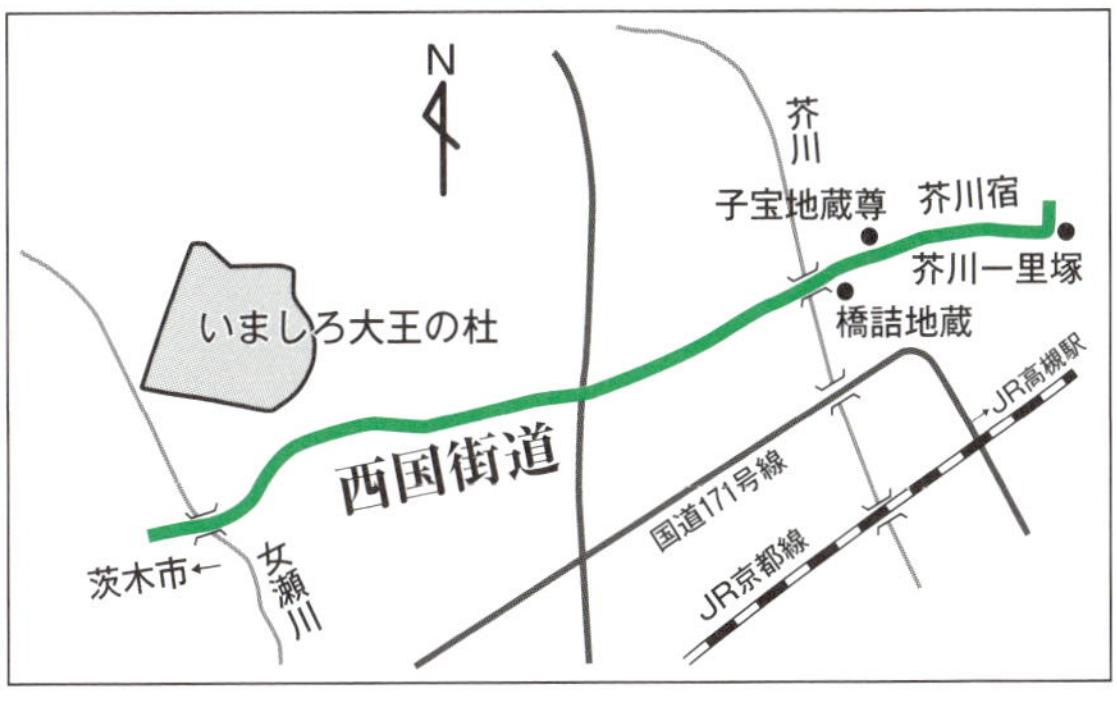

西国街道（3）

高槻市（その2）

いましろ大王の杜　古墳時代の史跡公園

女瀬川にかかる橋の手前で西国街道から右へ曲がり、川沿いの道を5分ほど歩くと、史跡公園「いましろ大王の杜」の南西部に着きます。園内に足を踏み入れて斜面を登ると、濠端に円筒埴輪が立ち並び、濠の向こうに墳丘が見えます。

ここが史跡・今城塚古墳。二重の濠を備えた淀川流域最大の前方後円墳で、古墳時代後期の6世紀前半に築造され、継体天皇の真の陵墓とする学説が有力。戦国時代には城塞も築かれました。

1958年に国史跡に指定。高槻市は史跡の保存と整備のため97年から10年にわたり発掘調査を続け、2011年4月に史跡公園として開設しました。内濠の大半を占める芝生広場の北側にある「埴輪祭祀場」は、復元埴輪で古代の儀礼を再現したものです。

淀川流域最大の前方後円墳、今城塚古墳

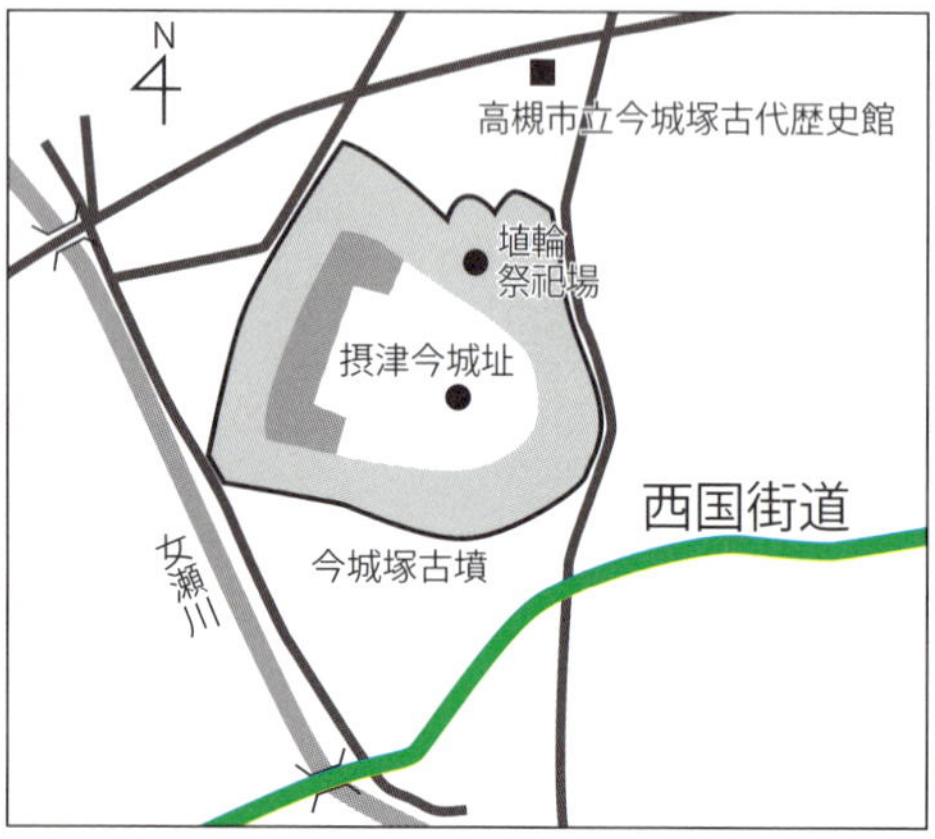

史跡公園の北東、高槻市立今城塚古代歴史館は、発掘成果の展示を中心に、古代のこの地域の歴史を学べる施設。街道歩きには、こうした楽しみもあります。

今城塚古墳に再現された埴輪の祭り

【メモ】今城塚古代歴史館（高槻市郡家新町48―8）　開館時間は午前10時～午後5時（入館4時半まで）。入館無料（特別展・企画展は別途有料の場合あり）。ＪＲ摂津富田駅または阪急富田駅から徒歩約30分。両駅から高槻市営バス・南平台経由奈佐原行き「今城塚古墳前」下車すぐ。072・682・0820。

西国街道（４）

高槻市から茨木市へ

遠くハルカスを望む

太田茶臼山古墳

「いましろ大王の杜」から、もと来た道を街道へと戻り、女瀬川を渡って再び西へ。女瀬川に合流する別の川に沿って歩くと、しばらくまっすぐな道が続きます。右側が高槻市氷室町、左側が同市宮田町。途中で道が左右に分かれています。とくに標識もないので迷いそうになりますが、左が街道です。

その先で信号を超えて行くと、もう茨木市です。左手に藍野大学、右手に藍野病院があり、そこを過ぎると右手に「太田茶臼山古墳」。５世紀中ごろに築造された前方後円墳で、宮内庁は「継体天皇陵」に治定しています。高槻市にある「今城塚古墳」との間で、どちらが真の継体天皇陵かをめぐる議論が繰り返され、現在は後者とする説が有力とされています。茨木市教育委員会の説明板は、『日本書紀』の記述を基に、継体天皇の没年と「古墳の築造年代とは異なる」と記しています。

さらに西へ。突然、左手に広大な空き地が開けます。約18・5万平方ﾒｰﾄﾙの東芝大阪工場の跡地。東芝は再開発を計画していますが、遠くに大阪市阿倍野区のあべのハルカスも見渡せます。下り坂の途中には「雲見坂」と呼ばれる場所も。安威川にかかる太田橋を渡り、名神高速道路の高架下をくぐると、茨木市十日市町から耳原（みのはら）地域です。

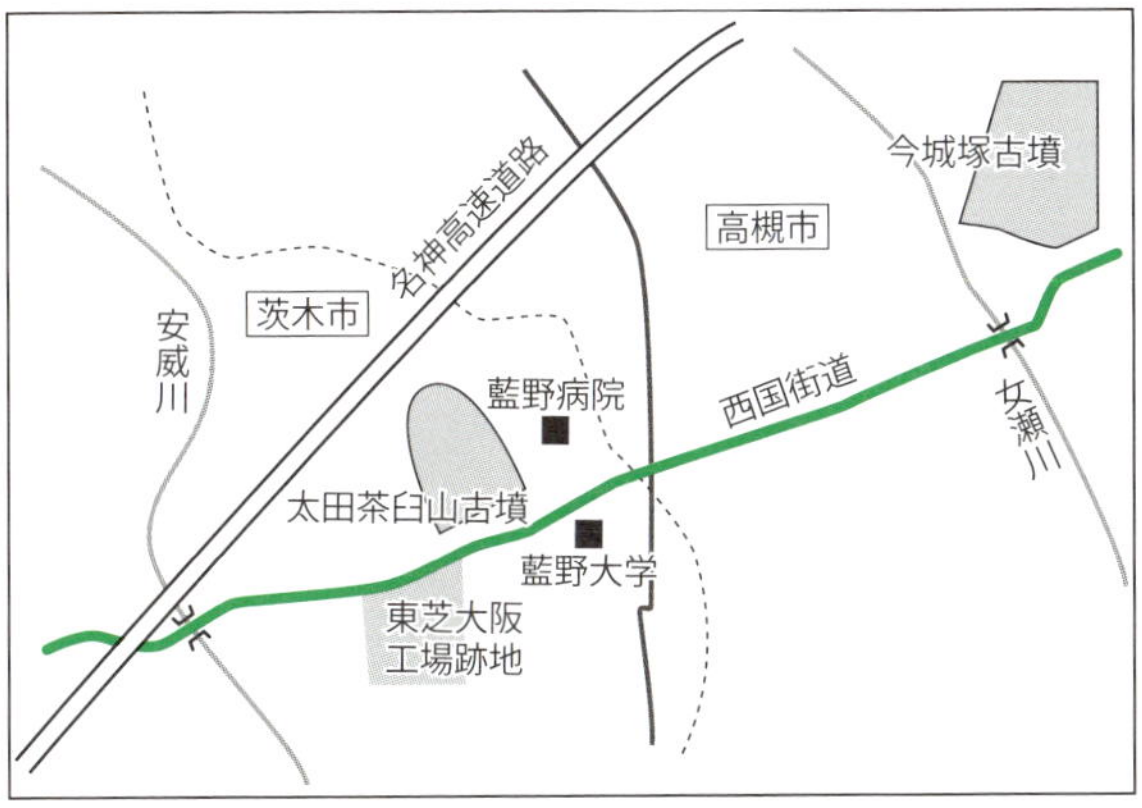

茨木市・安威川の手前から東向きに。西国街道の解説板も

西国街道（5）　茨木市（その1）

戦国時代の古戦場跡

茨木川にかかる幣久良橋から北を望む

茨木市に入り、耳原（みのはら）地域を進みます。府道・京都府道46号茨木亀岡線との交差点で信号を渡ると、右手に阿為（あい）神社の御旅所。阿為神社はここから北約1・5キロメートルのところにあり、毎年5月の春祭りにはみこしや布団太鼓が出て御旅所までの間を往復、大そうにぎわうといいます。

街道の道幅は狭く、自動車は西から東への一方通行。耳原小学校を過ぎると、茨木川にかかる幣久良（てくら）橋が見えます。橋の手前、右手に「白井河原合戦跡」の解説案内板（茨木市教育委員会）があります。

このあたりは戦国時代の元亀2（1571）年、摂津（現在の大阪府北部と兵庫県南東部）の支配をめぐり、のちの茨木城主・中川清秀（1542―83年）らによる大きな合戦がありました。西国街道から離れますが、阪急・大阪モノレール南茨木駅近くの茨木市立文化財資料館では各時代の遺跡・遺物とともに、戦国時代の茨木について常設展示しています。

西国街道がやがて交差するのが府道110号余野茨木線。亀岡街道の一部です。交差点の北西角に、明治30（1897）年建立の道標（複製）があり、各地への距離が刻まれています。1里は約4キロメートル。「南　堺九里　住吉七里」「東　大津十一里」などとあります。

大阪府域の西国街道のほぼ中間に位置する郡山宿（こおりやまじゅく）まで、もうすぐです。

亀岡街道との交差点に建つ道標

西国街道⑥

茨木市（その2）

浅野内匠頭も参勤交代で

府道110号余野茨木線との交差点からさらに西へ歩いて国道171号を越え、阪急バスの宿川原バス停を過ぎると、歩道橋の下に「郡山宿本陣」の方向を示す標識があります。それに従ってわずかな下り坂を進むと、道は石畳となり、右手（北側）に、目指す本陣があります。

郡山宿本陣の方向を距離を示す標識

江戸時代、西国街道には山崎、芥川、郡山、瀬川、昆陽の5つの宿駅がありました。郡山宿はそのほぼ中間にあり、参勤交代の大名が宿泊する本陣も置かれました。

御成門（正門）脇に五色の花を咲かせる立派な椿があったことから、「椿の御本陣」とも。現存の建物は享保6（1721）年に再建されたもので、1948年に国指定文化財（史跡）に指定。一部改修・整備ののち、2001年から一般にも公開されています。

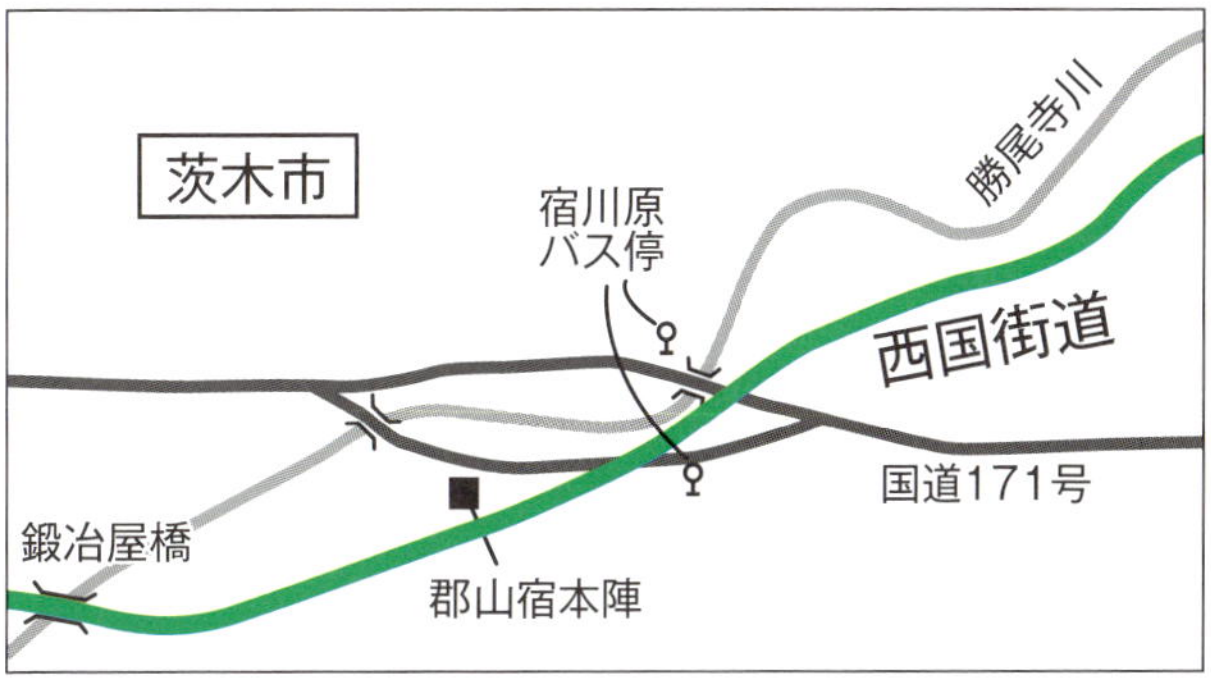

類焼以前の1696（元禄9）年からの宿帳が残されており、多くの西国諸大名と家臣の名前が記録されています。「忠臣蔵」で知られる播州赤穂藩主・浅野内匠頭長矩は、江戸城松の廊下での刃傷事件（元禄14＝1701年）を起こす前年にも参勤の折に宿泊。郡山宿本陣での最後の宿泊となりました。

西国街道の北側にある郡山宿本陣。約300年前の姿をとどめています

西国街道（7）

茨木市から箕面市へ

さまざまな道の表情

郡山宿本陣を後にします。道は石畳から普通のアスファルトになり、途中で石畳にもなります。やがて薄茶色の舗装が続いています。勝尾寺川にかかる鍛冶屋橋を渡ると、道がいくつも交差していますが、この薄茶色の舗装を頼りに歩くと迷いません。

やがて大阪モノレールの豊川駅に出ます。高架駅の南側の信号を渡って進むと、箕面市小野原東4丁目。小野原東公園から上りになり、春日神社御旅所の前に「歴史の道・西国街道」の標識があり、「郡山宿本陣まで東へ2・5キロメートル」「勝尾寺大鳥居まで1・2キロメートル」と記されています。街道をはさんで御旅所の斜め向かいのお堂の前に「左　京ふしみ」と刻まれた道標（享和2＝1802年）があります。

街道の両側に古い町並みが残る小野原西を過ぎ、粟生新家（あおしんけ）に入ると、石畳の道となり、街道の北側に勝尾寺大鳥居。紅葉の名所で知られる勝尾寺の旧参道の起点です。箕面市域の街道では、主要な史跡のある区域の街道は石畳か、石畳を組み合わせた舗装になっています。自治体によって街道の表情もさまざまです。

箕面墓地公園を過ぎて進むと、街道は国道171号と並行してように続き、西宿2丁目で大型トラックやバスが行き交う同国道に合流。「歴史の道」から「現代」に戻ったように感じます。間もなく国道423号と交差する萱野です。

春日神社御旅所の斜め向かいのお堂の前に建つ「左　京ふしみ」と刻む道標

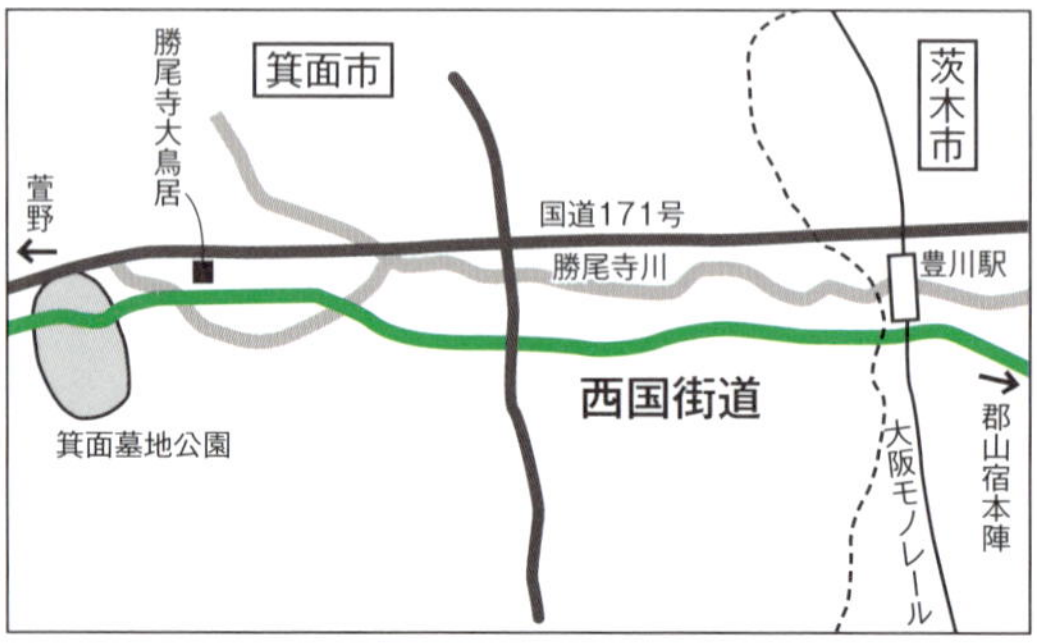

勝尾寺の旧参道の起点となる大鳥居。このあたりの西国街道は石畳です

西国街道⑧　箕面市（その1）

萱野三平旧邸長屋門　赤穂浪士ゆかりの史跡

修復・保存されている江戸期の長屋門

箕面市萱野を過ぎ、萱野４丁目の信号を渡って左に折れ、最初の交差点で右に曲がって進むと、一部石畳の整備された道の沿いに道沿いに赤穂浪士ゆかりの「萱野三平旧邸長屋門」があります。

萱野三平（１６７５～１７０２年）は萱野地域に生まれ、播州赤穂の浅野家に士官。元禄14（１７０１）年、浅野内匠頭長矩が吉良上野介に刃傷に及んだ時、第一報を知らせるため早駕籠で江戸から赤穂へ下り、西国街道も駆けました。

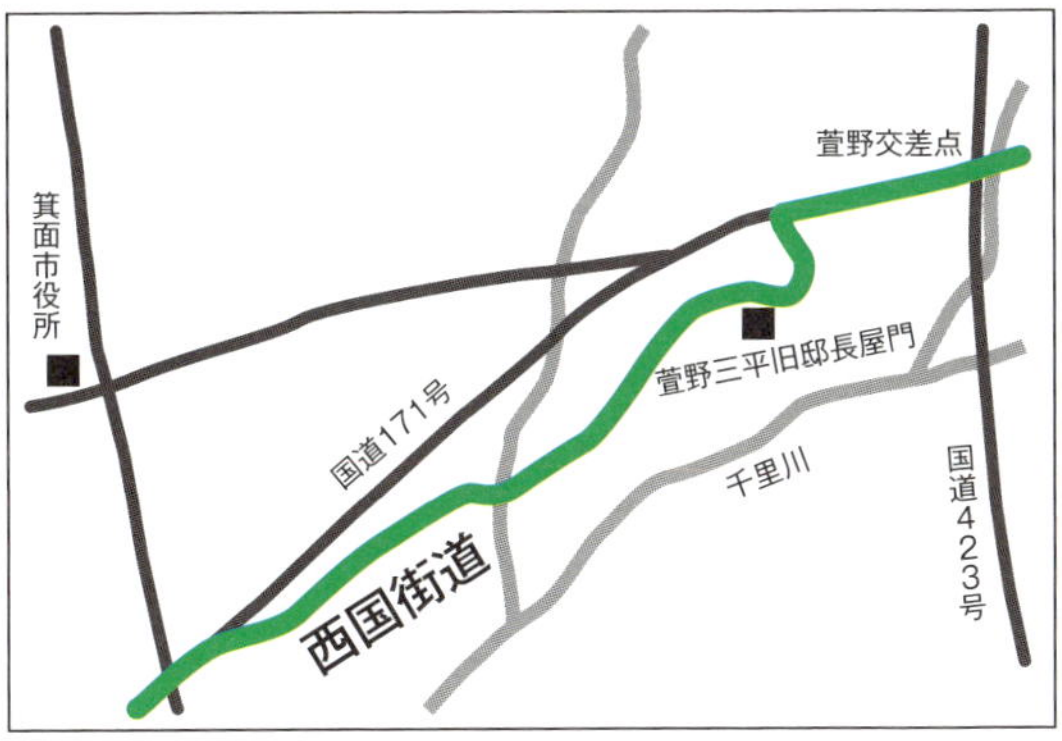

三平は大石内蔵助率いる仇討への参加を願いましたが、吉良家と縁の深い人物の推挙で浅野家に仕官したことから父親が反対。悩んだ末に三平は自邸で切腹します。人形浄瑠璃・歌舞伎の「仮名手本忠臣蔵」に登場する早野勘平は、三平がモデルになっています。

長屋門と土塀の一部は江戸期のもの。１９７３年に府史跡に指定。現在は箕面市が管理・公開しています。施設内には、三平の俳号から名付けた管理棟「涓泉亭（けんせんてい）」もあり、三平の足跡などが展示されています。

萱野三平旧邸と史跡説明版

メモ　萱野三平記念館
午前10時～午後5時（入館4時半まで）開館。毎週月曜と年末年始休館。入館無料。阪急石橋駅から阪急バス（JR･阪急茨木行き）「萱野三平前」下車、北大阪急行千里中央駅から阪急バス（箕面行き）「萱野小学校前」下車。

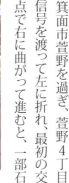

西国街道⑨　箕面市（その2）

瀬川・半町本陣跡　宿駅の権益めぐる争いも

国道171号から分かれる西国街道（右の道）

萱野三平旧邸長屋門を後にして、箕面市域を進むと、国道171号と重なります。牧落交差点を渡り、国道右（北）側の歩道へ。歩道橋の階段部分の下に橋脚と並んで「歴史の道　西国街道」の標識があり、右手の脇道が西国街道。

200㍍ほど歩くと、民家や商店が並ぶ一角に箕面市教育委員会の解説板「牧落の旧札場と道標」があります。幕府や領主の命令などを書いた木札や貼り紙を掲示した「高札場」の跡。箕面街道と西国街道が交差する地点で、2基の古い道標もあります。

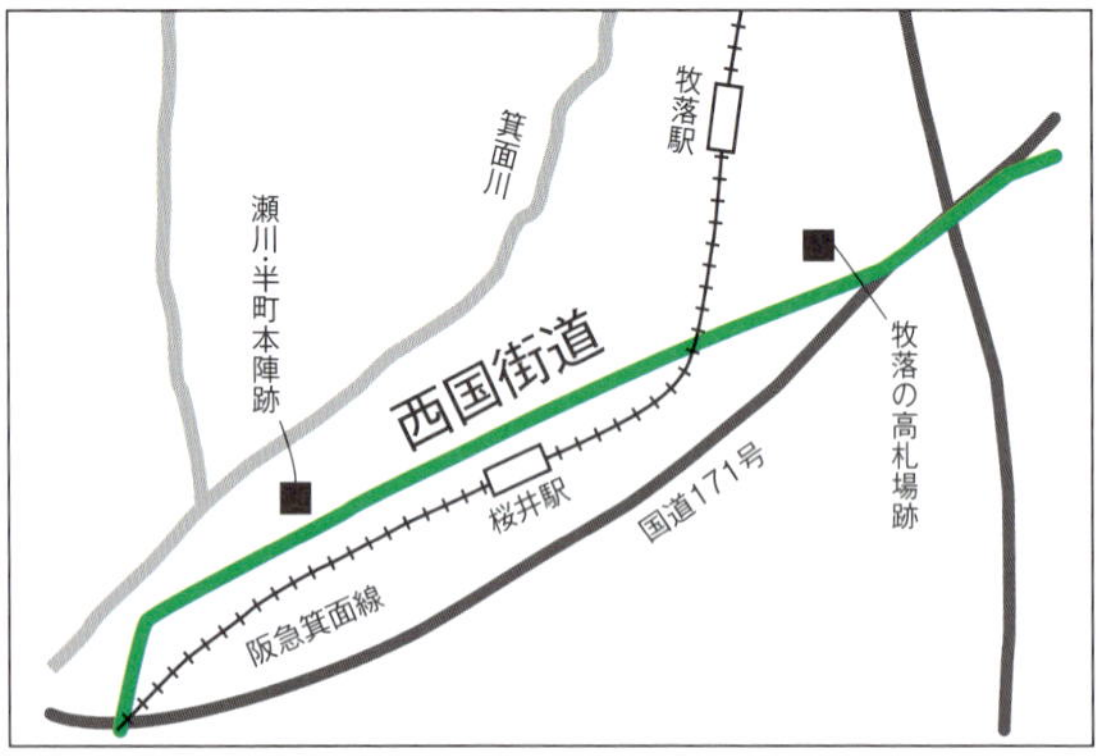

ここからしばらく、ほぼまっすぐの道。牧落、百楽荘と過ぎて阪急箕面線の踏切を渡り、同線桜井駅の北側は、通称「一番通り」と呼ばれる広い道。駅の北出口付近を過ぎると、また細い道に変わり、半町（はんじょ）、瀬川地域に達します。

半町2丁目の信号を超えると、西国街道に5つあった宿駅の一つ、瀬川宿。道の右（北）側、箕面自動車教習所の前に箕面市教育委員会の「瀬川・半町立会駅所と本陣跡」の説明板があり、「公用の人と馬、荷物を継ぎ立てる立会（共同駅）と、参勤交代の西国大名の泊まる本陣、庶民のための旅館もあった宿場」とあります。『箕面市史』には、先に本陣として整備された瀬川村と、続いて本陣を名乗った半町村との間で、宿駅の権益をめぐって争いが起きたことも記録されています。

瀬川・半町立会駅所と本陣跡を示す街道脇の解説板

西国街道⑽　箕面市から池田市へ

街道は通学路にも

西国街道を京都府乙訓郡大山崎町から歩き始めて大阪府に入り、島本町、高槻市、茨木市、箕面市と西へ歩いてきましたが、いよいよ大阪府域の最後、池田市に向かいます。箕面市内の「瀬川・半町立会駅所と本陣跡」から街道を進み、瀬川２丁目の交差点を直進。その先で左右に分かれる道を左にとると、やがて国道１７１号の高架、その下が阪急箕面線です。

右手の線路の先に阪急石橋阪大前駅の箕面線ホームが見えます。踏切を渡って道の右側の歩道を行くと、池田市域に入ります。国道１７１号と１７６号が交差する「石橋阪大下」の信号を渡り、１７６号の右手の脇道へ。ここからしばらく、道の両端に緑色の帯があり、街道は通学路にもなっていると分かります。

西国街道と能勢街道が交わる地点に立つ道標

阪急宝塚線の踏切の手前右側、線路脇に「旧石橋村の高札場跡」の説明板（池田市教育委員会）が立っています。ここは西国街道と能勢街道が交わる場所。能勢街道の経路は時代により変遷がありますが、現在の大阪市北区中津から淀川区、豊中市、池田市、兵庫県川西市、能勢町を経て京都府亀岡市に向かいます。上方落語「池田の猪買い」で、イノシシを求めて池田に向かう主人公の男が通るのが、おおむねこの街道の道筋です。

踏切を渡って道両端の緑色の帯を頼りに歩いて行くと、信号と歩道橋のある広い道と交わります。その手前で緑色の帯はおしまい。信号を渡って西国街道の左手の森が、亀之森住吉神社です。

池田市域の西国街道。通学路を示す緑色の帯を頼りに歩く

西国街道(11) 池田市(その1)

十二宮神社・防空壕跡　悲惨な戦争を後世に

亀之森住吉神社から西国街道を進み、池田市住吉1丁目から豊島南1丁目に入ると、目の前で中国自動車道の高架が行く手をふさぎます。ここで西国街道は、地上の道としては失われ、高架の向こう側に出るには地下道を通らなければなりません。

その地下道の入り口近くの右手にあるのが「十二宮神社」。12の祭神を祭り、社殿の周囲に鎮守の森があります。同神社は「駒の森」とも呼ばれ、江戸時代の昔、西国街道を往来する武士が馬を休めたことに由来するという説もあります。

十二宮神社（右）と地下道への入り口

境内を巡ると、地面が塚のように盛り上がった所に、石碑があります。アジア・太平洋戦争中の防空壕の跡で、石碑は「戦争の傷あと」碑。大阪府が悲惨な戦争を後世に伝えようと戦後50年の1995年、各自治体と協力して府内12カ所に設置した碑のうちの一つです。

銘板の説明によると、この地域は大阪第二飛行場（戦時中は軍用空港、現在の大阪国際空港）に近いことから、空襲に備えて1943年に市民が築造。長さ約10メートル、幅約3～4メートル、高さ約2メートルのコンクリート製で、30人程度を収容する大きさ。現在は危険防止のため内部は埋められています。

西国街道とその周辺には古墳や江戸時代の本陣、古い街並みとともに、戦争の記憶も刻む遺産もあります。

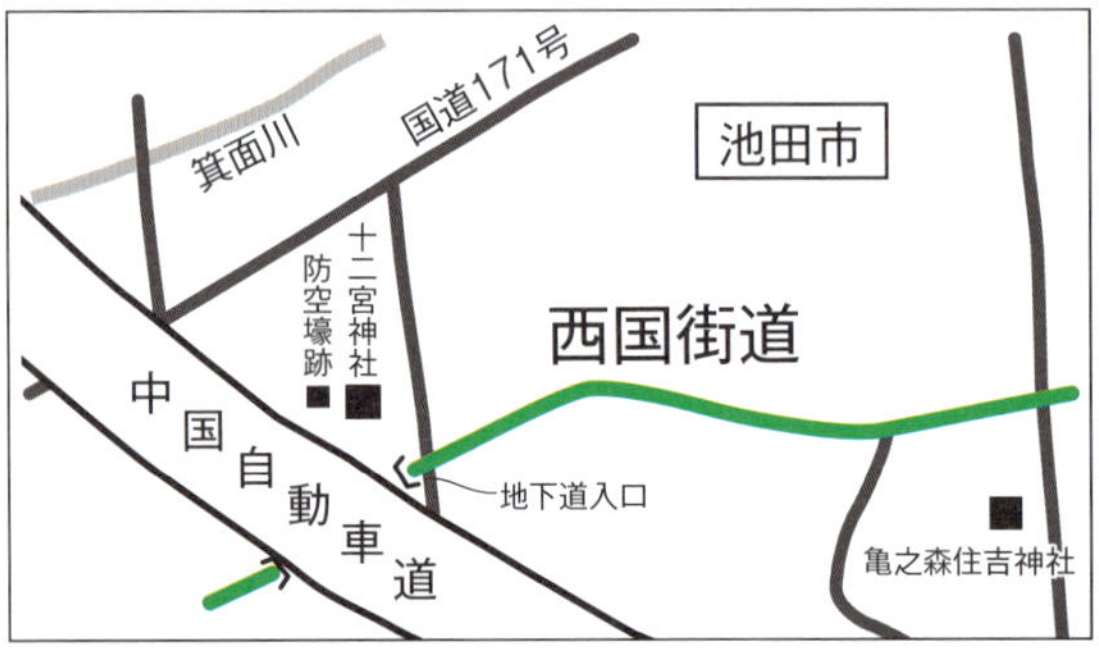

十二宮神社境内の防空壕跡と「戦争の傷あと」碑

西国街道⑫　池田市（その２）

猪名川に達して視界開け

地下道を通って中国自動車道の西側に出、再び西国街道を歩きます。池田市域の行程もあとわずか。道の右（北）側にある受楽寺には、上方落語の大名跡・桂春団治を顕彰する「春團治之碑」が立っています。

池田を舞台にした「池田の猪買い」などを得意とした初代（１８７８～１９３４年）の墓碑が所在不明で、二代目（１８９４～１９５３年）が受楽寺の住職と交流があったことなどから、三代目（１９３０～２０１６年）の後援会が１９９８年に建立したものです。

受楽寺前に建つ「春團治之碑」

受楽寺の北側を通る国道１７１号沿いには「弁慶の泉」も。地域の水利に重要な役割を果たしてきた泉で、都落ちした源義経一行が尼崎に向かう際、武蔵坊弁慶がここでのどの渇きを潤したとも伝えられています。

受楽寺から西に進んで箕面川を越え、新開橋の歩道橋を渡って進むと、もう兵庫県伊丹市。視界が開け、猪名川に架かる軍行橋に出ます。

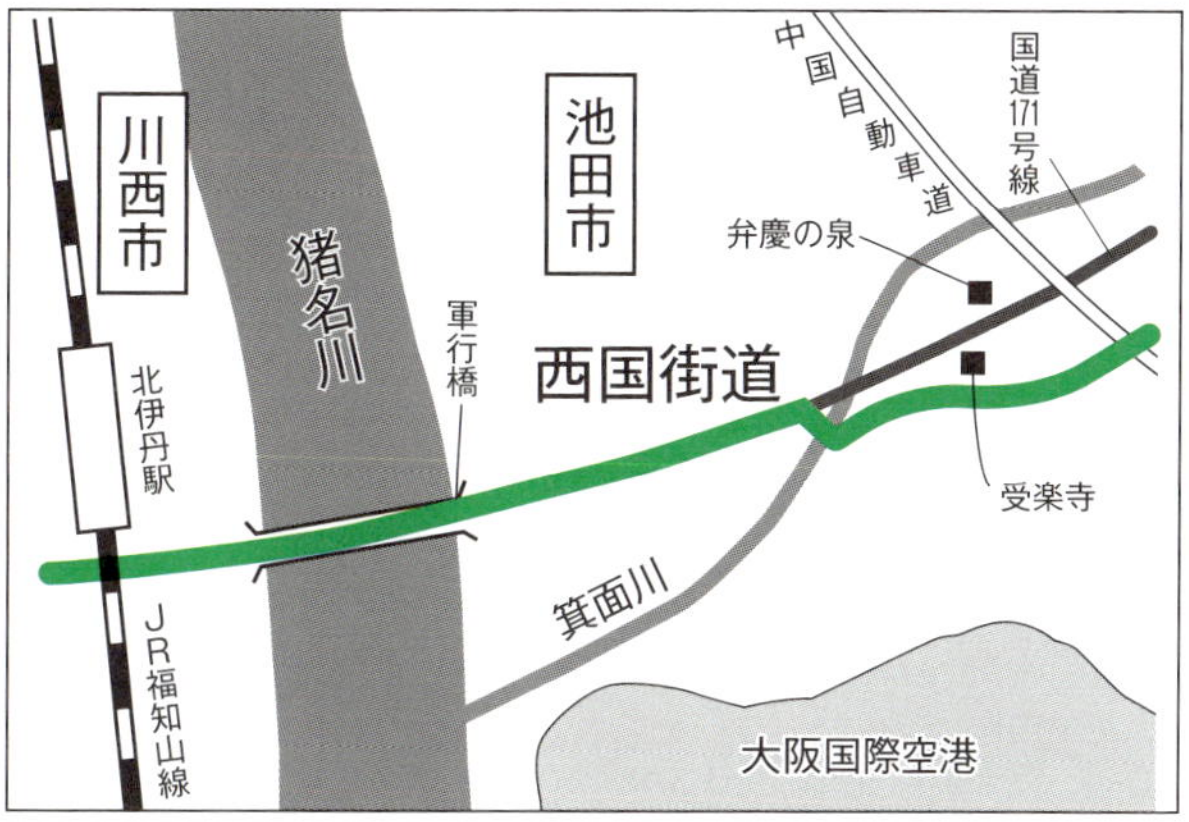

JR福知山線（宝塚線）の北伊丹駅は川の対岸。西国街道は伊丹市の昆陽を経て西宮市に至りますが、大阪府域街道歩きはここまで。軍行橋の上からは正面に六甲山の山並み、振り返ると池田市の五月山が見えます。南東の大阪国際空港から離陸したジェット機が、大空に舞い上がっていきました。

猪名川に架かる軍行橋から大阪方面を望む

第2章　京街道

淀川左岸を京都に向かう道で、起源は豊臣秀吉の時代。秀吉は淀川築堤を命じ堤防上を道路とした。文禄５（慶長元、１５９６）年に完成した「文禄堤」が京街道の始まり。

京街道(1) 大阪市中央区

高麗橋から歩き始める

現代の京橋。その西側に架かる大坂橋（歩道橋）から大阪城天守閣を望む

京街道は大阪から淀川左岸を京都に向かう道で、京都側からは大坂街道と呼ばれます。起源は豊臣秀吉の時代。大坂城に続き淀城、伏見城を築いた秀吉は、これらを最短距離で結ぶため諸大名に淀川築堤を命じ、堤防上を道路としました。文禄5（慶長元、1596）年に完成した「文禄堤」で、これが京街道の始まりとされます。

江戸時代には東海道の延長部とされ、滋賀大津宿から伏見・淀・枚方・守口の4宿を設置。東海道は江戸―京都間は「五十三次」ですが、江戸―大坂間は「五十七次」となります。

京都に向かう起点は、大阪城の北側に架かる京橋。今回は、大阪府教育委員会『歴史の道調査報告書・第5集』（1989年）などを参考に、近世に大坂から各地への距離計算の基準点だった高麗橋から歩き始めます。

東横堀川に架かる高麗橋（大阪市中央区）の東詰には「里程元標」の石柱と解説板があります。北に向うとすぐ土佐堀通に出るので、歩道を東へ。エルおおさか（大阪府立労働センター）前を過ぎ、谷町筋を越えます。この地域の街道はほぼ失われていますが、大阪歯科大学100周年記念館前の細道はその名残ではないかといわれています。ドーンセンター北側には、豊臣期大坂城の石垣が移築・復元されています。その前の道を東へ進むと、現代の京橋です。

ドーセンター北側に移築・復元された豊臣期大坂城の石垣

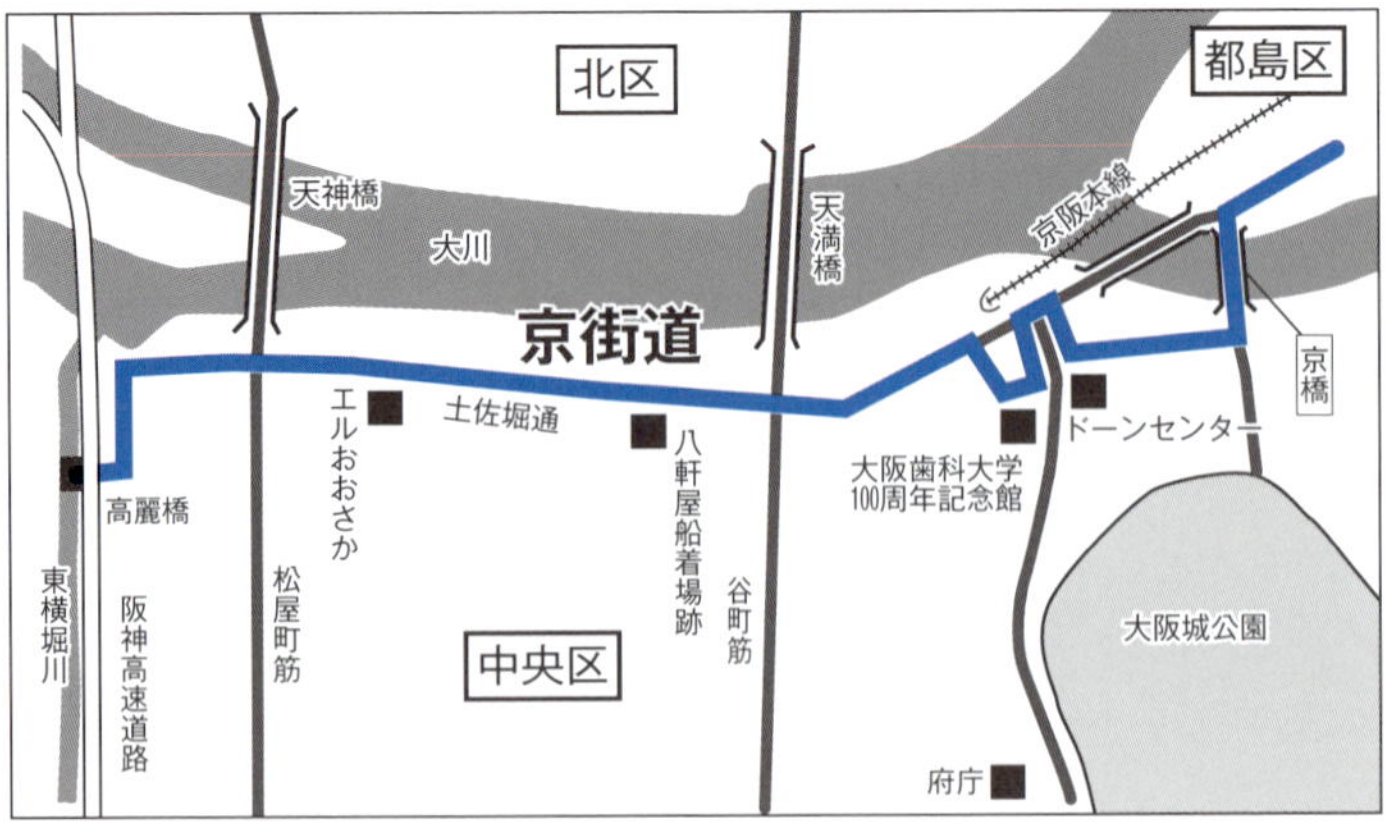

京街道（2）　大阪市中央から都島区へ

消えた川と橋をしのぶ

京橋川魚市場跡

江戸時代の大坂にあったとされる約200の橋の中で、幕府が建設・管理した「公儀橋」は天満橋、天神橋、難波橋など12橋。京街道の大阪側の起点である京橋も、その一つです。明治18（1885）年の淀川大洪水で流され、現在の橋は1924年に完成。1981年の大改装で石垣をモチーフに外観などが整備されました。

「京橋川魚市場跡」のある京橋の北詰から土佐堀通を信号で渡り、北側の歩道を東へ。JR東西線の大阪城北詰駅の出入り口がある片町の交差点を過ぎ、一つ目の角を左へとると、京阪本線の高架の手前に信号が見えます。その下の植込みに立つ石碑は、うっかりすると見逃しそうです。

これが野田橋の跡。かつてここに流れていた鯰江（なまずえ）川に架けられていた橋です。京街道にあって大坂城に近いことから、野田橋も公儀橋でした。

京阪本線の高架の南側にひっそりと立つ野田橋跡の石碑

石碑は1938年に立てられたもの。由緒を刻んだ文字は、下の方が土に埋もれていますが、「江戸時代初期より公儀橋の」「京街道の往還に架せら」までは読めます。鯰江川は1930年から翌年にかけて埋め立てられ、橋もなくなりました。

この信号の地点からさらに東へ。JR京橋駅に向かう道の右手に雑居ビルや飲食店が続きます。これらの裏側（南側）の道とは2メートル近い高低差があり、ここが旧鯰江川の堤道だったことが分かります。

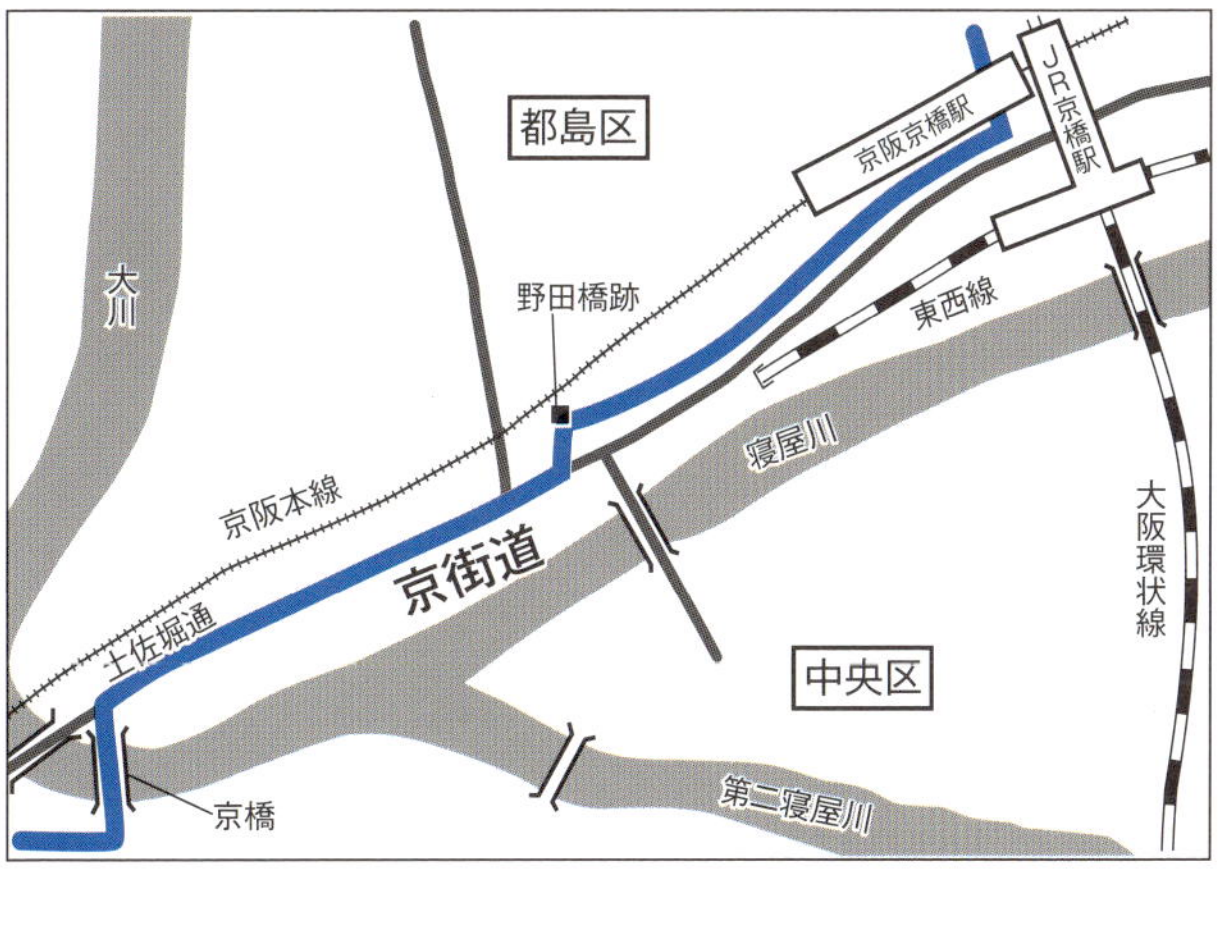

京街道③

商店街はかつての街道

大阪市都島区京橋駅周辺

野田橋跡から東進するとJR大阪環状線のホームが見え、手前の駐輪場のところで左に折れると、JRと京阪の連絡通路に出ます。京橋は、JR各線と京阪、地下鉄が乗り入れる「大阪の東の玄関口」で、1日当たりの乗降客数は各鉄道の合計で約19万8千人（2022年、「大阪府統計年鑑」）。「京橋」は京街道の起点である橋の名前ですが、駅名の「京橋」と、その周辺を思い浮かべる人が多いかも知れません。

連絡通路を抜けると、京阪国道（大阪—京都間の国道1号）が東西に通じています。その手前に「右　大坂」「左　京みち」などと刻まれた文政9（1826）年の道標があります。京街道と、大坂と奈良を結ぶ古堤街道との分岐点を示すもので、かつては片町橋西詰にありましたが、京橋駅の拡張工事に伴い、現在地に移設されました。

文政9年の道標

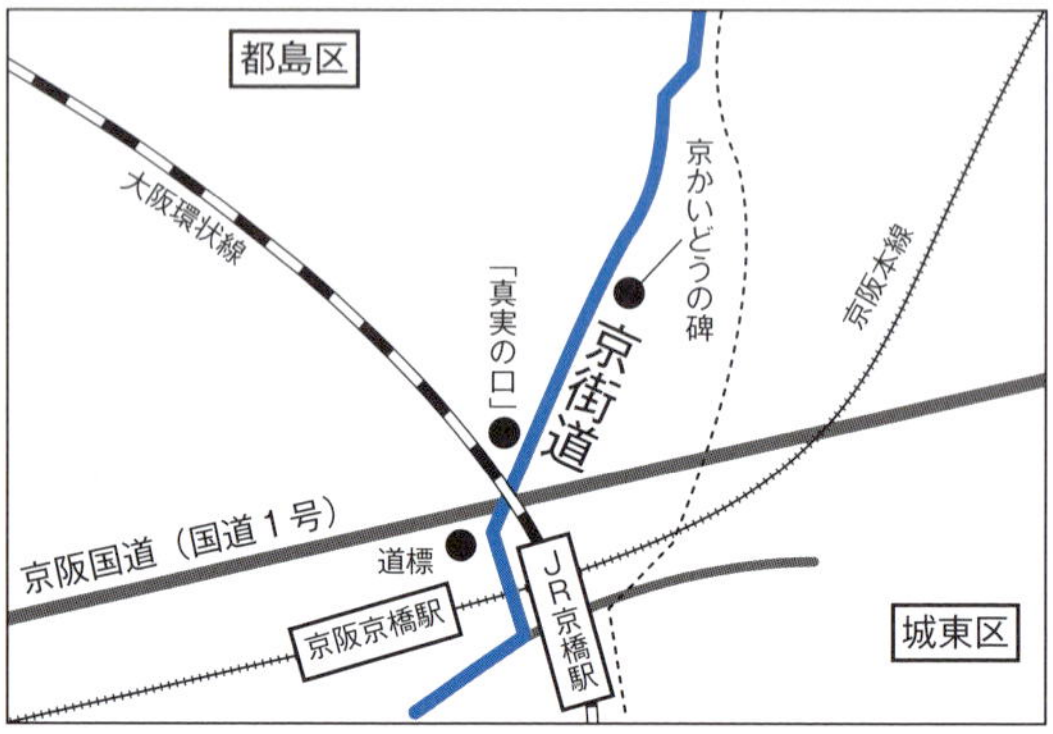

京阪国道に架かるJR大阪環状線の高架には、「京街道」の文字が記されています。高架下の北東脇で人目を引くのが「真実の口」。イタリア・ローマにある同名の石彫を模したレリーフで、ここから始まる新京橋商店街（愛称「ビギン京橋」）と、それに続く京橋中央商店街が、かつての京街道。アーケードの途中、両商店街が接する広場に、大阪市が1987年に建てた「京かいどう」の顕彰碑があります。

「京街道」と書かれたJRの高架と、商店街入り口の「真実の口」

京街道（4）大阪市都島区から旭区へ

関目七曲り　街道の名残とどめる

京橋中央商店街のアーケードを抜けると、両端がレンガ調に整備された道となり、民家や商店などが続きます。都島区都島中通３丁目には大阪市の「京かいどう」の道標があり、「大阪城京橋口より２・１キロメートル」と表記。その先、道路の左側に「榎並地蔵」があります。

地域の地蔵講の人々が支えているもので、地蔵堂の北側の石壁には「うちうみがしっちとなり／きょうかいどうと／いわれるころ／とうちより／すこしみなみにあった／榎並地蔵とよばれる／とうそん／ここにまつられたようです」と刻まれています。

榎並地蔵

さらに行くと道の左側は都島区、右側は城東区です。都島通に出て東へ進むと、「野江４丁目」の交差点です。ここから城北筋の東側を歩き、一つ目の信号の手前で右折、そのまま進んで再び都島通に出ると、「野江国道筋商店街」のアーケードがある歩道になります。

おおさか東線の高架をくぐれば、旭区。このまま都島通の歩道を直進すると関目５丁目の交差点ですが、左手にゴルフの練習場が見える信号を越えたところから、左の脇道に入ります。

道は右へ左へと蛇行して都島通に出ますが、これが「関目七曲り」と呼ばれる道筋の名残。道筋が屈曲しているのは、大坂城に一気に攻め込むことができないようにするという、軍事的な理由があったのではないかともいわれています。

関目七曲り。屈曲した道は軍事的理由からともいわれます

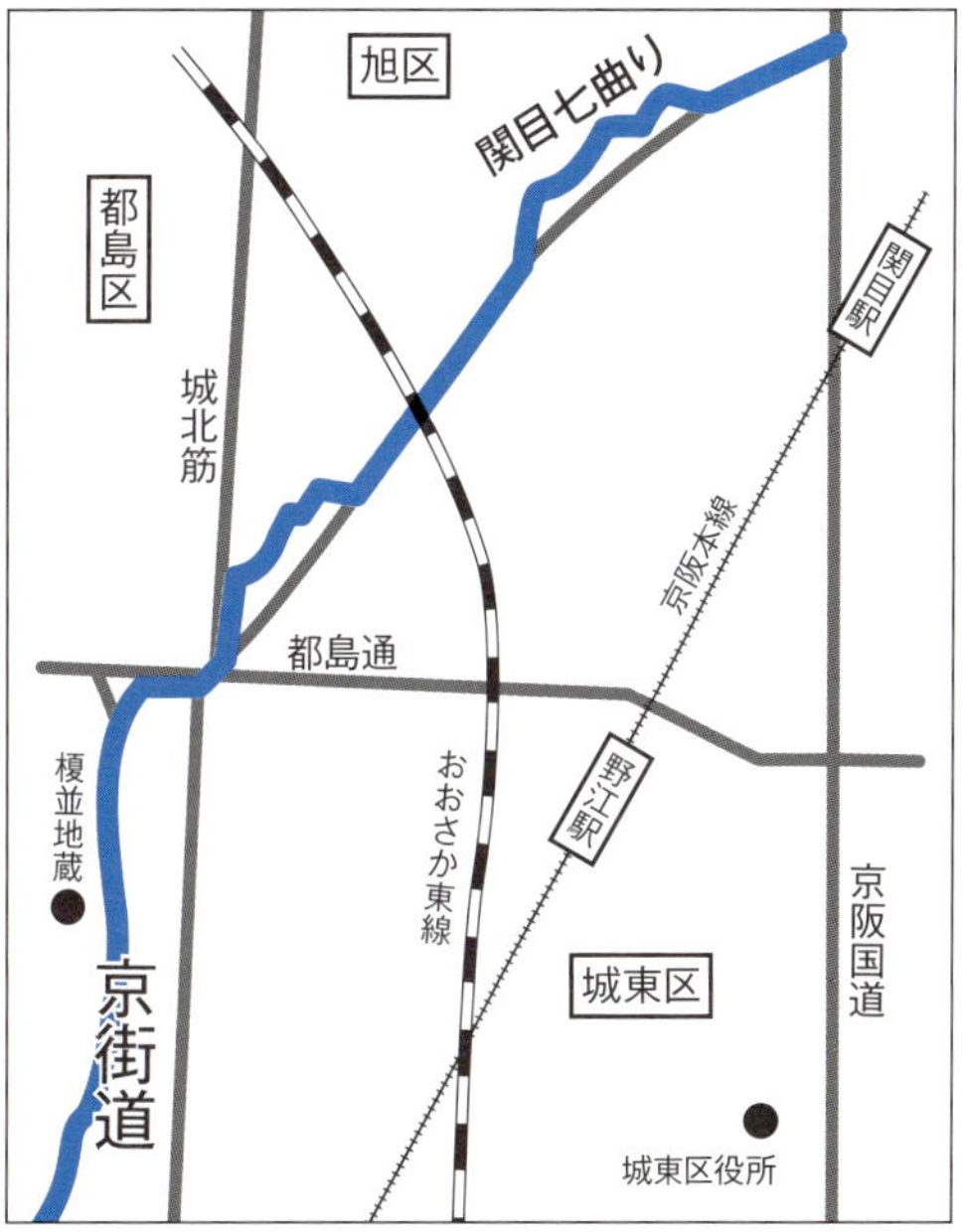

京街道⑤ 大阪市旭区

暮らしの中に生きる街道

大阪市旭区・関目高殿の交差点の北東、京阪国道と国道163号には挟まれた道（府道161号深野南寺方大阪線）が始まるあたりに、大阪市の「京かいどう」の道標があり、「京橋口から3・8キロメートル」との表記。この道を直進します。

森小路京かい道商店街の街灯にあしらわれているくり抜き文字

阪神高速12号守口線の高架が重なる城北川を古市橋で越えると、道の左手に森小路東公園。その歩道側に「京かいどう」の碑が立っています。京阪森小路駅から京阪国道までを結ぶ森小路商店会の道路を渡り、「森小路京かい道商店街」、通称「京かい道商店街」に入ります。

短い商店街でアーケードはありませんが、道の両側はレンガ調に整備され、街灯はガス灯風のデザインで、「京かい道」のくり抜き文字もあしらわれています。すでに歩いた新京橋商店街や京橋中央商店街と同じように、街道の道筋が現代の暮らしや生業の中に生きています。

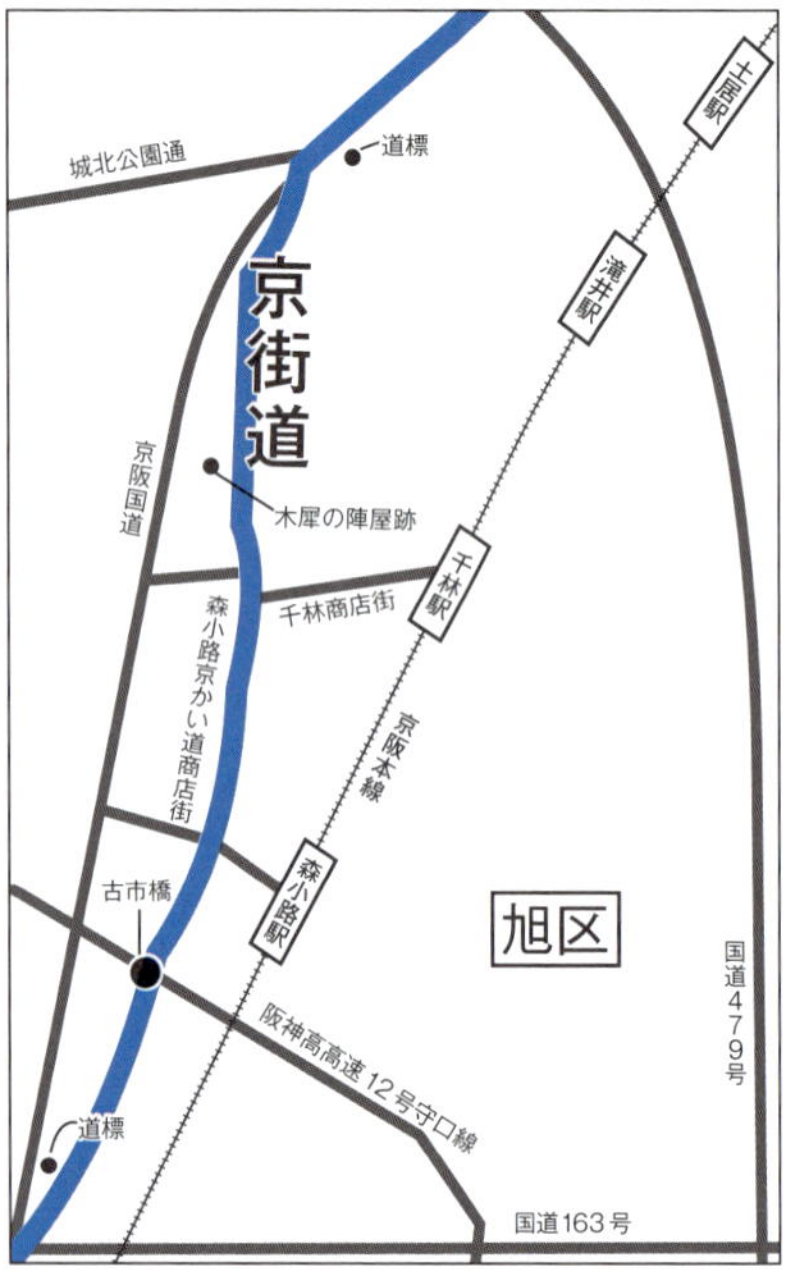

千林商店街入口

この商店街と接する千林商店街のアーケードを抜けると、左側の民家の前に、旭区役所の「木犀（もくせい）の陣屋跡」の説明板が立っています。江戸時代に森小路の庄屋だった浅田家の庭園に見事な木犀が3本あり、これを愛でた十四代将軍徳川家茂や諸大名が浅田邸に宿泊したとのこと。さらに進めば、街道は京阪国道に出ます。国道を渡る歩道橋の近くにも「京かいどう」の碑があります。

京街道（6）　守口市（その1）

文禄堤——今に残る豊臣時代の堤道

旭区今市から京阪国道の歩道をそのまま京都方面に向けて歩き、守口市域に入ります。国道479号を渡り、2つ目の信号で歩道を離れて右折。

コンクリート壁にある京街道の表示

京阪商店街のアーケードを抜け、日吉公園を過ぎて1つ目の交差点を右に曲がって進むと、次は左へと上り坂になります。

途中、右手のコンクリート壁に「京街道／陸路官道第一の驛／守口」と記されています。坂を上がった左手が本門仏立宗・義天寺。その先に「守居橋」があり、橋の下に道路が通っています。これが、豊臣秀吉が築かせた文禄堤の名残。いま歩いているのがかつての堤防上の道です。

総延長は約27キロメートルあったとされる文禄堤。近現代の淀川改修工事による流路変更や区画整理などで、そのほとんどは消滅しましたが、この京阪守口市駅の北西の一帯に残っています。

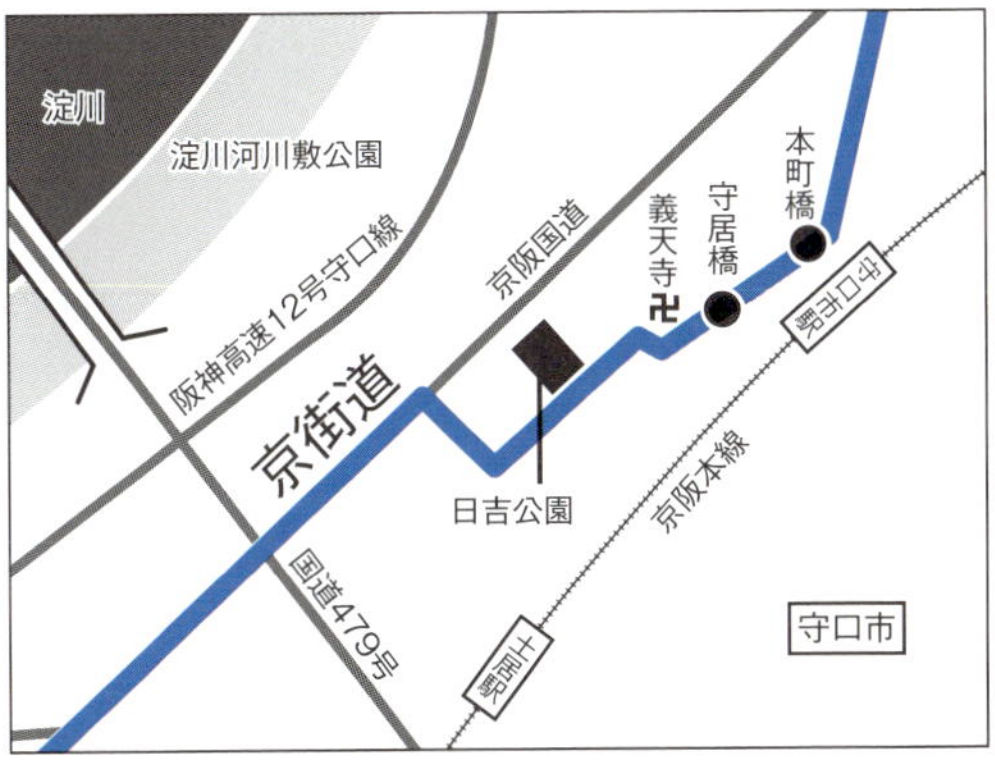

これまで、取材で旧守口市役所などに向かうとき、京阪守口市駅から橋の下の道は何度も歩いてきました。「なんでこんなところに石垣が？」と感じていたのは、堤防の断面だったのだと今回、初めて分かりました。

少し歩くともう一つ「本町橋」。橋を渡って左手にある守口市教委の碑には解説文とともに、現代の地図と重ね合わせて文禄堤の範囲が刻み込まれています。

この文禄堤の堤道に沿って、東海道五十七次の「守口宿」がありました。

京阪守口市駅の北西に残る文禄堤。「本町橋」の下に道路があります

京街道⑦ 守口市（その2）

旧守口宿――再現された高札場

街道沿いに再現された高札場

京街道を歩く出発点にしたのは高麗橋（大阪市中央区）でした。これに近い京阪電車の北浜駅から京都方面行きの準急に乗れば、文禄堤や旧守口宿に最寄りの守口市駅まで10分。この間を京街道のルートに従って歩くと、約2時間かかります。

守口市駅周辺は市役所や公共施設などがあり、同市の中心地となっていますが、文禄堤沿いの地に東海道五十七次となる守口宿が置かれたのは元和2（1616）年。豊臣氏が滅亡した大坂夏の陣の翌年のことです。

文禄堤を進んで本町橋を越えると、右手に、和風の木造建築物があります。江戸時代、宿場内に奉行所の布告などを掲示するために設けられていた「高札場」を、守口市が2016年12月に建設したもの。文禄堤と守口宿高札場についての解説と、各種の布告が再現されています。

道筋は整備され、ところどころに古民家が残っています。ゆるやかな下り坂を進むと、京阪国道の八島交差点。右折すると、駐輪場の前に守口市教委の説明板（1995年）が立ち、ここに大名などが宿泊した本陣があったと記されています。

その先にある難宗寺、盛泉寺を過ぎ、浜町の交差点で再び京阪国道に。信号を渡って住宅地内に残る道筋を行くと、左手の一角（守口市浜町2丁目）に「一里塚跡」の石碑があります。

一里塚跡の石碑

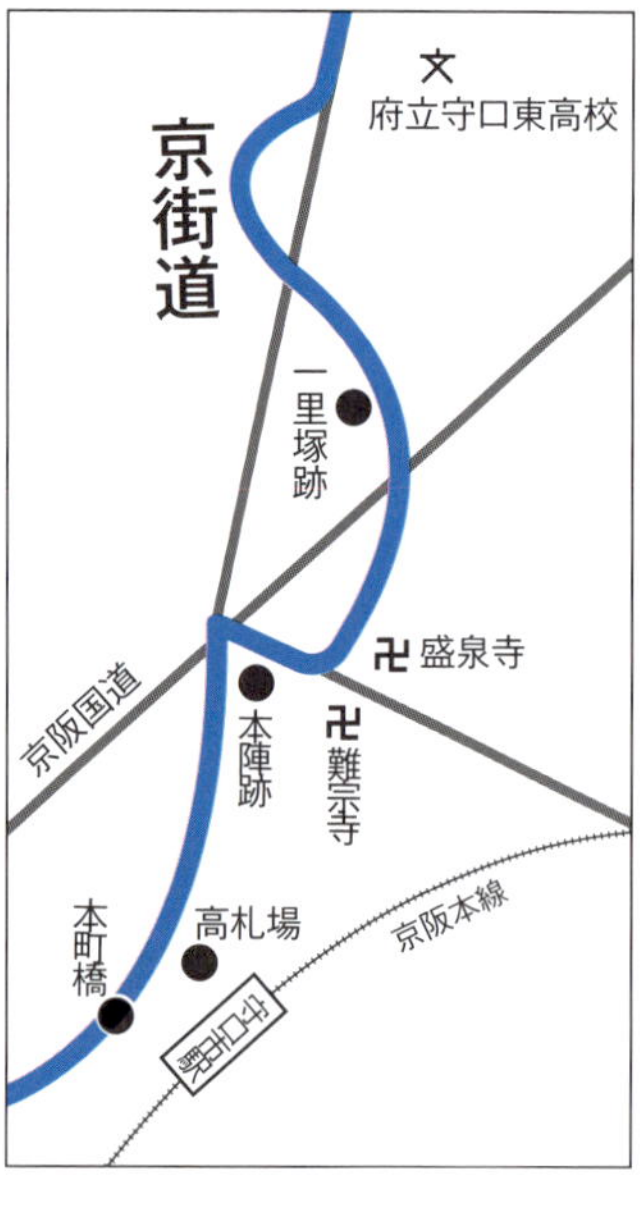

京街道（8）　守口市（その3）

現淀川堤防——眺望一変の堤防道を行く

守口市の「一里塚跡」から住宅地に残る街道を進みます。府立守口東高校の先、信号のある地点で左の脇道へ。大阪市立八雲東小学校の前を過ぎ、阪神高速12号守口線の高架をくぐります。高架下には京街道の道標が立っています。

両側にマンションが並ぶ地域を抜けると、道の左側に地域の自治会館・老人憩いの家、だんじりの倉庫があり、ここにも京街道の道標があります。突き当たりが正迎寺で、右に折れて進んでいくと、左手が守口市水道局の浄水場。この付近には大阪広域水道企業団庭窪浄水場と、大阪市水道局の庭窪浄水場もあります。

淀川河川公園庭窪レストセンターの先から、淀川の堤防に上がります。眼前に守口市と淀川右岸の摂津市とを結ぶ鳥飼（とりかい）大橋。近畿自動車道の上下線、中央環状線の北行き・南行きが通じています。橋の北側には大阪モノレールのアーチ橋も架かっています。

いったん地下道で橋を抜けて再び堤防に上がると、「大阪湾まで17・2キロメートル」の表示があります。いままで市街地を歩いてきましたが、眺望は一変。右手に生駒山、左手は河川敷公園と淀川、その向こうには北摂の山々が連なります。かつて豊臣秀吉が淀川左岸に築かせた文禄堤は消滅していますが、ここから枚方市までの約3・5キロメートルは近代に整備された堤防の上を行きます。

守口市水道局前の道標

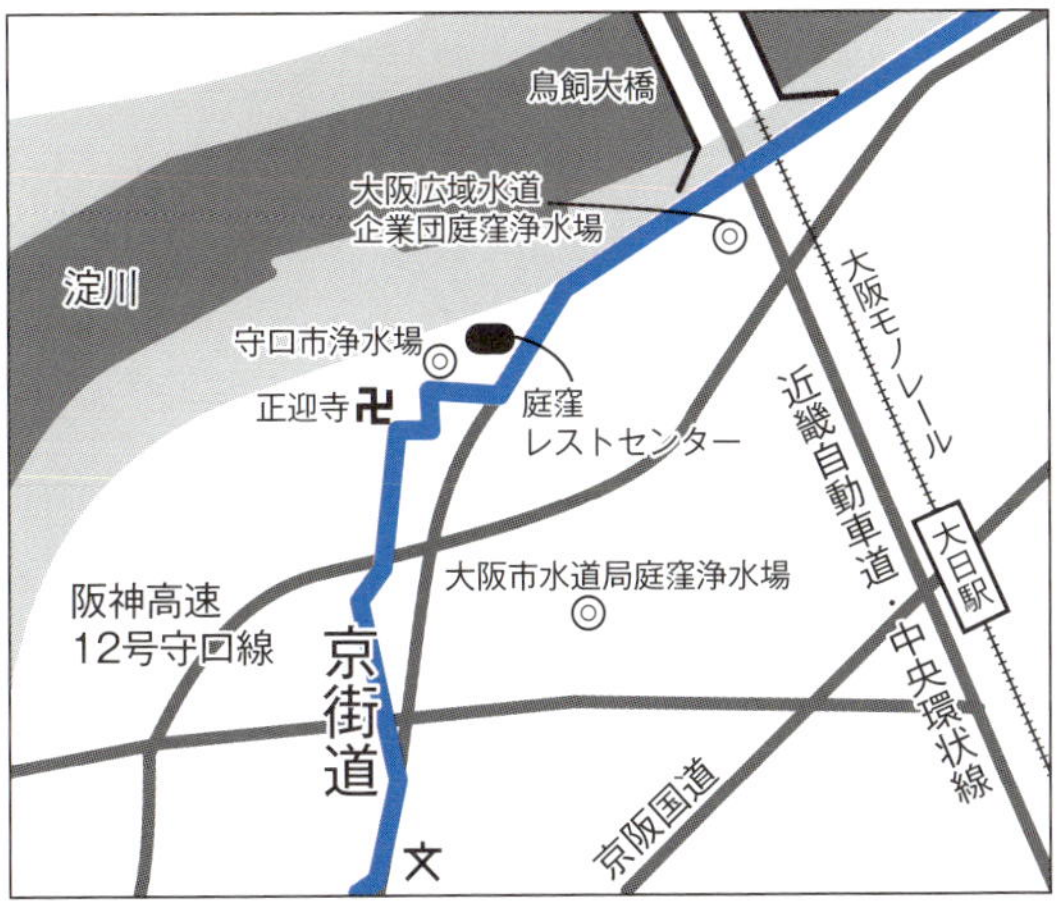

鳥飼大橋の北側、淀川左岸堤防の標識。大阪湾まで17・2キロメートル地点です

佐太天神宮　小さな天神橋

京阪国道に面した佐太天神宮。一の鳥居は1648年の創建

守口市域の現淀川堤防を進むと、右手に大阪広域水道企業団の大庭浄水場が見え、堤防道沿いに同浄水場の取水口を示す標識が立っています。さらに行くと、道の右側に「佐太第1水防用具庫」。淀川左岸水防事務組合が各地域の堤防に設置し、水害に備えています。

この倉庫の手前にある石段で堤防から降りてみます。道のまっすぐ先、京阪国道の信号を渡ったところにあるのが佐太天神宮。菅原道真（845～903年）が九州・大宰府に流される途中、領地だったこの地に立ち寄り、自作の木像などを残したといわれています。

道真の死から約50年後、その木像を祭ったのが天神宮の起源とされ、現在の社殿は江戸時代初期の再興です。人形浄瑠璃・歌舞伎の「菅原伝授手習鑑」三段目の舞台である佐太村は、まさにこの地。江戸時代の大坂の豪商・淀屋が寄進した石井筒や与謝蕪村の句碑などもある境内の森は、「大阪みどりの百選」にも選ばれています。

もと来た道を堤防まで引き返す途中、京阪国道に沿う水路に架かる小橋の石の欄干を見ると、刻まれた橋の名前は「天神橋」でした。

佐太天神宮境内の蕪村句碑

メモ　佐太天神宮（守口市佐太中町7丁目16―25）。京阪寝屋川市駅から京阪バス仁和寺バス停下車徒歩15分、京阪守口市駅から京阪バス佐太天神前バス停下車徒歩10分。

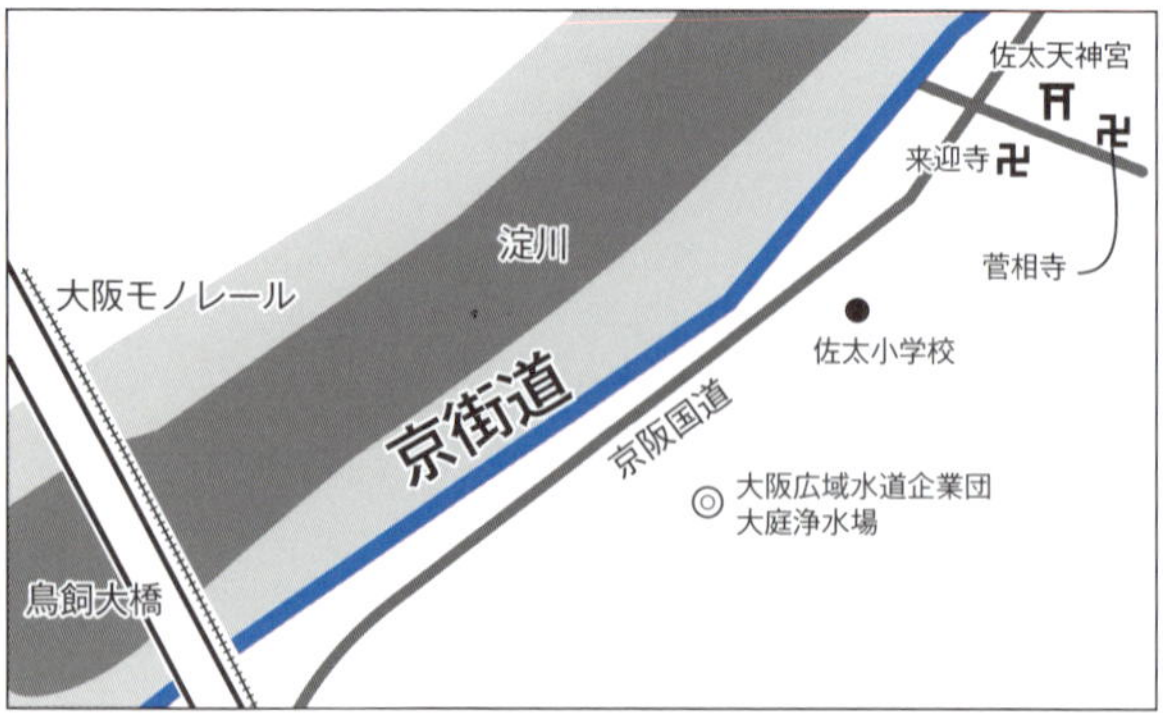

京街道（10）　寝屋川市（その1）

茨田樋跡　遺構を生かした水辺公園

佐太天神宮から淀川堤防に戻って歩くと、すぐ寝屋川市域。堤防道の左手に続く淀川河川公園には、パターゴルフやゲートボール場などがあります。

堤防を下りたところにある、茨田樋の遺構を生かした水辺公園

寝屋川市仁和寺（にわじ）と対岸の摂津市鳥飼を結ぶ鳥飼仁和寺大橋は延長688メートルの有料道路。普通自動車の通行料金が100円であることから「100円橋」とも呼ばれています。

この橋を超えると大阪湾から20キロメートル地点。堤防道からは右手前方に、枚方市内の遊園地「ひらかたパーク」の観覧車が望めます。

茨田樋跡の碑

行く手に見える橋は淀川新橋。寝屋川市大間（たいま）と、対岸の高槻市柱本を結ぶ道路橋で、府内では淀川上流側から数えて2番目の橋です。

淀川新橋に近づいていくと、右手の堤防下にイチョウの大木が。堤防道のそばに木製の道標が立ち、風雨にさらされ文字は薄くなっていますが、「茨田（まんだ）樋遺跡水辺公園・この下」と読めます。

「茨田樋」は淀川から農業・生活用水を引き込む樋門（取水施設）です。明治18（1885）年の淀川大洪水の後、現在の寝屋川市域に3カ所あった樋門を廃止して明治38（1905）年に新設されたものですが、1930年に廃止されました。現存する遺構や埋もれた水路をまちづくりに生かそうと、寝屋川市と市民との協働で復元・整備が進み、2006年に水辺公園として完成しました。

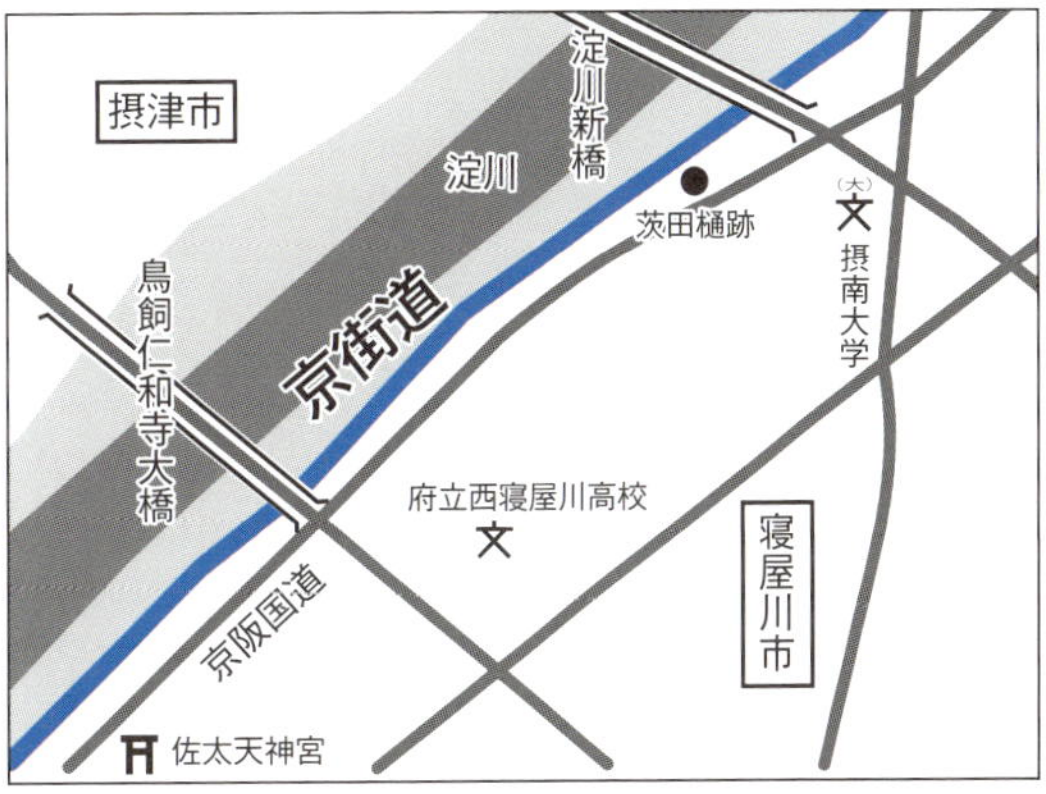

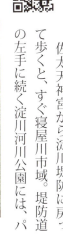

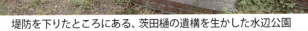

京街道⑪ 寝屋川市から枚方市へ

淀川の氾濫に備えた「段蔵」

寝屋川市大間の淀川堤防沿いに残る「段蔵」

堤防道は淀川新橋で遮られるので、「木屋第２水防用具庫」の手前の石段でいったん河川敷へ。橋をくぐって再び堤防道に上ると、寝屋川市太間（たいま）町。右手に淀川河川公園太間サービスセンターがあります。

太間地域の堤防沿いに「段蔵」が残っています。階段状に高さを変えて連なる蔵で、淀川の氾濫に備えた工夫。

その先の道沿いにある「茨田堤」の石碑は、「日本書紀」が伝える古代の築堤時の難所を顕彰したものです。

大阪湾から22キロ㍍地点には、府の「太間排水樋門・排水機場」。寝屋川下流部の洪水時の流量負担を抑えるため、ポンプで淀川へ排水する施設です。さらに歩くと堤防下に府の水生生物センター（現生物多様性センター）。淀川と水辺の自然環境保全のための調査・研究と同時に、天然記念物の「イタセンパラ」などを展示しています。

同センターを過ぎると堤防道は枚方市域に入ります。同市出口６丁目の「出口第３水防用具庫」の先、かつて「松ケ鼻」と呼ばれた地点で堤防道から右へ分岐して、光善寺方面へ向かいます。

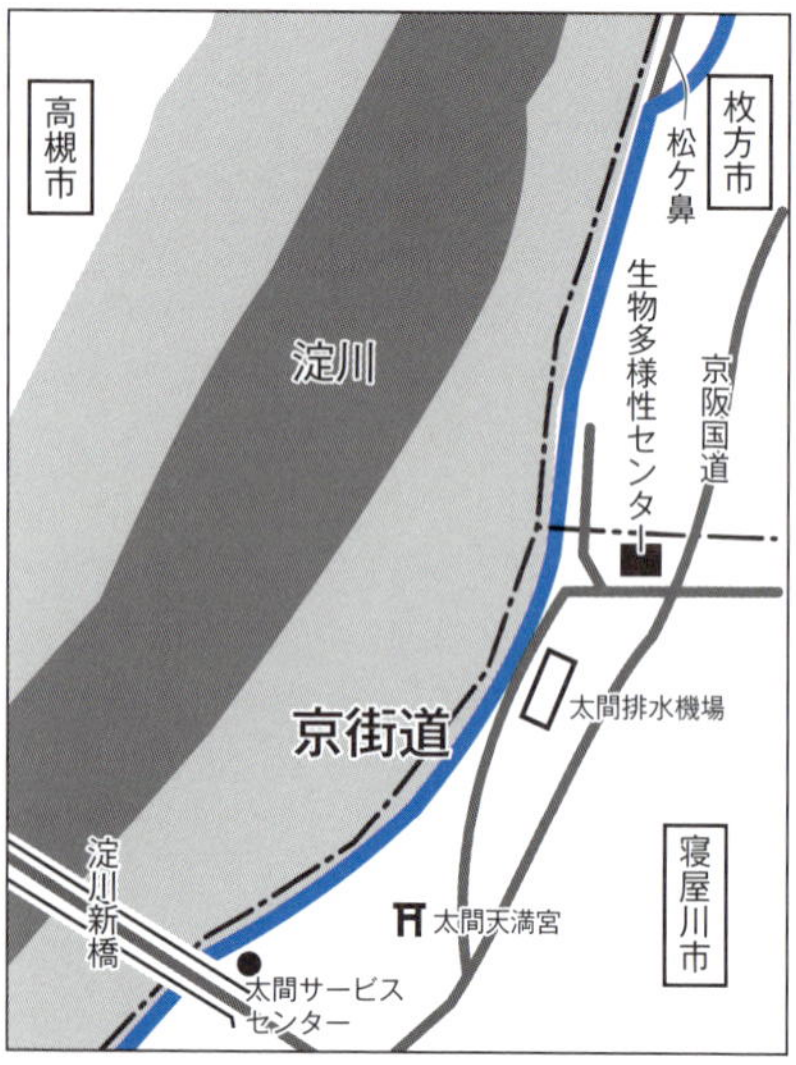

水生生物センター時代の本館

メモ・生物多様性センター（寝屋川市木屋元町10―4）。開館時間＝午前9時半～午後5時、土日祝・年末年始休館。無料。京阪寝屋川市駅から京阪バス「太間公園行き」終点で下車徒歩5分。072・833・2770。

京街道⑫　枚方市（その1）

蓮如ゆかりの道筋を行く

蓮如の腰掛石

枚方市域の淀川堤防から下りて行くと、道の右手に田畑、左手に住宅が続きます。出口5丁目の押ボタン信号で府道京都守口線を渡り、出口地域の集落内を歩きます。大阪府教育委員会『歴史の道調査報告書・第5集』（1989年）によると、現淀川堤防を進む道は京街道の「新道」で、出口集落内の道筋は「古道」となっています。

道の右手の一角に「蓮如の腰掛け石」があります。浄土真宗中興の祖と呼ばれる本願寺八世蓮如（1415～1499年）。文明7（1475）年、越前吉崎（福井県）から河内に移った蓮如が最初に身を寄せたのがこの地で、説教するために蓮如が腰掛けた石だと伝えられています。

ここから、古い町並みが残る道を100ﾒｰﾄﾙほど進むと、出口2丁目の光善寺（浄土真宗本願寺派）の前。同寺は京阪本線の最寄り駅の駅名にもなっています。枚方市教委の案内板によると、出口地域は蓮如が開いた御坊（のちの光善寺）を中心に発達した寺内町。蓮如は御坊を拠点に摂津・河内・和泉で布教活動を行いました。光善寺の山門、書院、太鼓櫓などは江戸時代の建築です。

光善寺から伊加賀小学校、伊加賀スポーツセンター（府立枚方西高校の廃校後の跡地に枚方市が開設）を過ぎ、再び府道守口京都線を渡って住宅地を抜けると、国道170号線の枚方大橋南詰。東海道五十六次の枚方宿に近づきます。

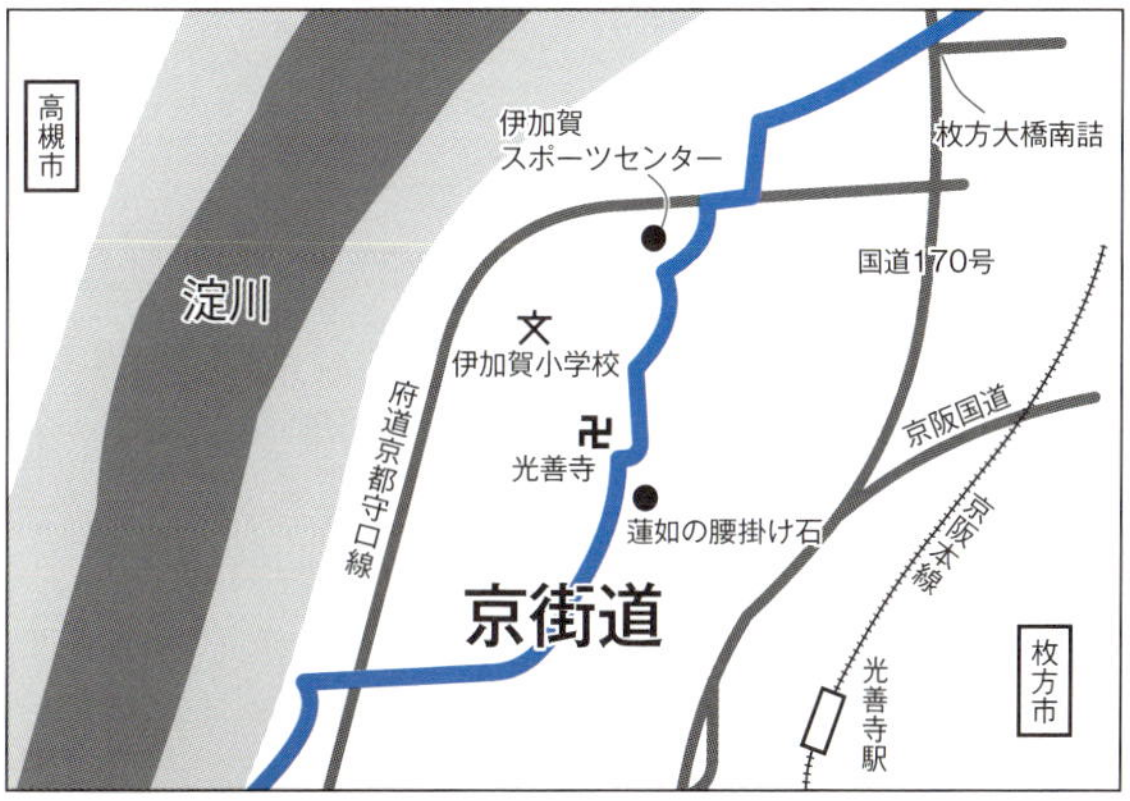

光善寺の太鼓櫓は1787（天明7年）の建築

京街道⑬

京街道の宿駅、淀川船運の中継港として

枚方市（その2）

枚方大橋南詰で国道170号線を渡り、府道八尾枚方線の左（北）側の細い道を行き、住宅地を抜けます。枚方消防署伊加賀分室の近くに「西見附」跡の説明板が立っており、ここから道筋は枚方宿の範囲に入ります。江戸時代、京街道の宿駅、淀川船運の中継港として栄えたのが枚方宿。参勤交代で京街道を通った紀州徳川家も、宿所として利用しました。

「西見附」跡から進んで行くと、左手に枚方市立「枚方宿鍵屋資料館」があります。江戸時代、淀川を往来する船に乗降するための「船待ち宿」を営んでいたのが鍵屋。1997年まで料亭・料理旅館の営業を続けていました。付近の川岸はかつて「鍵屋浦」と呼ばれ、「三十石舟唄」にもうたわれています。

街道に面した主屋は文化8（1811）年の建築。解体修理を経て、2001年に資料館として開館しました。奥の別棟では料亭時代の客室を利用して、枚方宿や鍵屋の歴史を古文書や発掘調査の成果などを基に紹介しています。

京街道に面した枚方宿鍵屋資料館

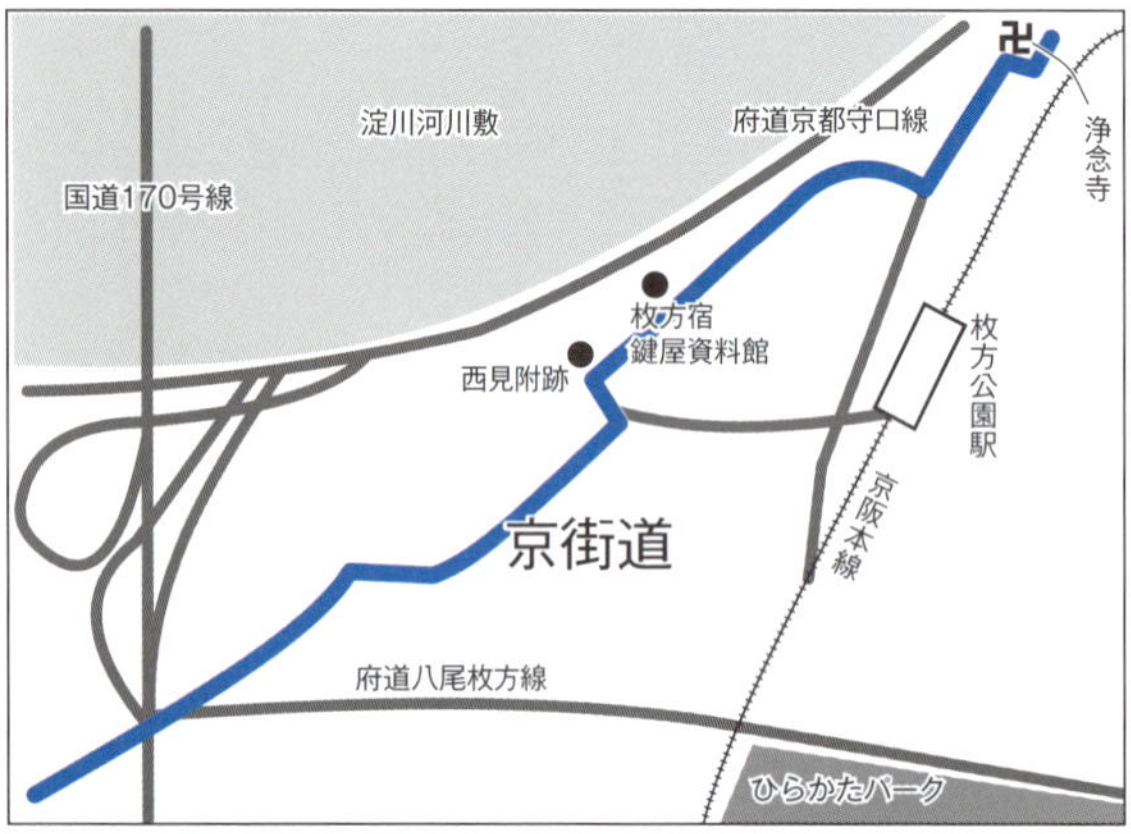

枚方宿西見附跡

メモ　枚方宿鍵屋資料館（枚方市堤町10—27）開館時間は午前9時半から午後5時（入館4時半まで）。休館は火曜日（祝日の場合は開館、翌平日休館）と年末年始。大人200円、高校・大学生など100円。中学生以下無料。京阪電車「枚方公園」駅下車徒歩5分。072・843・5128。

京街道⑭　枚方市（その３）

宗佐の辻で磐船街道を分岐

枚方宿鍵屋資料館から、さらに歩いて行きます。古民家も残るほか、新しいマンションなども、それらと調和する工夫したデザイン。あちこちに、近代の町並みを記録した写真とその区域の歴史を紹介する説明板も設置されています。

「宗左の辻」に立つ道標。正面奥に向かう道が京街道のルート

枚方宿一帯では、毎月第２日曜日に「枚方宿くらわんか五六市（ごろくいち）」が開かれています。東海道56番目の宿場町だった枚方宿。淀川を往来する三十石船の乗客に飲食物を商う煮売茶舟が、「餅くらわんか、酒くらわんか」と乱暴な売り言葉を発したことにちなむ名前です。

毎回、雑貨や食品の販売はじめ約２００店が出店。絵本の読み聞かせや着物の着付け体験、大道芸なども行われ、枚方宿の歴史を踏まえて地域の活性化を目指した手作りの市です。

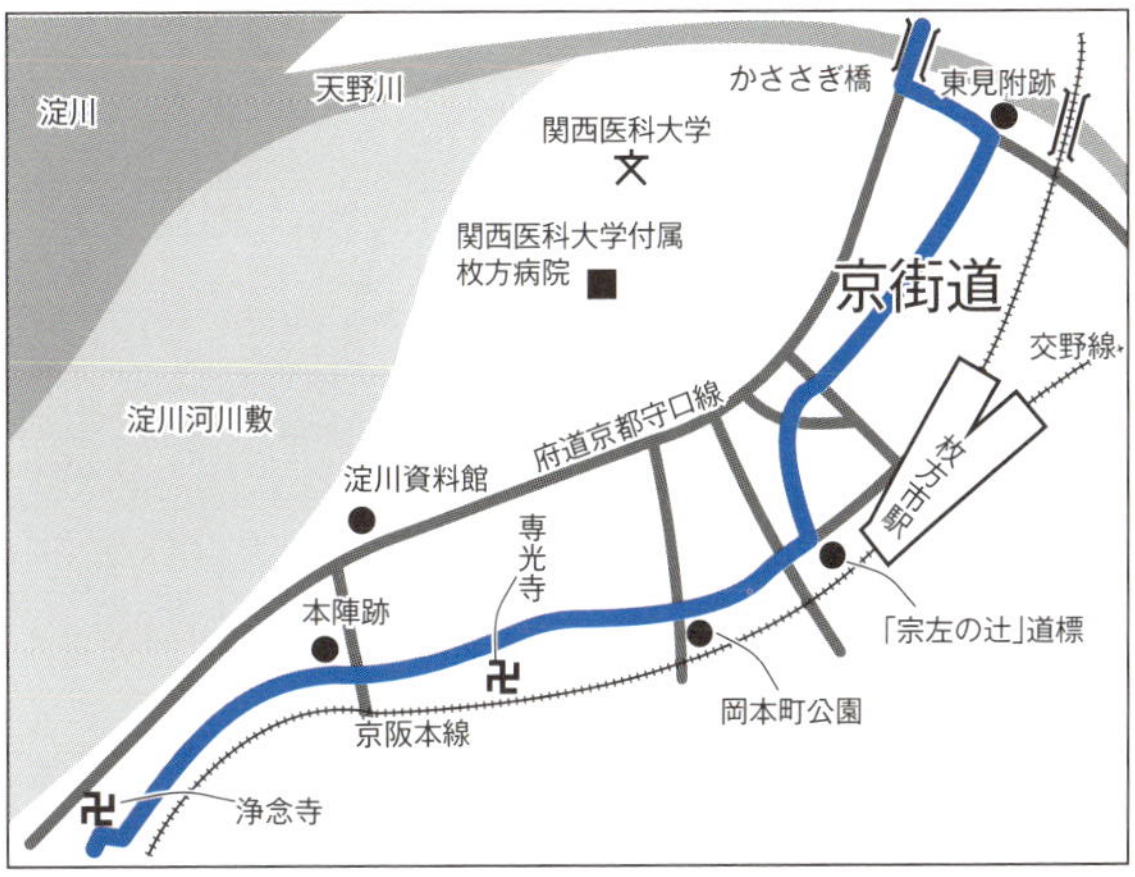

岡本町公園を過ぎ、京阪枚方市駅南口の手前が「宗左の辻」です。精油業を営む角野宗左家があったことから名付けられたもので、京街道と磐船街道（枚方—奈良）の分岐点。文政９（１８２６）年の道標が立っています。

ここで左折して進み、枚方市新町の道を直進していくと突き当たりが天野川の堤防。

ここが枚方宿の東端「東見附」だったところで、堤防下にはその解説板も立っています。下流側に架かる「かささぎ橋」で対岸に渡ります。

枚方市新町の街道。突き当りが天野川堤防

京街道⑮ 枚方市（その4）

消えた街道、残る街道

かささぎ橋にあるモニュメント。かつての街道風景が描かれています

枚方宿の「東見附」跡から、府道京都守口線が通る「かささぎ橋」を渡って天野川北岸の天之川町に入ります。京街道の道筋は京阪本線に接するように続き、「磯島」の信号で再び府道京都守口線に出ます。

これからの京街道歩きのルートは、大阪―京都を結ぶ京阪本線の開通（1910年）、近代の旧京阪国道（現府道京都守口線）の整備などに伴い、街道が失われた区間と、現在も脇道として残っている区間とがあります。磯島から先は、しばらく街道は消滅。京阪本線の線路に沿って、府道京都守口線の歩道を歩きます。この地はかつて茶屋があったところで、いまも「磯島茶屋町」の町名が残ります。

行き交う電車を右手に見ながら御殿山駅を過ぎて、「三栗（めぐり）南」の信号で府道を渡り、左手の脇道へ。これは残された街道で、細い道が大きく蛇行。「三栗」の信号で府道に戻ります。信号を渡ってからは府道の東側は街道の道筋が残ります。

京阪本線の踏切を越えると黄金野（こがねの）地域から牧野阪地域へと住宅地を抜けます。阪今池公園の先で上り坂となり、穂谷川（淀川の支流）の左岸堤防上の道に出ます。「明治橋」で対岸へ渡って左折へ。牧野駅の北側踏切を越えて、京阪本線の西側、線路沿いに続く道を進み、楠葉方面を目指します。

枚方市磯島茶屋町の京阪沿線。街道は消滅し、線路沿いの歩道を行きます

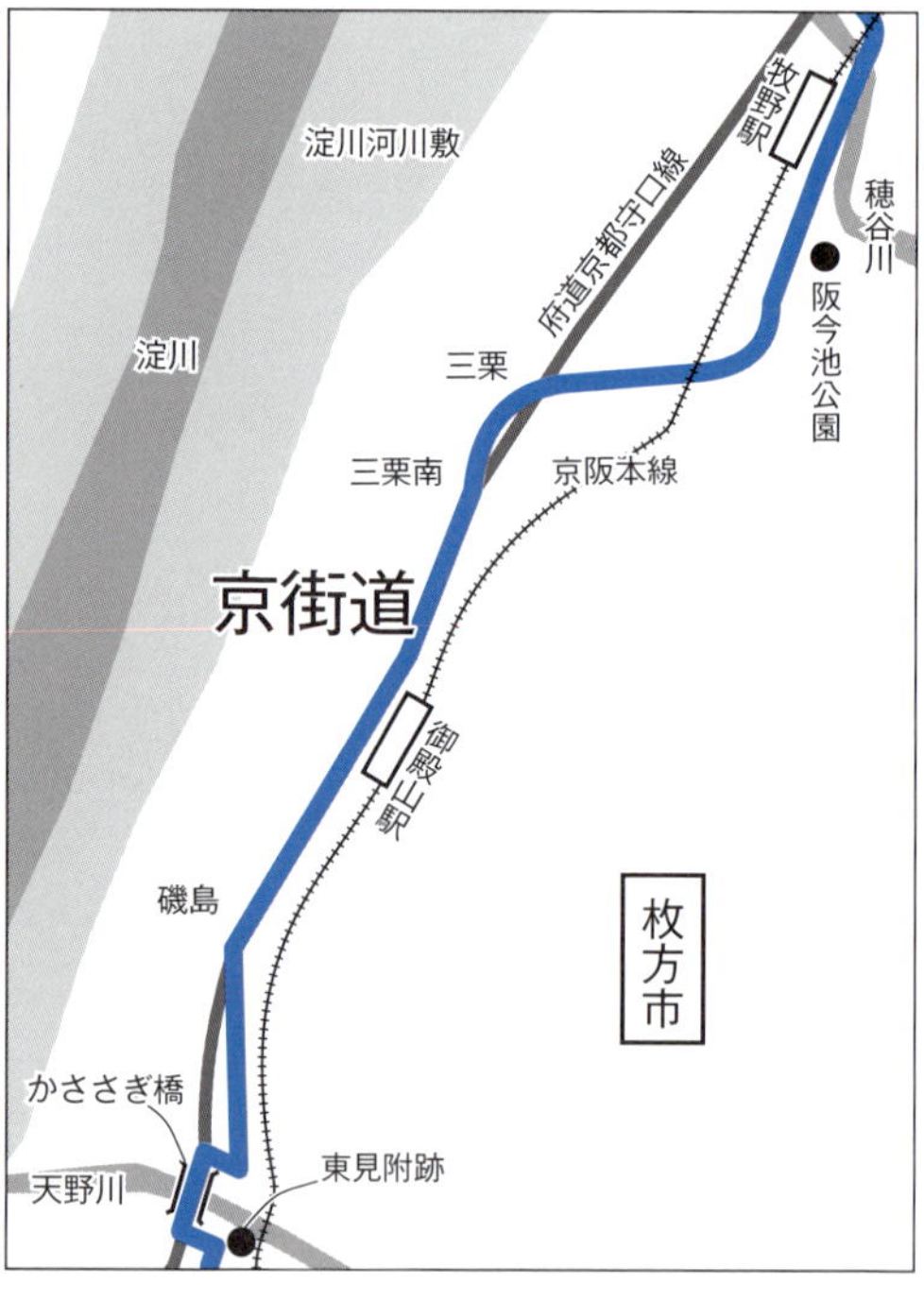

京街道⑯　枚方市（その5）

一歩一歩、京都に近づく

牧野駅の北から京阪本線の線路沿いを直進すると、上島町8丁目で道は二股に。右へ行くと踏切を越えますが、左の脇道へ。これをさらに行くと、船橋川（淀川の支流）の堤防に突き当たります。ここに石の道標があり、「参詣道」「橋本一里」と刻まれています。石清水八幡宮（京都府八幡市）に向かうための道しるべで、同市の橋本まで約4キロメートル。京都に一歩一歩近づいていきます。

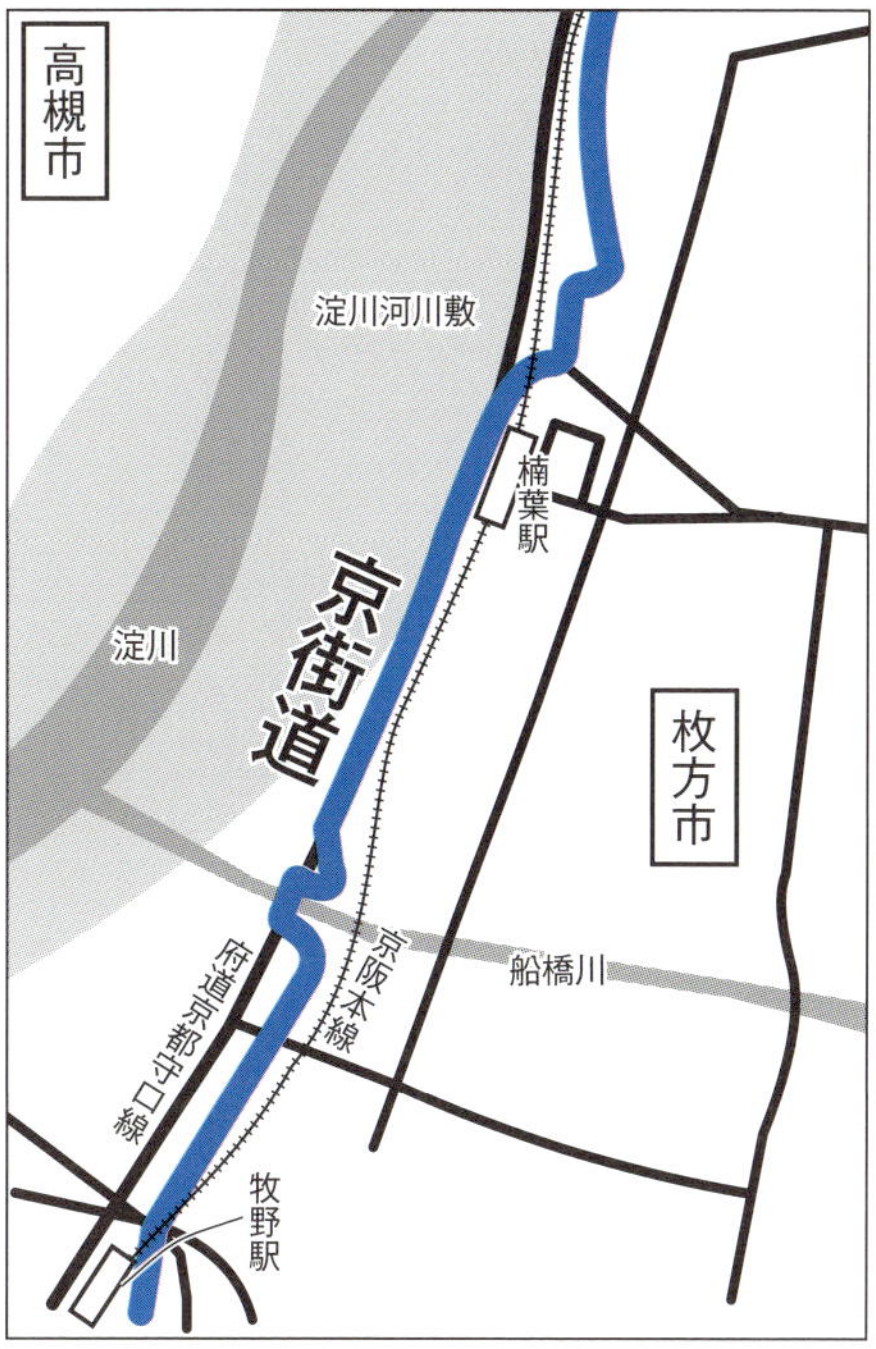

船橋川に架かる「楠葉橋」を渡って堤防沿いに少しだけ上流側に戻り、枚方市樋之上町の住宅地に続くのが街道です。

「樋之上」の信号からは、再び京阪本線に沿って、府道京都守口線の歩道を歩きます。このルートは、豊臣秀吉が築かせた文禄堤を継承した近世の淀川堤防上の道。左手の淀川河川敷は広大なゴルフコースになっています。

船橋川堤防そばに立つ道標

樟葉駅の西側、「楠葉南」の信号の手前で府道から右に分かれ、駅北側へ。「くずは宮表参道商店街」の道を進み、京阪本線に近づく地点で右折。すぐ左に曲がるところに「旧京街道」の石碑があります。この枚方市町楠葉（まちくずは）地域を貫く街道は薄茶色に舗装されています。

時折、京阪電車の走行音が聞こえてきますが、道の両側には旧家も残り、静かなたたずまい。地元の人によると、高齢化が進む中で、外出を支援する身近な足の確保が課題とのことです。

枚方市の町楠葉地域には街道の面影が残っています

京街道（17） 枚方市（その6）

街道の関門となった要塞

枚方市町楠葉（まちくずは）地域を過ぎると、街道は京阪本線と出会い、線路の東側に続きます。間もなく道の右手に見えてくるのが大阪市水道局の楠葉取水場。京阪本線の築堤の下をくぐる道が分かれていて、その先は府道京都守口線に通じています。

史跡公園として整備・開放されている楠葉台場跡

かつての街道のルートをたどる場合は、この府道を歩くことになりますが、自動車の往来は激しく、専用の歩道もないため危険。築堤に沿って直進し、楠葉取水場の角で右折します。突き当たりで左折。道の右側は、もう京都府八幡市です。住宅地内の道を抜けると、視界が開けます。ここが楠葉台場跡です。

台場は、幕末に外国艦船の攻撃に備えて築かれた砲台付きの要塞。大阪湾岸でも天保山や堺などに建造されました。楠葉台場は京都守護職を務めた会津藩主・松平容保の意見具申を受けて、勝海舟の指揮下で幕府が着工し、慶応元（１８６５）年に完成しました。

当時の京街道の道筋を曲げ、台場内を通過するよう変更。討幕派の京都侵入を防ぐ関門とすることに本当の狙いがあったとされています。明治維新後に廃止され跡地は売却。川沿いの台場では全国で唯一、遺構が残っていることから、２０１１年に国の史跡に指定。枚方市は堀や土塁などの位置を表現した史跡公園として整備し、２０１６年９月から開放しています。

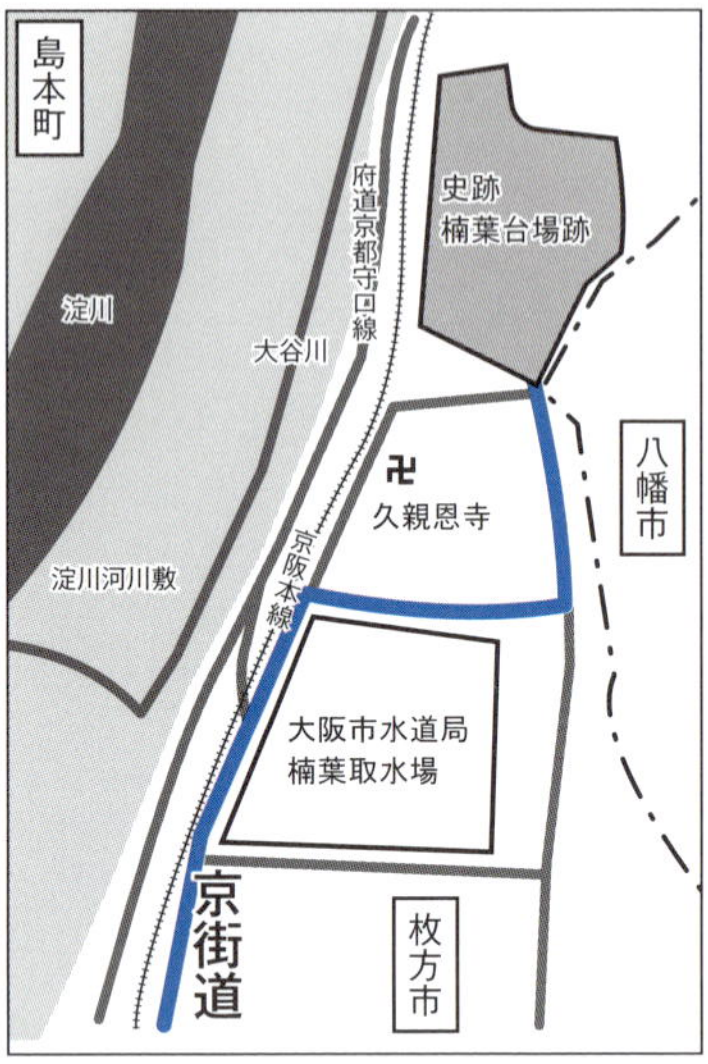

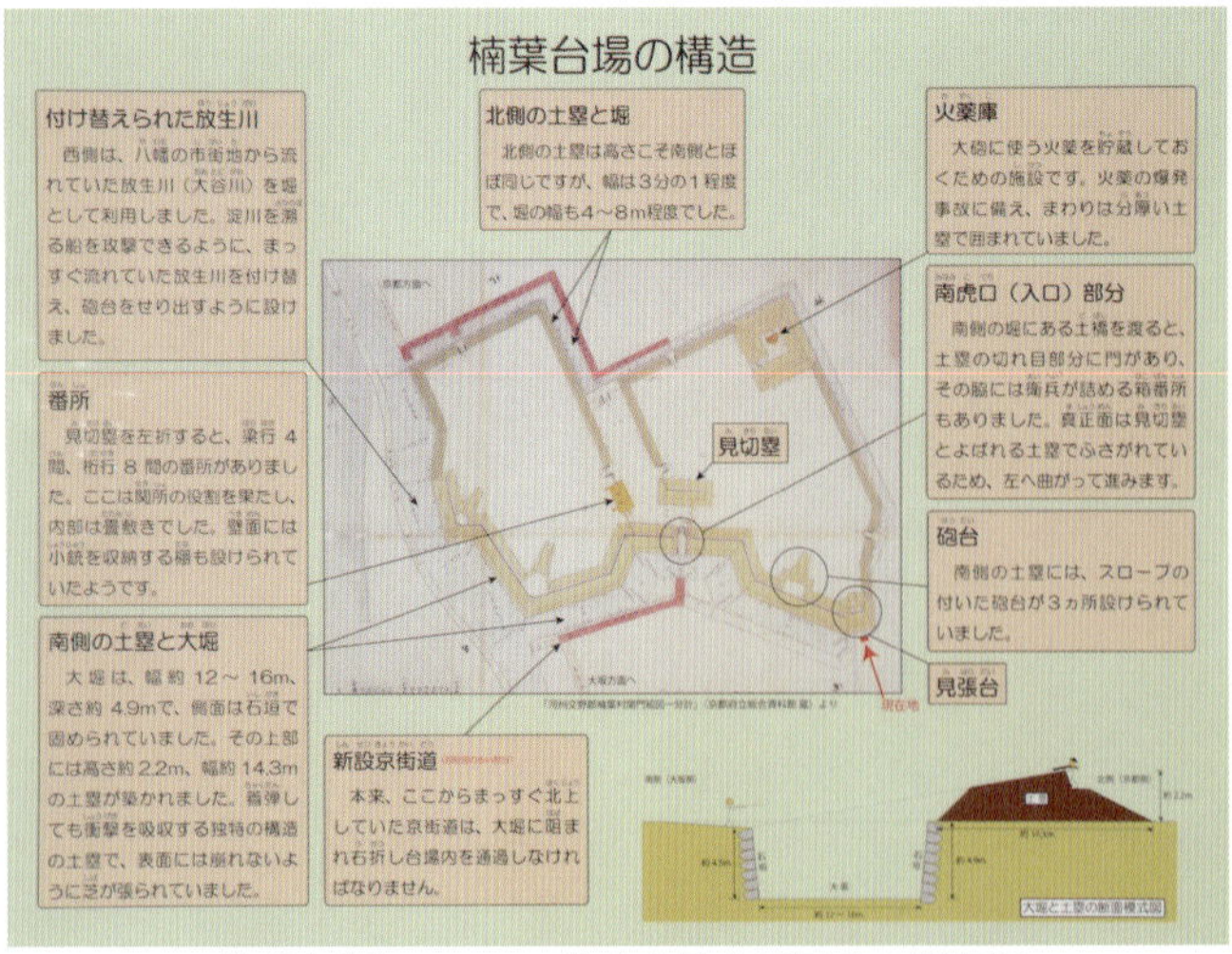

楠葉台場についての枚方市教育委員会の説明版

京街道（18）

枚方市から京都府八幡市へ

この先は淀宿、伏見宿へと続く

久修園院

史跡公園の楠葉台場跡の北側は土地区画整理事業が進行中で、道路の付け替えも行われています。事業用地の東側にあるのが真言律宗の寺院、久修園院（くしゅうおんいん）。本山は奈良西大寺で、その別格本山です。

716年に僧行基が開いたとされ、大坂夏の陣（1615年）の兵火で焼失。江戸時代の延宝年間（1673〜1681年）に宗覚律師（1639〜1720年）が再建しました。寺院所蔵の天球儀と地球儀は枚方市の指定文化財です。

久修園院の東側から北側へと周り込むように進み、新造の橋本高架橋で京阪本線を超えると、再び府道京都守口線に出ます。この付近がちょうど大阪府枚方市と京都府八幡市との境界で、府道の淀川沿いに立つ国土交通省の標識には「大阪湾まで約34・6キロメートル」とあります。この先の上流で、桂川、宇治川、木津川が合流して淀川となります。

府道を大阪方面に少し戻り、「楠葉中之芝2丁目」の信号の地点で、京阪本線の線路沿いに下る道を進んで行くと、八幡市橋本地域に街道の道筋が残っています。大阪市中央区の高麗橋から歩き始めた京街道。この先、京都府域の淀宿、伏見宿と続き、醍醐から山科を経て滋賀県の大津に出ます。

大阪府と京都府の境界近くの標識。対岸は大阪府島本町です

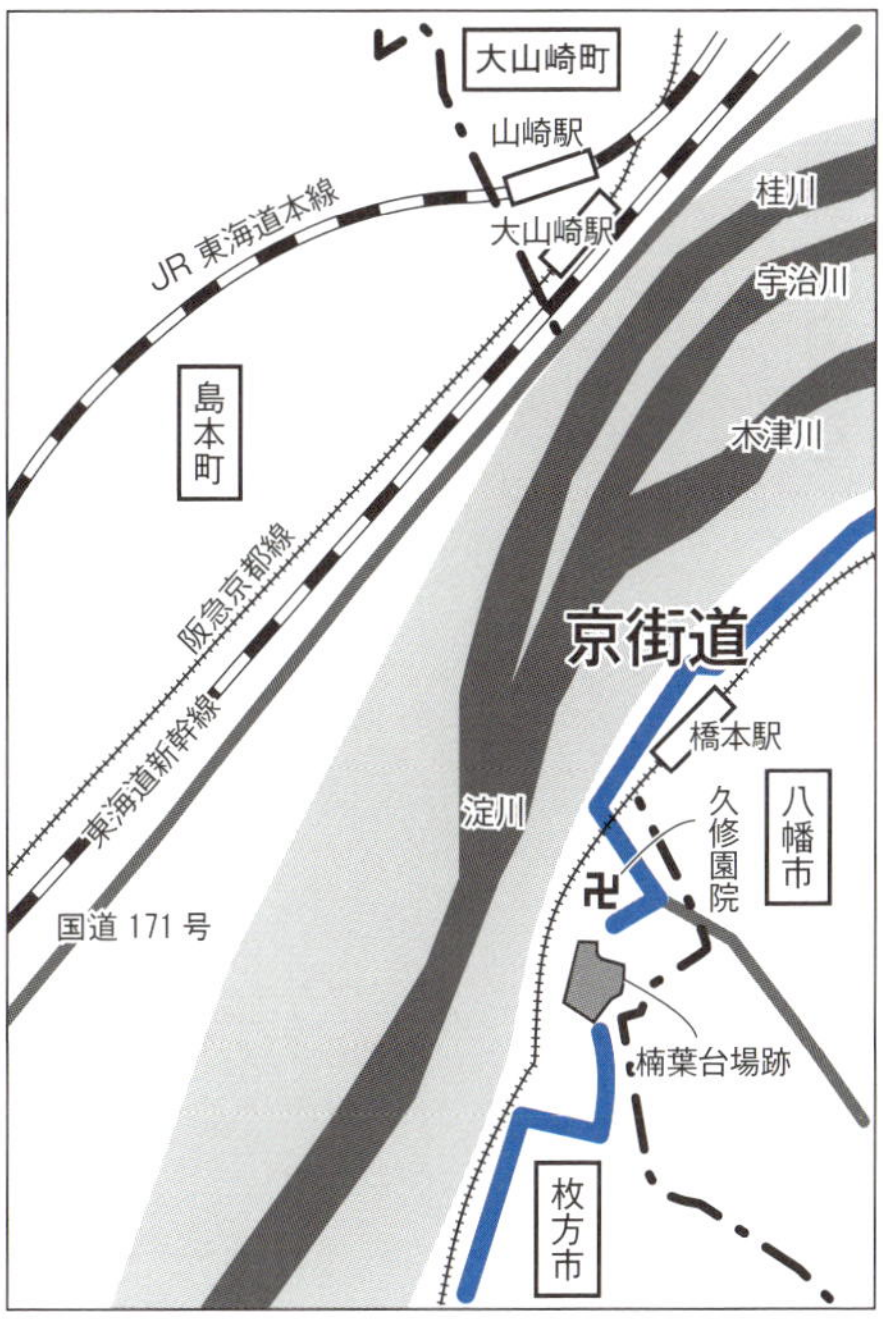

第3章　熊野街道

熊野三山（熊野本宮大社、熊野速玉大社、熊野那智大社）に参詣するための道。大阪の起点は大阪市中央区の天満橋・八軒家浜で、近世以降は「小栗街道」とも呼ばれた。

熊野街道（1）

大阪市中央区から天王寺区へ

歴史顕彰する上町台地

世界遺産に通じる道

熊野街道は、和歌山県の熊野三山（熊野本宮大社、熊野速玉大社、熊野那智大社）に参詣するための道。近世以降は「小栗街道」とも呼ばれるようになりました。「紀伊山地の霊場と参詣道」は２００４年にユネスコ（国連教育科学文化機関）の世界遺産に登録されています。

熊野詣では平安時代に上皇や貴族の間で流行し、後に武士や庶民も参詣するように。上皇たちは京都から淀川を船で下り、「渡辺津（わたなべのつ）」で上陸。現在の天満橋周辺で、江戸時代には「八軒家」と呼ばれる船着き場として栄えました。

熊野詣での参詣者を守護する熊野権現の御子神を祭るのが「王子」。熊野三山のある紀伊山地の道も含めて「九十九王子」と称されるほど数多く設けられ、渡辺津周辺の「窪津王子」はその第一王子でした。

中世の熊野詣での公式ルートとされた「紀伊路」は渡辺津から陸路南下して摂津、和泉両国を経て紀伊国に通じる道。田辺から熊野本宮に向かう道が「中辺路（なかへち）」です。

熊野街道の起点は大阪市中央区の天満橋・八軒家浜。土佐堀通南側の永田昆布本店の前に「八軒家浜船着場の跡」の碑があります。

中世の参詣道としての熊野街道の道筋は、大阪市中心部や堺市中心部などで特定するのが困難です。今回は、大阪府都市整備部が作成した「街道ウォーキングマップ」を参考に、沿道に刻まれた大阪の歴史を訪ねて歩きます。

なお、渡辺津の位置や中世の熊野街道の経路については、新たな研究に基づいて「歴史街道ウォーキングマップ」とは異なる学説も提唱されています。

大阪市が設置した「熊野かいどう」顕彰碑

整備された石碑や道標

現代の八軒家浜。西側の石灯籠には、熊野街道の由来などが記されています

同店前の歩道を西に向かうと信号を渡る手前に「熊野かいどう」の石碑があります。歴史街道としての顕彰を目的に大阪市などが設置

したもの。この先、大阪市域の各所には、この石碑のほか、歩道上には古地図を浮き彫りにした路面表示、八軒家浜からの距離を記した道標が立っています。歩道には街道であることを示す「つたい石」、最寄りの史跡までの距離を紹介する「歴史の散歩道」の道しるべも整備されています。

熊野街道の路面標示板

背割り下水見学施設も

「熊野かいどう」の石碑の地点で左（南）へ折れて、御祓筋の東側歩道を南下、起伏に富んだ中央区内の上町台地を進みます。最初は上り坂で、左手に北大江公園。道の両側にはオフィスビルや飲食店、マンションが続き、前方には「あべのハルカス」（高さ300メートル）が見えます。西側歩道に面した中大江公園のそばには、「熊野街道・八軒家浜から0・5キロメートル」と記した最初の道標があります。中大江公園内の北西角には、福岡県生まれで幼少期を大阪で過ごした小説家・宇野浩二（1891～1961年）の文学顕彰碑もあります。

中央大通りを渡って左（東）側、特別養護老人ホームの前に熊野街道の説明板。大阪市立南大江小学校の前に「太閤下水見学施設」と記した石柱があります。豊臣秀吉による大坂城築城の際に原型が造られたといわれている石積みの下水溝。「背割下水」または、秀吉にちなんで「太閤下水」とも呼ばれ、現役で使われ

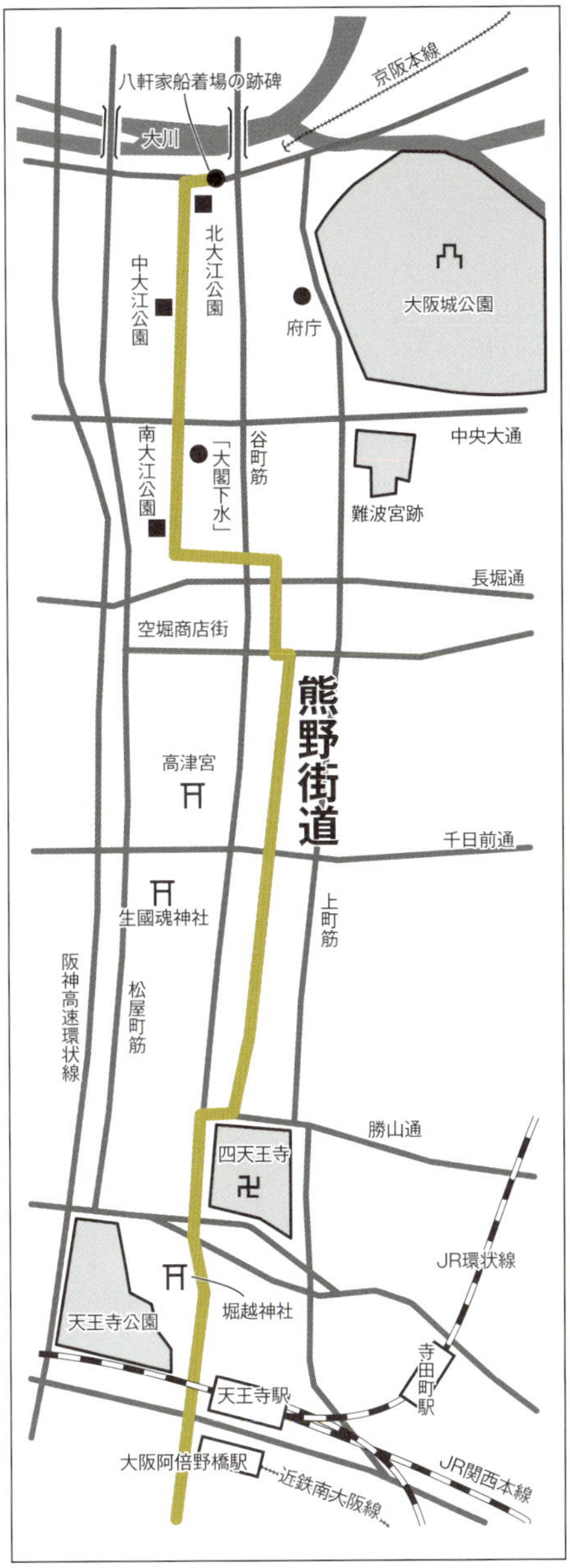

熊野街道沿いにある「太閤下水（背割下水）」の見学施設（大阪市中央区内）

ており、ここでのぞき窓から見学できるようになっています。

　その先、西側歩道に面して南大江公園があり、園内南西角に「朝日神明社跡（坂口王子推定地）」の説明板があります。

上汐町筋を南へと進む

　さらに御祓筋を進むと、長堀通に降りる坂に榎木大明神。その手前で左折、安堂寺町通を路面表示に従って東進。谷町筋を超え、一つ目の交差点で右折、信号で長堀通を渡ると「八軒家浜から1・8キロ」の道標。そのまま南下すると空堀商店街に突き当たります。左折してすぐ、右側の下り坂へ。上汐町筋を直進しますが、ここからも「あべのハルカス」が見えます。この付近の道標は100メートル間隔で、地元の連合振興町会が2009年に設置したものです。

　千日前通に出る地点の道標は「八軒家浜から2・9メートル」。天王寺区に入り、大阪市立生魂小学校を過ぎて、上汐公園の北西入口の角にも道標。「熊野街道」の文字は、四天王寺第110世管長の故出口順徳氏の書です。クレオ大阪中央、天王寺郵便局を過ぎ、勝山通に突き当たって右折、谷町筋に出て東側歩道を南下。四天王寺に立ち寄ります。

熊野街道道標（大阪市天王寺区・上汐公園前）

熊野権現を礼拝した場

　四天王寺は593年、聖徳太子が創建したとされる日本仏法最初の大寺。毎月21日の「お太師さん」、春と秋の彼岸会などは大勢の参拝客でにぎわいます。

　国道25号に面した南大門を入ったところに、「熊野権現禮拝石」があります。かつてここから、熊野詣の上皇や貴族たちが、はるかかなたの熊野三山を遥拝したと伝えられています。

　四天王寺を後にして谷町筋に戻ります。道の向こう側に堀越神社がある地点の道標は「八軒家浜から4・7キロメートル」。ここから天王寺を経て阿倍野区に入るまでは、道標はありません。

参詣途上に人々が、熊野三山を遥拝したとされる「熊野権現禮拝石」を示す標石（大阪市天王寺区四天王寺境内）

熊野街道（2）

大阪市阿倍野区

大阪府内唯一の現存王子社

ＪＲ天王寺駅から歩道橋で近鉄大阪阿倍野橋駅側に渡り、あべの筋（府道30号大阪和泉南線）に沿う商店街を南下。阪堺電車上町線の路面電車がガタゴト走っています。阪神高速松原線の高架と交差するところの歩道に「熊野かいどう」の道標があります。

あべの筋の歩道に建つ「熊野かいどう」の道標

阪堺電車はあべの筋から外れて専用の軌道へ。「松虫」交差点の南西角からあべの筋の西側の細い道に入ります。入口左手に熊野街道の顕彰碑があり、街道の路形が残る住宅地の中を歩いて行きます。

「八軒家浜から7・1キロメートル」の道標が立つ地点にあるのが安倍晴明神社。平安時代中期の陰陽師・安倍晴明（921〜1005年）の生誕地とされています。その先にあるのが阿倍王子神社。熊野参詣が流行した中世、熊野までの道筋には「九十九王子」と呼ばれるほど数多くの王子社が設けられました。大阪府域で旧地に唯一現存しているのが同神社です。

鎌倉時代の建仁元年（1201年）、後鳥羽上皇の4回目の参詣に随行した歌人・藤原定家が残した参詣記「熊野道之間愚記（くまのみちのあいだぐき）」は、当時の参詣ルートを比定する上で重要な史料とされてきたもの。そこでは「阿倍野王子」と記されています。

さらに進むと、阪堺電車が専用軌道から併用軌道へと変わる道路に合流。しばらく歩くと「北畠」の停留所です。

阿倍王子神社の西側入口には「もと熊野街道」「阿倍野王子」の石碑があります

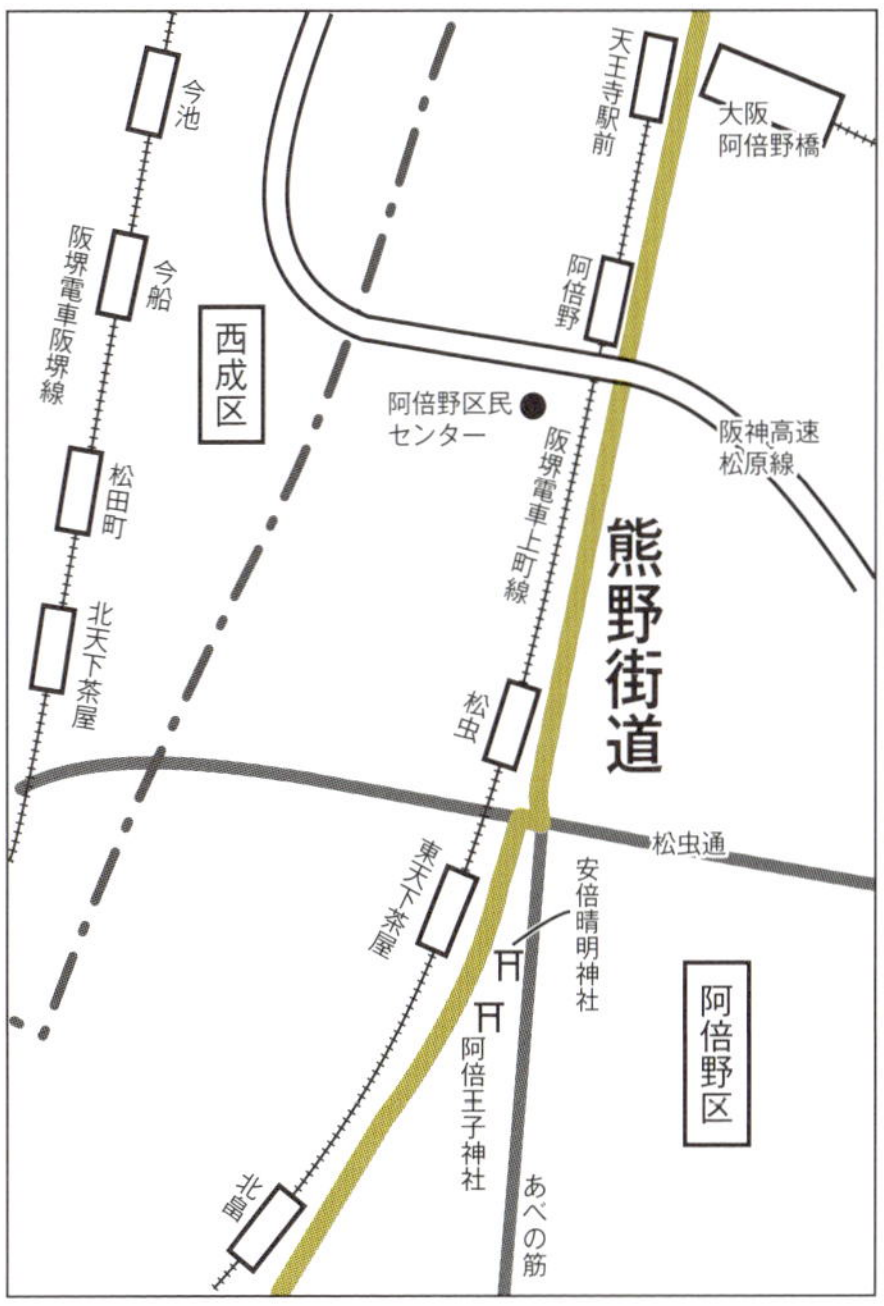

熊野街道(3)　大阪市住吉区

大和川北岸へ　災害は忘れたころに

阪堺電車の「姫松」駅を過ぎ、南港通の信号を渡れば住吉区。すぐ左(東)の脇道に入り、万代池の西側をかすめて電車道に戻ります。

「帝塚山四丁目」駅の手前で、線路の左手の細い道へ。南海高野線の踏切を渡って進むと、住吉街道との交差点です。北東の角に「住乃江味噌」で知られる池田屋本舗があります。この交差点を右(西)へ行くと住吉大社。熊野参詣の上皇や貴族たちも必ず参拝しました。

長居公園通を渡り墨江地域、あべの筋を超えて遠里小野(おりおの)地域へ。遠里小野6丁目に大阪市域で最後の道標が立ち、「八軒家浜から11・4キロメートル」。その先で大和川北岸に着きます。

堤防の手前、道の左手に「雲上地蔵尊」があります。1868年に大和川右岸が洪水で決壊し、寺院の墓石を投入してまで浸水を防ぎました。後に川底から掘り出された地蔵尊と白竜大神を合祀して創建されました(「住吉区史」)。街道の右側には大阪市の「水防碑」。「災害は忘れたころにやってくる」と刻んでいます。

万代池公園の西側に通じる街道

住吉街道との交差点北東にある池田屋本舗

熊野街道が大和川北岸に出る地点にある「雲上地蔵尊」

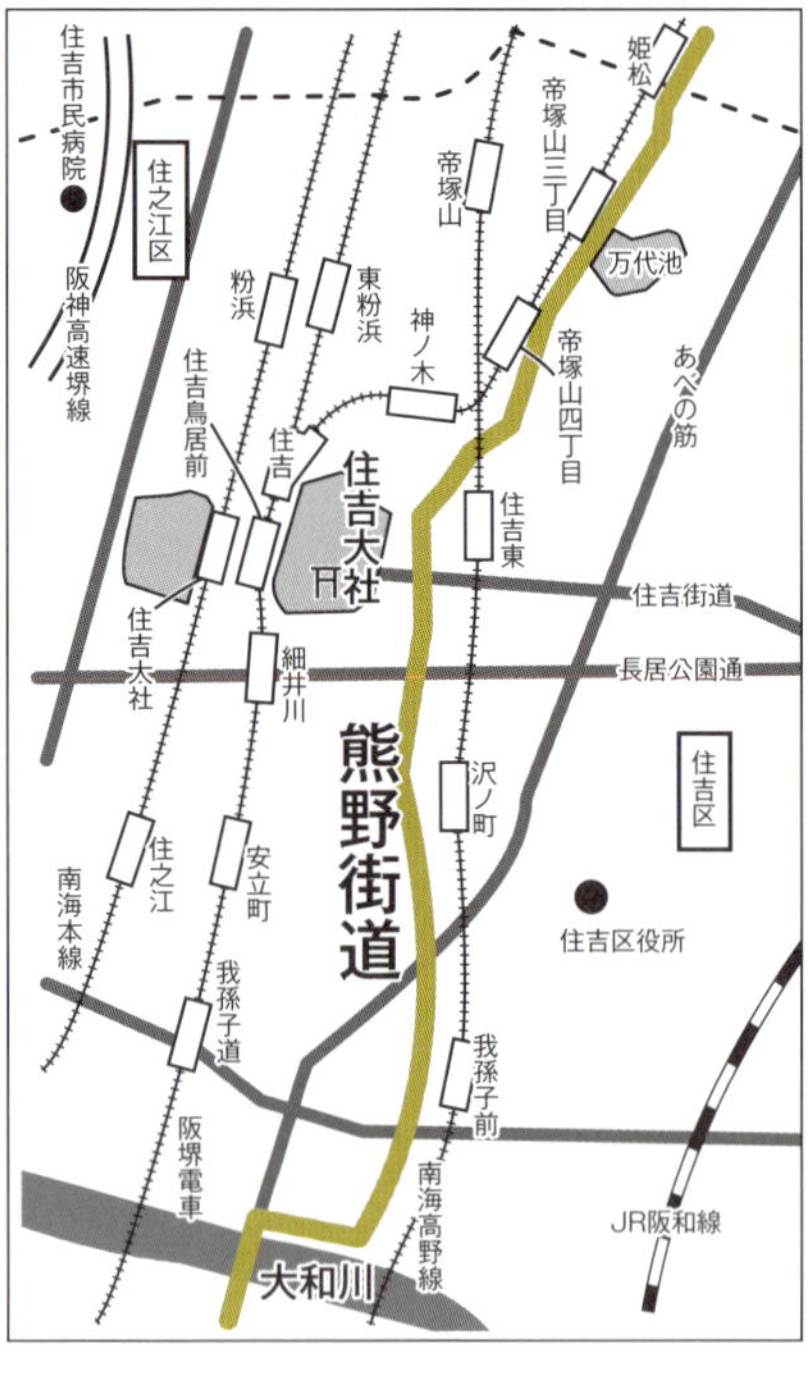

熊野街道（４）

堺市堺区

田出井山古墳から大山古墳へ

大和川北岸から遠里小野（おりおの）橋を渡って堺市へ。柏原から北へ流れていた大和川が、現在の川筋に付け替えられたのは江戸時代の宝永元（１７０４）年。中世に熊野詣でに向かった人々は地続きの道を歩いたわけです。

堺市堺区内の熊野街道は、中世以来発達した環濠都市や第２次世界大戦後の都市整備のため、ルート比定は困難。大阪府都市整備部の「街道ウォーキングマップ」のルートを行くことにします。

府道30号大阪和泉泉南線の歩道から左（東）へ入り、南海高野線「浅香山」駅の踏切を渡って、高い塀に囲まれた大阪刑務所の北西に着きます。その辻の信号を右（西）へ進むと「境王子碑」があります。境王子の位置は特定されていませんが、１９９２年にこの地に碑が建てられました。

ここで左折して住宅地の間を進むと方違（ほうちがい）神社に出ます。その南にある田出井山古墳（反正天皇陵古墳）の東から大阪府立三国丘高校のそばを通り、南海高野線を越えて陸橋を渡ると大山古墳（仁徳天皇陵）。全長４８６メートル、高さ35メートルの日本最大の前方後円墳です。

これらの古墳を含む百舌鳥古墳群（堺市）と古市古墳群（羽曳野、藤井寺両市）は２０１９年、大阪府内で初めてユネスコ（国連教育科学文化機関）の世界文化遺産に登録されました。大山古墳の濠に沿って歩き西南端で御陵通へ。この道を西に向かって歩きます。

境王子の碑

田出井山古墳

大山古墳の濠に沿って周遊路が整備されています

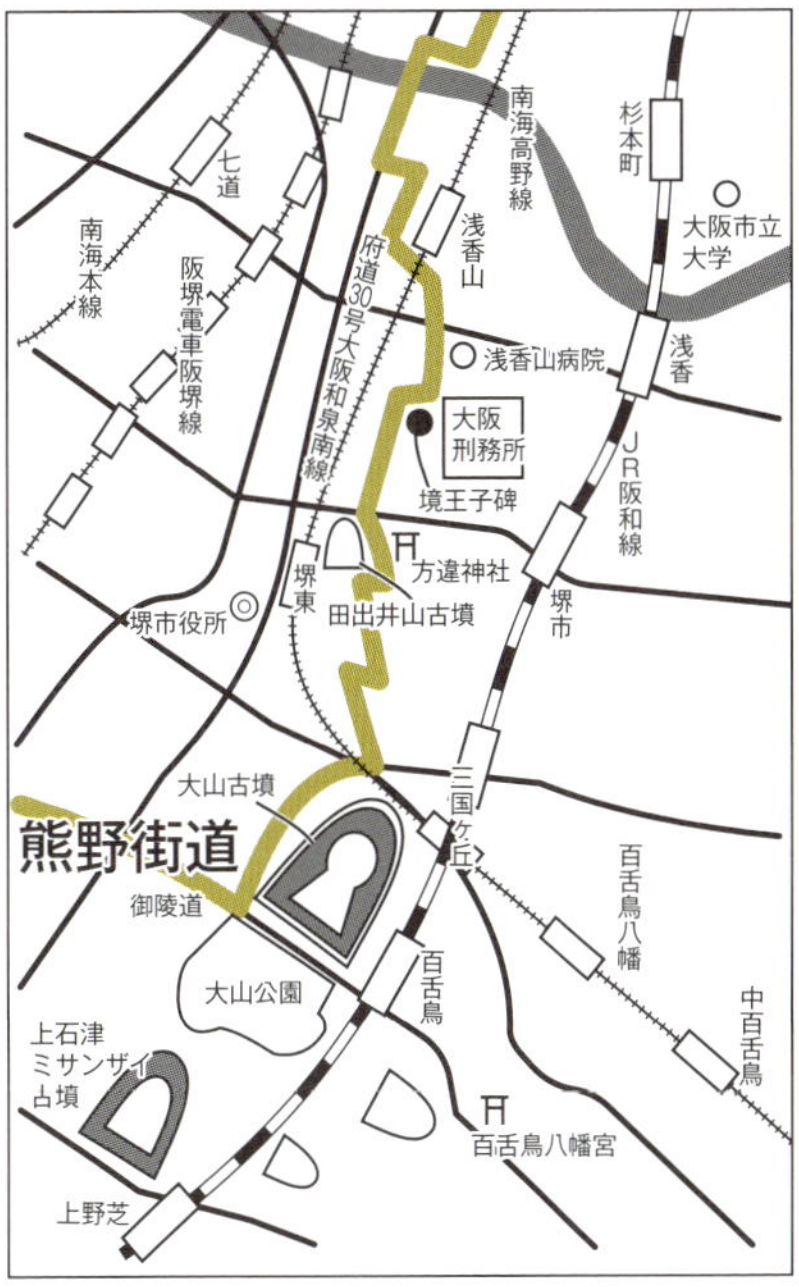

熊野街道（5）

堺市堺区から西区へ

かつての環濠都市から南へ

大山古墳から御陵通を西へ向かい、国道26号を超えると道路の右（北）側に、わび茶を完成した千利休（1522～1591年）の遺髪を埋葬する南宗寺があります。中世の堺は濠に囲まれた「環濠都市」。大坂夏の陣（1615年）で全焼した後、江戸幕府が新たな町割りと濠（土居川）を整備しました。

土居川に架かる山之口橋を飾る熊野街道の絵

町の南側に残る濠に斜めに架かる山之口橋。ここからは熊野街道のルートが比定されており、橋の四隅には街道を往来した人々の絵と文が飾ってあります。近くに立つ「歴史のみち（熊野街道）」の説明板には「この街道は、江戸時代、別名小栗街道ともよばれました」と記されています。その由来はあとの和泉市域で触れます。

山之口橋から南下、旧湊小学校のそばに「熊野街道」の道標があります。国道26号を陸橋で越え、住宅地を進みます。沿道には世界的な自転車部品・釣具メーカーのシマノ本社も。再び国道26号に戻って石津神社を過ぎ、「戎橋」で石津川を渡ると堺市西区に入ります。

「神石市之町」で府道30号大阪和泉南線と交わりますが、府道の右（西）の道を直進。途中の交差点の信号の名前は「鳳小栗街道」と、ここにも「小栗街道」の名が残ります。大鳥神社の前を経て、JR阪和線の鳳駅に出ます。

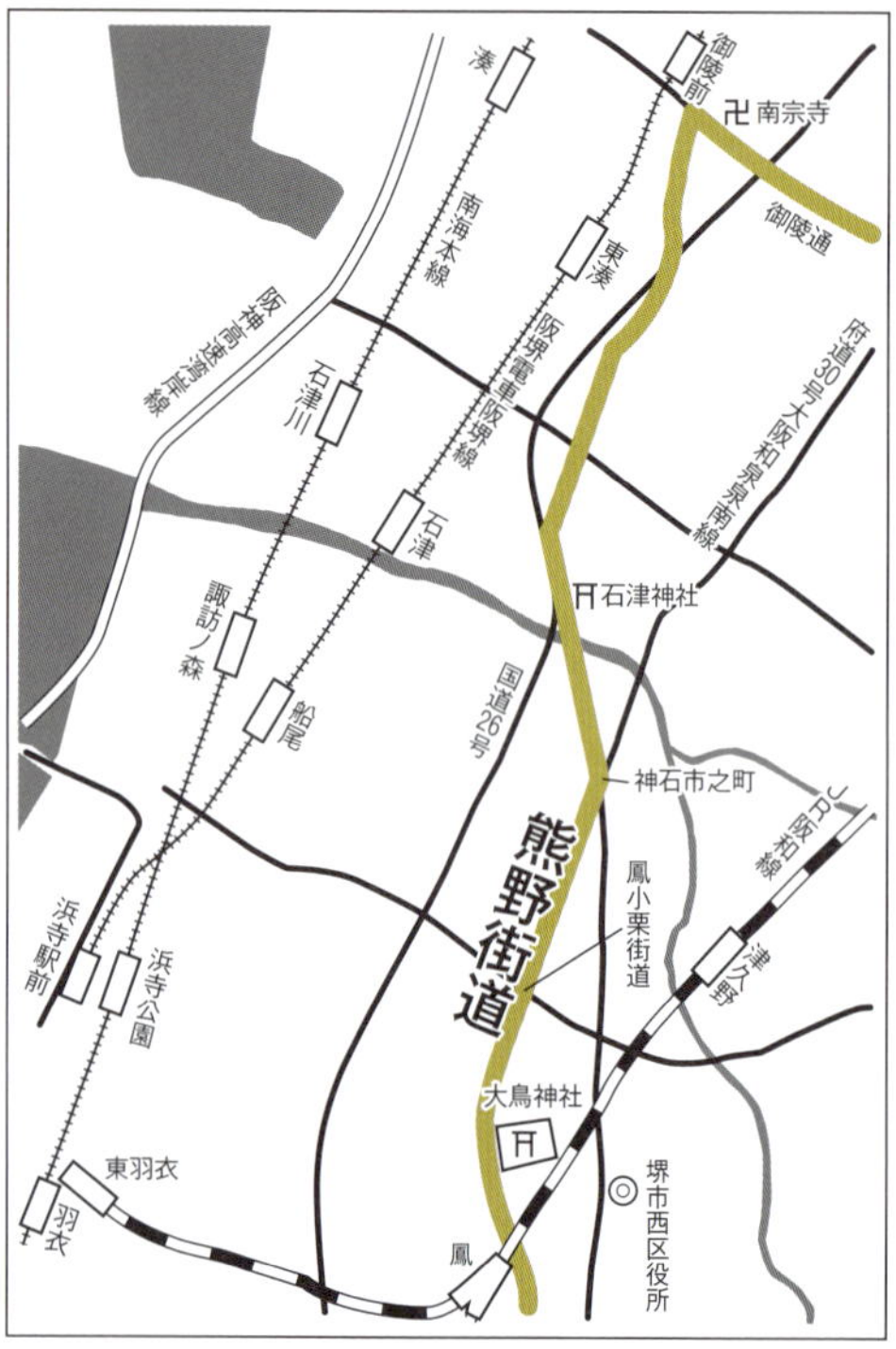

大鳥神社前

熊野街道（6） 堺市西区から高石市へ

“万葉の池”の名をとどめて

「歴史のみち『熊野街道』」の説明板

JR鳳駅北側の踏切を渡り、鳳本通商店街の中を歩きます。商店街のアーケードを抜けて直進。途中、道の左側にある鳳南地域会館の前に「歴史のみち『熊野街道』」の説明板があります。堺市西区内の上（かみ）で信号を渡り、府道30号大阪和泉泉南線の歩道を歩いて、高石市に入ります。

「富木（とのき）」の信号の先で府道30号は二つに分岐。左の道、東側に農地が広がる歩道を行くと、見えてくるのが「泉北クリーンセンター」の煙突。泉大津、和泉、高石の３市でつくる泉北環境整備施設組合のごみ焼却施設です。

施設組合のある高石市取石（とりいし）地域にあった取石池（とろすいけ）。万葉集にもうたわれた池でしたが、太平洋戦争開戦の１９４１年、食糧増産を目的に水田化されてなくなりました。施設組合のロゴマークは、夕日を背に取石池から羽ばたく３羽（泉大津、和泉、高石の３市）の水鳥を図案化。マスコットキャラクターで鳥の「とろすけ」も、「とろすいけ」にちなんでいます。

府道30号の信号「クリーンセンター前」の一つ先の信号の地点で府道を離れて右手の細い道へ。「四ツ橋」という小さな橋があり、石柱には「長取石池　四ツ橋」と刻まれ、ここにも「とろすいけ」の名が。この道は市境で、右手が高石市取石6丁目、左手が和泉市舞町です。

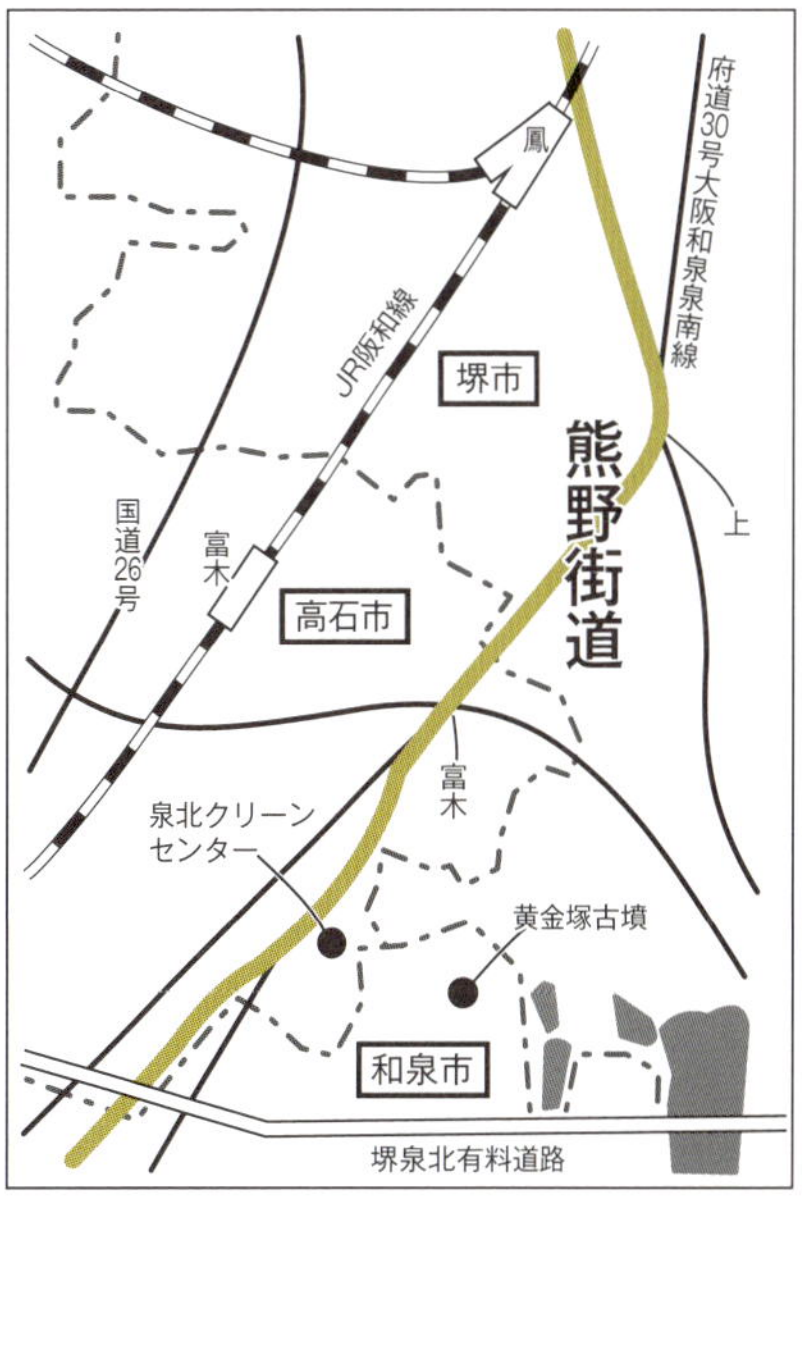

高石、和泉を分ける市境の道に架かる「四ツ橋」

熊野街道（7） 和泉市内（その1）

信太の森は伝説の舞台

堺泉北有料道路の高架下の信号を渡り、和泉市内を進みます。住宅地の中に続く街道は道幅4～5メートル。沿道には長屋門を備えた民家もあります。

王子町に入ると交差点の左手に大きな石の鳥居。信太（しのだ）丘陵の上にある聖（ひじり）神社の一の鳥居で、同神社の本殿は国の重要文化財です。交差点から少し先へ進み、左の私道を入ったところに「九十九王子」の一つ、「篠田王子跡」の石碑があります。

さきほどの交差点に戻り、鳥居を抜けて信太丘陵の坂道を登っていくと、聖神社の森と鏡池のそばに信太の森鏡池史跡公園と信太の森ふるさと館があります。

平安時代の陰陽師、安倍清明（921～1005年）は狐の化身の女性（葛の葉）と人間の安倍保名の間に生まれたという「葛の葉伝説」があります。その舞台として伝えられてきたのが、信太の森。ふるさと館の常設展では、葛の葉伝説とそれを取り上げた人形浄瑠璃や歌舞伎、信太丘陵の歴史と自然を紹介しています。

篠田王子跡の碑

鏡池のそばにある信太の森ふるさと館（写真奥）

メモ　信太の森ふるさと館（和泉市王子町914―1）開館時間＝午前10時～午後5時。休館日＝月曜（祝日を除く）・祝日の翌日（土日の場合は開館）・年末年始。入館無料。ＪＲ阪和線「北信太」駅から徒歩20分、または同駅から南海バス鶴山台方面行き「鶴山台センター」下車徒歩5分。

熊野街道（8）

和泉市内（その2）
小栗判官と照手姫の伝説

信太の森鏡池史跡公園から街道に戻ります。道の左手にある八坂神社には、街道に面して江戸時代の高札場が残されています。

街道沿いにある「小栗判官の笠かけ松」「照手姫の腰かけ石」

同神社の向かい、和泉市営永尾団地の緑地内に、「小栗判官（おぐりはんがん）笠かけ松」と「照手姫（てるてひめ）の腰かけ石」があります。熊野街道の別名「小栗街道」は、説教節や浄瑠璃、歌舞伎などにも脚色された「小栗判官・照手姫」の伝説に由来します。

中世の昔、戦乱を逃れて常陸の国（現在の茨城県）に逃げた小栗判官は毒を盛られ地獄に落ちます。餓鬼のような無残な姿で蘇生し、高僧によって送られた先が熊野本宮の湯の峰温泉。小栗を乗せた土車を引いたのが恋人の照手姫や沿道の人々で、小栗は湯の峰で湯治の末、元の姿に戻りました。街道の近くにある和泉市立の銭湯の名前は「小栗の湯」です。

永尾団地の先の信号で左手の脇道に入り、伯太（はかた）町4丁目の交差点に出ます。交差点の北西角、和泉市営幸団地の一角には、九十九王子の一つ、「平松王子跡」の碑。さらに歩いていくと陸上自衛隊信太山駐屯地前に出ます。

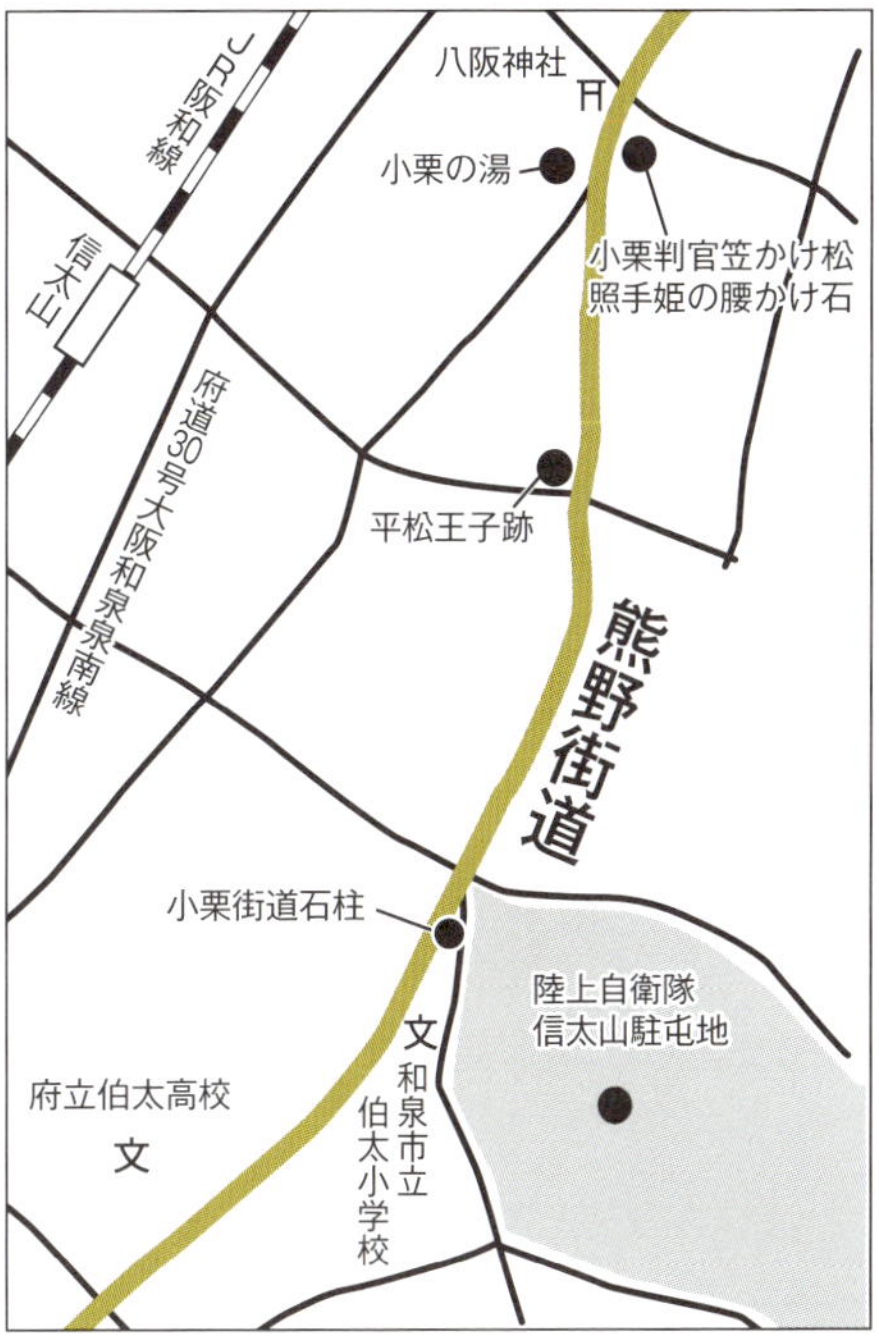

駐屯地の敷地に沿う道ではなく、その右側の細い道が街道。この2つの道の分岐点、電柱の後ろに「小栗街道」の道標があり、「右　小栗街道…」「左　池田…」などと刻まれています。

「右　小栗街道」と刻む道標

熊野街道⑨　和泉市内（その3）

古くから清水が多く湧き出た地

府道30号と街道が合流する地点にある「井ノ口王子跡」の石碑

引き続き和泉市内の街道を行きます。道の左手（東側）の伯太（はかた）小学校の校門付近には「標高25㍍、海（大阪湾）から4㌔」の表記。その先は下り坂になっています。府立伯太高校を過ぎ、府中町の中の道を進みます。

府中町6丁目には、街道（西側）に面して石の鳥居があります。ここが泉井上（いずみいのうえ）神社の東の入口。石灯籠には「宝暦九年（1759年）」と刻まれています。和泉市は古くから清水が多く湧き出た地で、同神社の境内にある「和泉清水」が「和泉」の地名の由来とされています。

国道480号を越えて井ノ口町で府道30号大阪和泉泉南線と合流。道の西側にある妙福寺（子宝地蔵とも）に、熊野九十九王子の一つ、「井ノ口王子跡」の石碑が立っています。

柳田橋で槇尾川を渡り、和気（わけ）町から小田町へと府道30号を進みます。

地図に示していませんが、松尾川の下流川に旧道が一部残っており、「小栗橋」が架かっています。橋のたもとには小栗街道の説明版があり、橋の路面には、熊野街道の起点である八軒家と大阪市内の経路の一部、熊野三山へ通じる紀州の経路、さらに和泉市内にある「篠田王子」「平松王子」「井ノ口王子」の所在地を示す略図があります。府道をさらに進んで行くと、すぐ岸和田市内です。

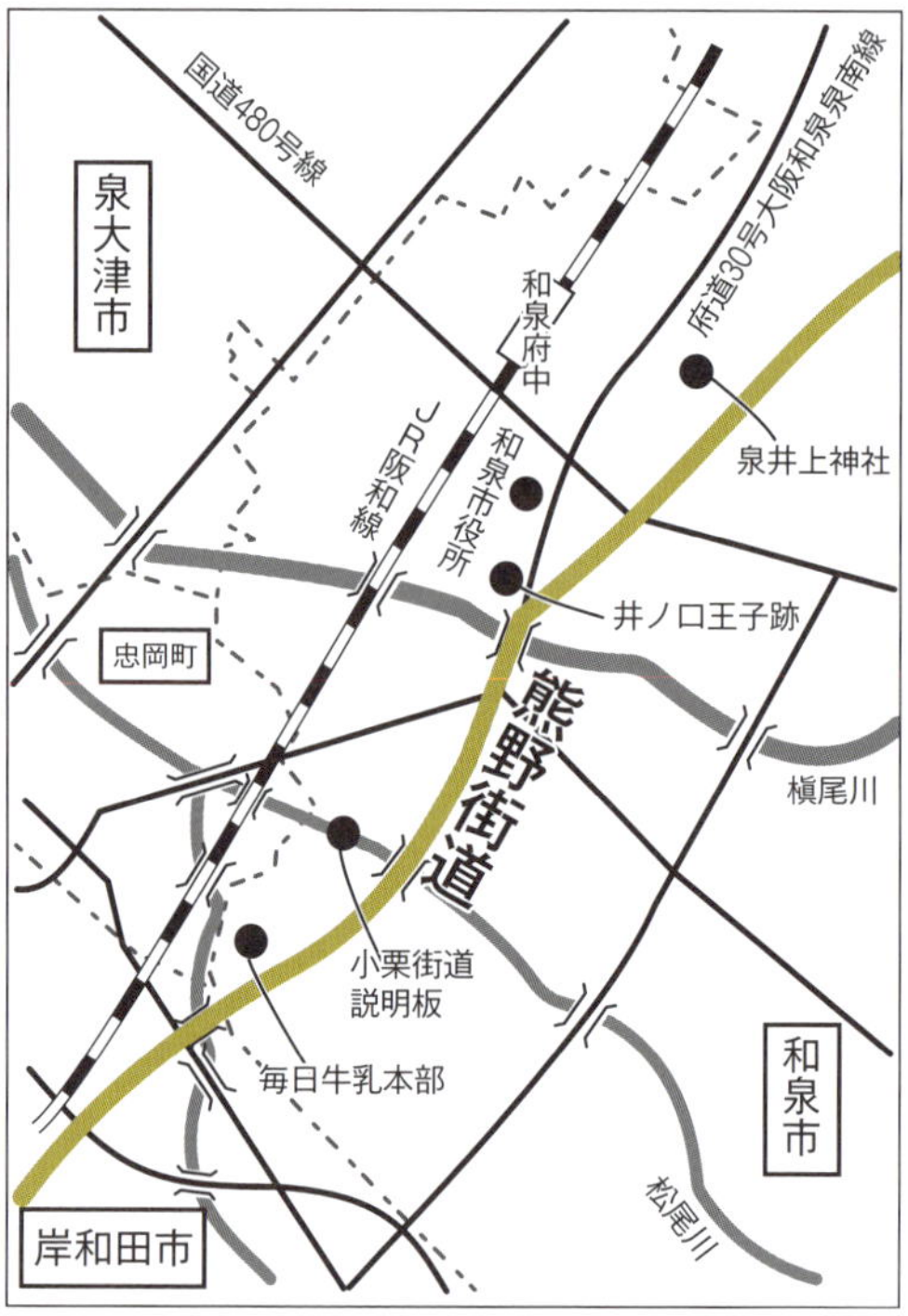

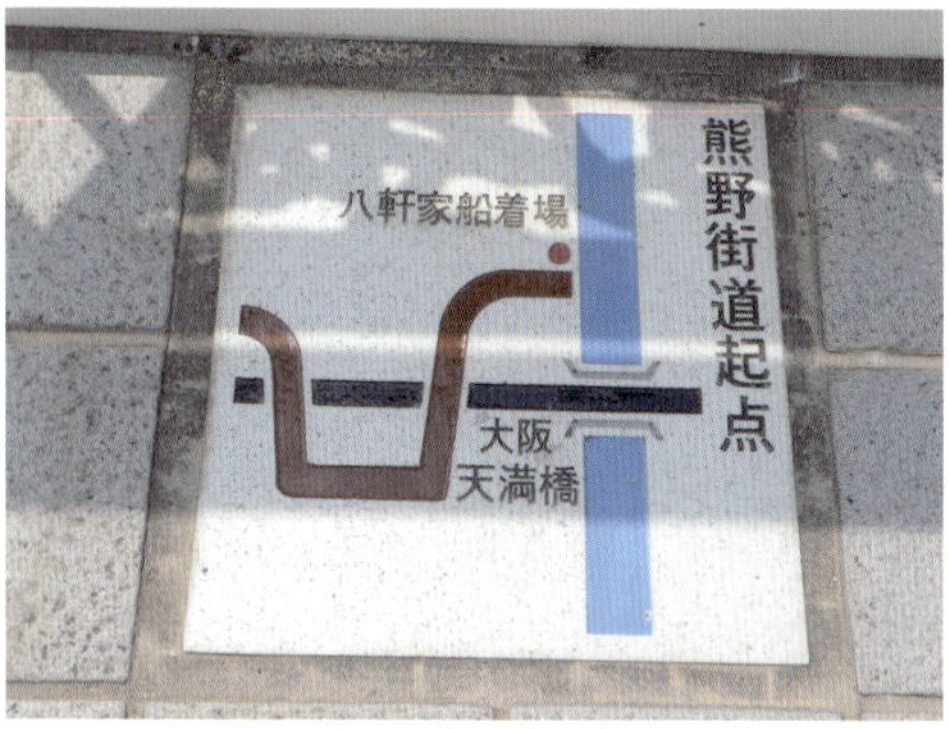

小栗橋の路面にある熊野街道の略図

熊野街道⑩　岸和田市

熊野御幸の故事にちなむ地名

熊野街道（府道30号）に面して立つ積川神社遙拝鳥居

岸和田市域の熊野街道は、ほとんどの区間がJR阪和線の東側に通じる府道30号大阪和泉泉南線と重なります。自動車の通行量も多く、安全に注意しながら、府道の歩道部分を歩きます。

西大路町で府道40号岸和田牛滝山貝塚線の高架をくぐり、大町を過ぎて小松里（こまつり）町へ。道の左側（東側）に額町（がくちょう）会館とだんじり倉庫。府道の向かい側（西側）には長屋門のある旧家。「小栗街道」の石柱もあります。

その先の府道を渡る押しボタン信号の地点に左へ入る道があり、石畳が整備されています。ここに立つのが積川（つがわ）神社遙拝（ようはい）鳥居。同神社は、ここから南東の岸和田市内にあります。

白河上皇（1053～1129年）が熊野御幸の折に、自筆で「正一位積川神社」と書いた額を掲げたとされています（伝承の額そのものは府指定文化財で積川神社に保存）。この一帯が「額町」と呼ばれるのは、この故事に由来しており、今も小松里町は「北額」、その先の額原町は「南額」と呼ばれています。

春木川を上轟（かみとどろき）橋で渡ってさらに歩き、作才町（ざくざいちょう）の信号の先で道は2つに分かれます。右が府道30号で、左の細い道が街道。府道39号岸和田港塔原線に突き当たって右折し、JR東岸和田駅の東で再び府道30号と合流。貝塚市を目指します。

府道30号（右）と街道（左）

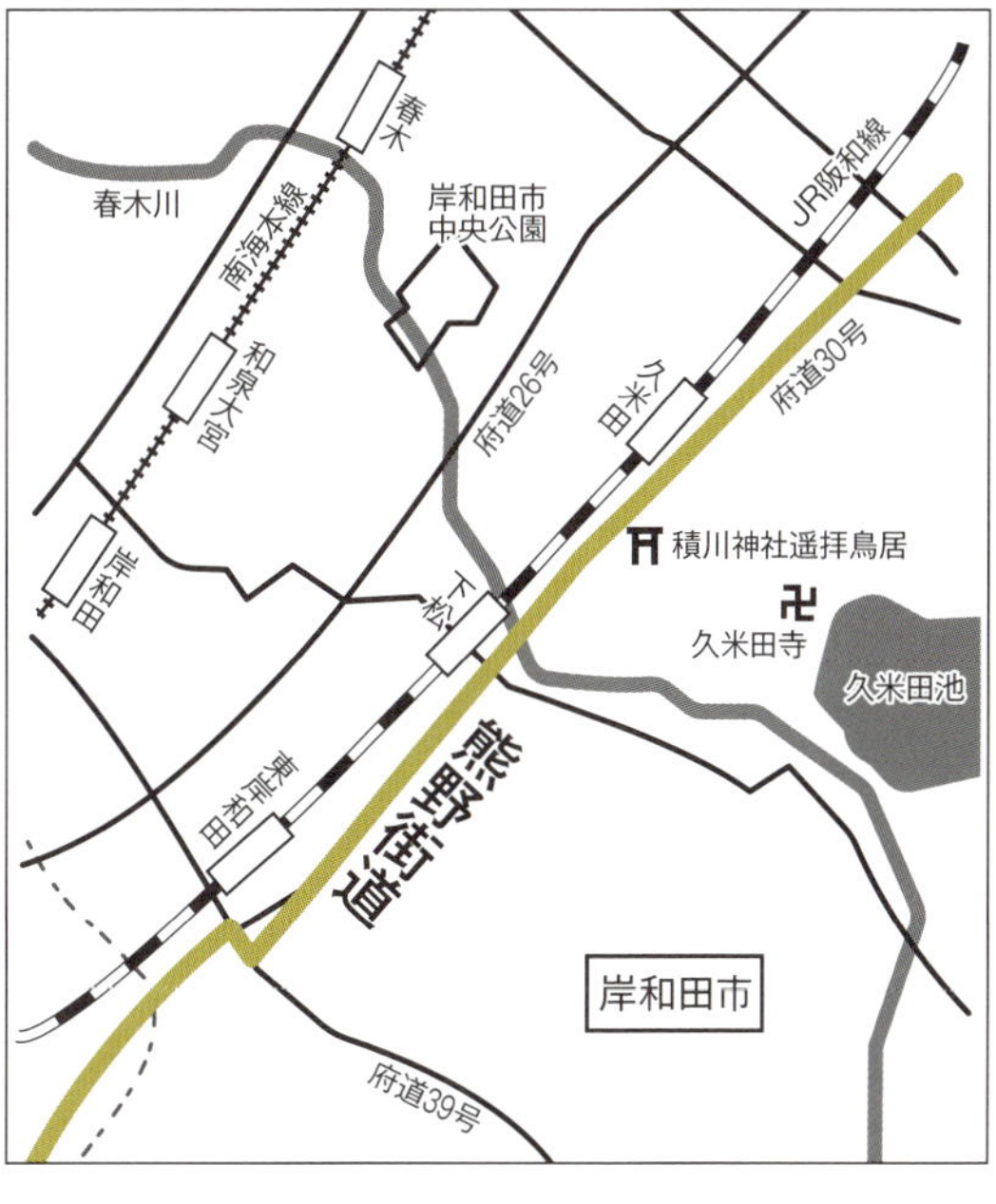

熊野街道⑪

貝塚市内（その1）

街道沿いに残る半田一里塚

貝塚市麻生中の熊野街道。半田一里塚の説明板と石柱

府道30号大阪和泉泉南線を進み、岸和田市から貝塚市に入ります。津田川に架かる虎橋を渡ってさらに行くと、「堂ノ池」の交差点。ここで左折して堂ノ池の堤道に上がり、池に沿って半田地域を歩きます。池の向こうには農地も続いています。堂ノ池を過ぎて唐間池、その南が麻生中（あそなか）地域。街道の左手に「熊野街道半田一里塚」があります。

人々の移動は徒歩が当たり前だった時代に、街道の目印として1里（約4キロメートル）ごとに配置されたのが一里塚。半田一里塚は高さ約4メートル、周囲約30メートルの円形で木々が茂っています。熊野街道の一里塚としては、江戸時代前期の形をとどめる唯一のものとして、府指定文化財（史跡）に指定。フェンスの手前の道沿いに「半田一里塚」の説明板があり、その向かって左には「小栗街道」の石柱、やや離れて右に「麻生中一里塚」と刻んだ石柱も立っています。

麻生中地域を進み、貝塚市立中央小学校を過ぎると自動車教習所に突き当たります。そこで右折すると府道30号。これを渡って少し北へ戻り、道の左（西）側にあるガソリンスタンドの手前から右の脇道に入ります。右手に見えるのは新井ノ池。これまでほぼ真っ直ぐに通じていた熊野街道は、蛇行する道筋となり、水間鉄道の踏切を超えて、古い民家も残る石才（いしざい）地域を抜けていきます。

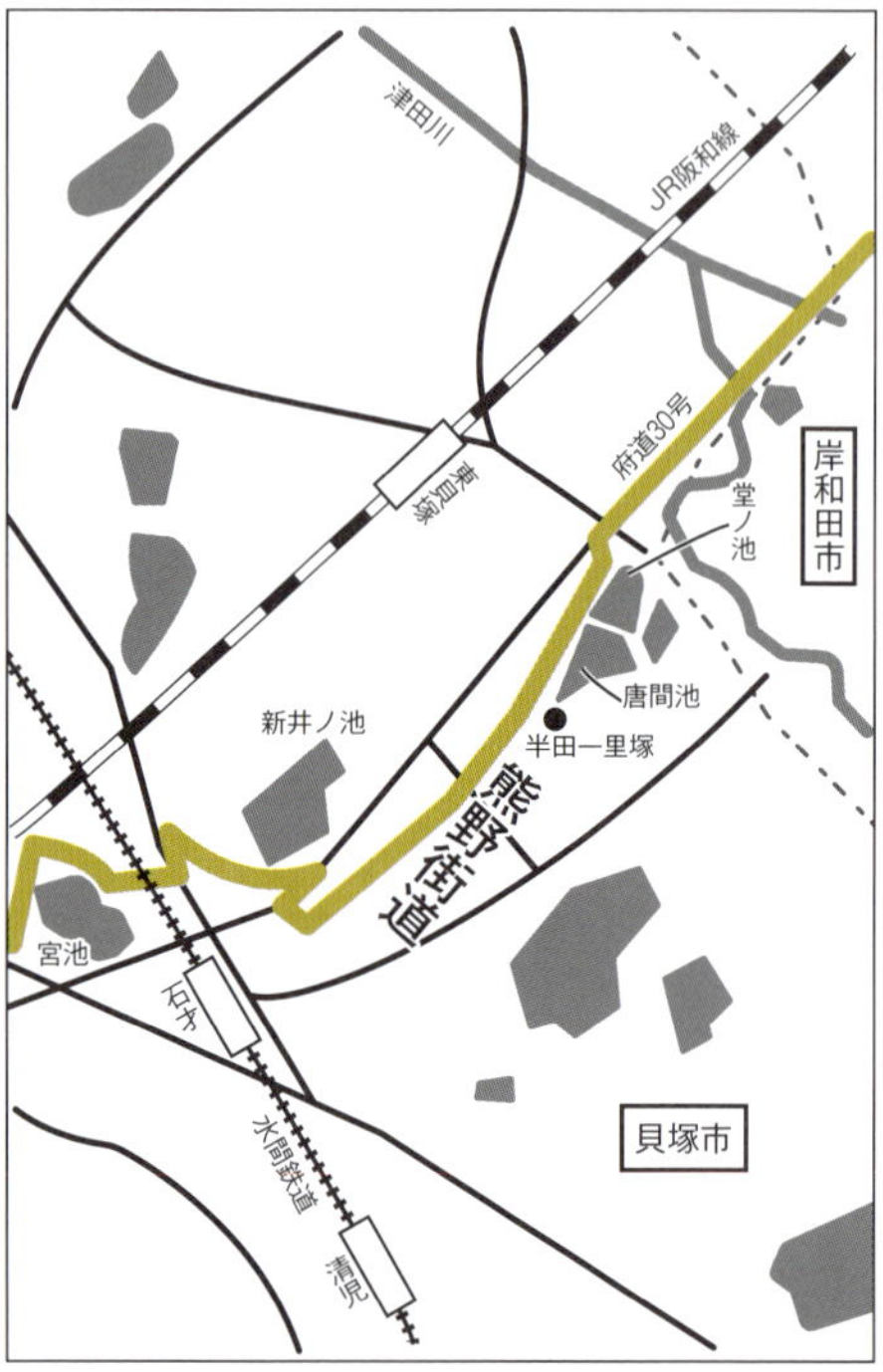

水間鉄道と交差する街道

熊野街道⑫ 貝塚市（その２）

線路で途切れた街道

積善寺城跡の説明板

貝塚市石才（いしざい）地域の宮池を回り込むように歩き、貝塚中央線の高架をくぐり、府道30号大阪和泉泉南線に出ます。貝塚中央病院の前で左手の道に入ると橋本地域で、道の左側に積善寺（しゃくぜんじ）城跡の説明板。1558年に和歌山の根来寺（ねごろじ）が築いた城郭跡を示すものです。

近木（ごぎ）川に架かる福永橋を渡ると、緑の中を上り坂が続きます。沿道には長屋門や白壁のある古い街並みが残り、自転車に乗った元気な子どもたちが坂道を上っていきます。

本来の街道ルートは橋本集落を過ぎて通っていますが、ＪＲ阪和線の線路と和泉橋本駅で途切れ、線路の南西側は大型ショッピングセンターで道筋は失われてしまっています。この地点は貝塚市教育委員会の発掘調査で、中世の集落や熊野街道の一部が見つかっているところです。

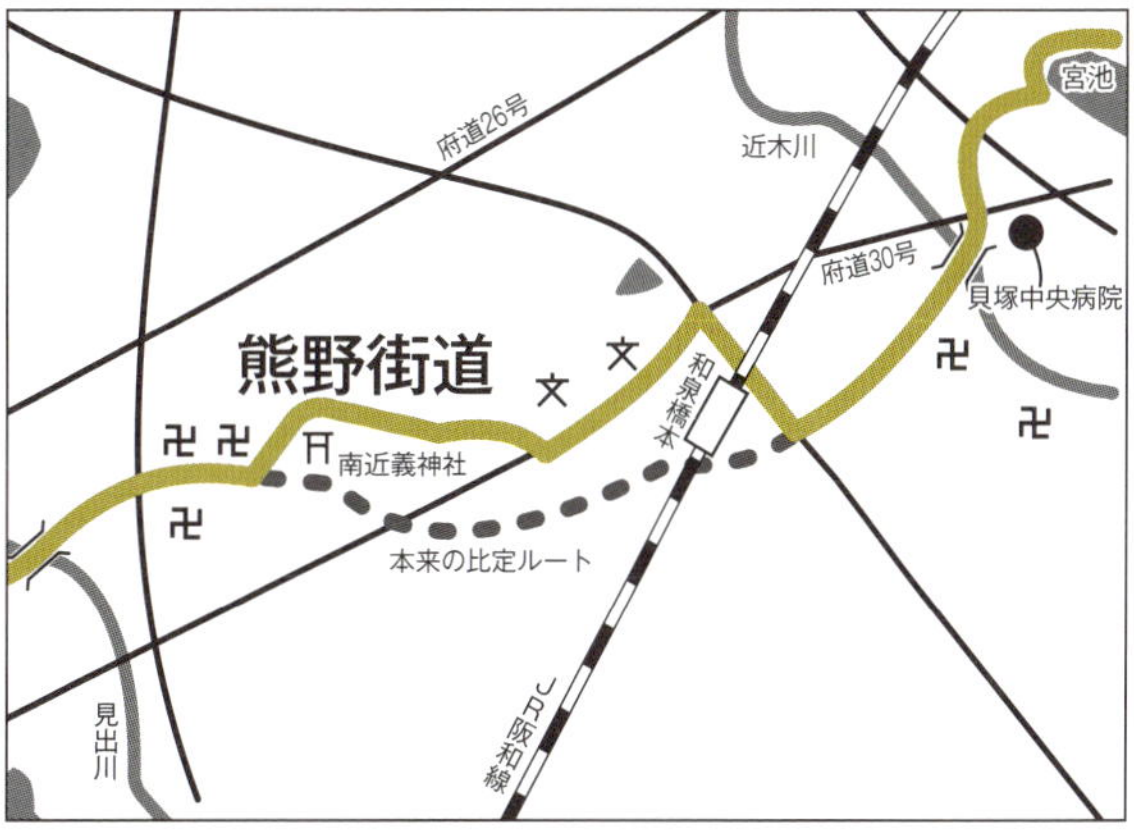

今回は実際の歩きやすさから、大阪府都市整備部の「街道ウォーキングマップ」のルートに従い、ＪＲ和泉橋本駅の北側の踏切を渡り、府道30号を少し進んでから右手の脇道に入り、南近義（みなこぎ）神社へ向かいます。同社には「熊野九十九王子」のうち、鞍持王子と近木王子が合祀されています。

この地域の町名は「王子」。真言宗御室派の吉祥園寺（きっしょうえんじ）などがある静かな住宅地を進み、貝田橋で見出川を渡ると、泉佐野市です。

緑の中に古い街並みが残る橋本集落

熊野街道⑬ 泉佐野市（その1）

道ノ池の西側で紀州街道と合流

見出川を渡って泉佐野市の鶴原地域を進みます。右手に広がる四角池の向こうに見えるのは、りんくうタウンに立つゲートタワービルです。

その先で府道64号和歌山貝塚線に出て、交差点の角にある放課後デイサービスセンターの左側の道へ。国道26号に架かる歩道橋を渡り、再び府道64号に出ると、左手が道ノ池。この池の西側、泉佐野市上瓦屋で、北から続いてきた紀州街道と合流します。

紀州街道と熊野街道の合流点にある道の池

紀州街道は和歌山と大坂を結ぶ街道。江戸時代には徳川御三家の一つ、紀州藩などの公用道として整備されました。同藩の参勤交代路は和歌山から伊勢（三重県）に出るルートでしたが、元禄14（1701）年から紀州街道に変更しました。

熊野街道は別名「小栗街道」と呼ばれることはすでに触れましたが、ここから先は紀州街道の名も帯びることになります。参勤交代路だけに、これから訪ねる泉南市や阪南市には、大名が宿泊した本陣跡もあります。

佐野川に架かる佐野川橋を渡って府道64号の歩道を歩き、泉佐野市立日新小学校前を通過。その先の紅白の鉄塔が立つ地点で左の道を進み、上町地域へ。住宅や農地が混在する一角に、熊野九十九王子の一つ「佐野王子跡」の碑（1945年3月建立）が、ひっそりと立っています。街道は国道26を超えて、市場地域に入ります。

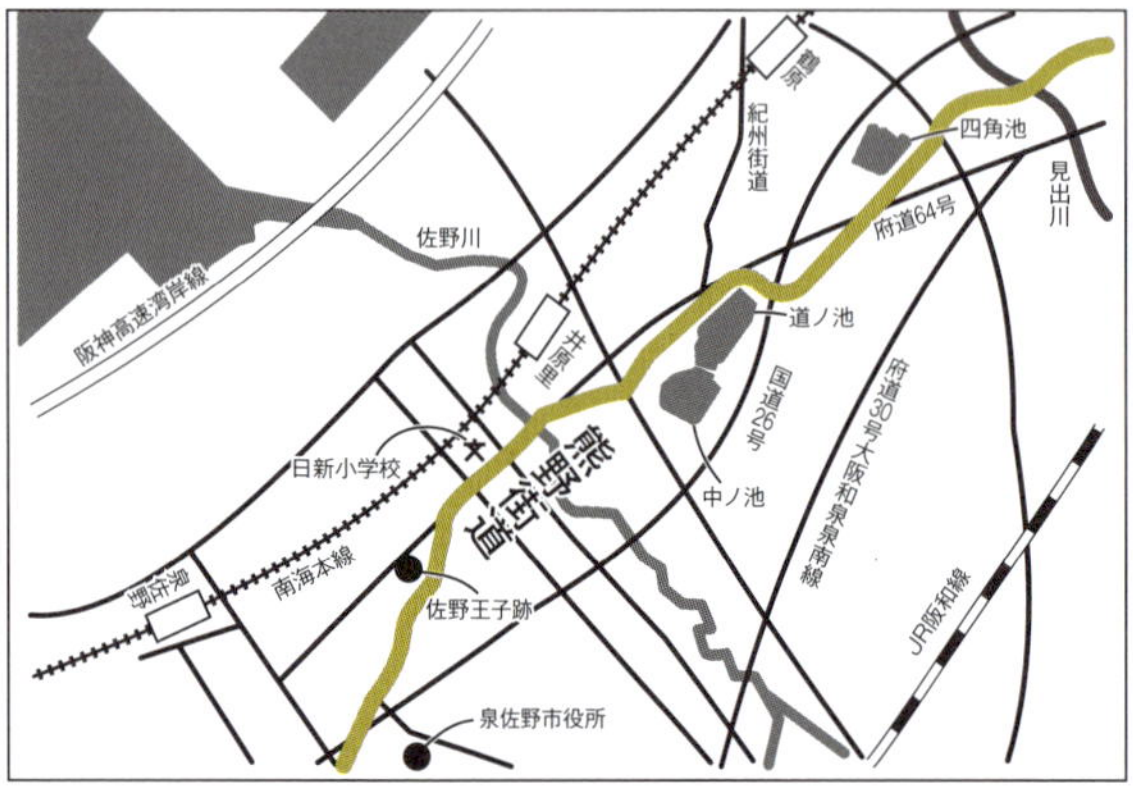

泉佐野市上町1丁目にある「佐野王子跡」の石碑

熊野街道⑭

大坂夏の陣の古戦場

泉佐野市（その2）

府立佐野高校前の「市場西１丁目」の交差点を超えて、府道64号和歌山貝塚線を歩きます。沿道に水田が残る地域を進んで「葵町３丁目」の信号を超え、ＪＲ関西空港線と関西空港自動車道の高架をくぐると長滝地域。少し歩くと道は二つに分岐しますが、左側の道筋へ。土塀や長屋門のある古い家もあります。

屈曲した街道の一角にある塙団右衛門の墓

日根神社の御旅所の横手を通り、「長滝西」から「安松南」の交差点に出るころには視界が開け、道路の両側には水田、前方には和泉山脈の山並みが。泉佐野市立長南中学校の手前に八丁畷地蔵尊がまつられています。

道池、蓮池を過ぎるとまた道筋は狭くなり、南中樫井の集落の中を屈曲しながら続きます。集落に入ってすぐ、道の左手に、塙（ばん）団右衛門の墓があり、道の反対側に「熊野九十九王子」の一つ、「樫井（籾井）王子跡」の碑もあります。

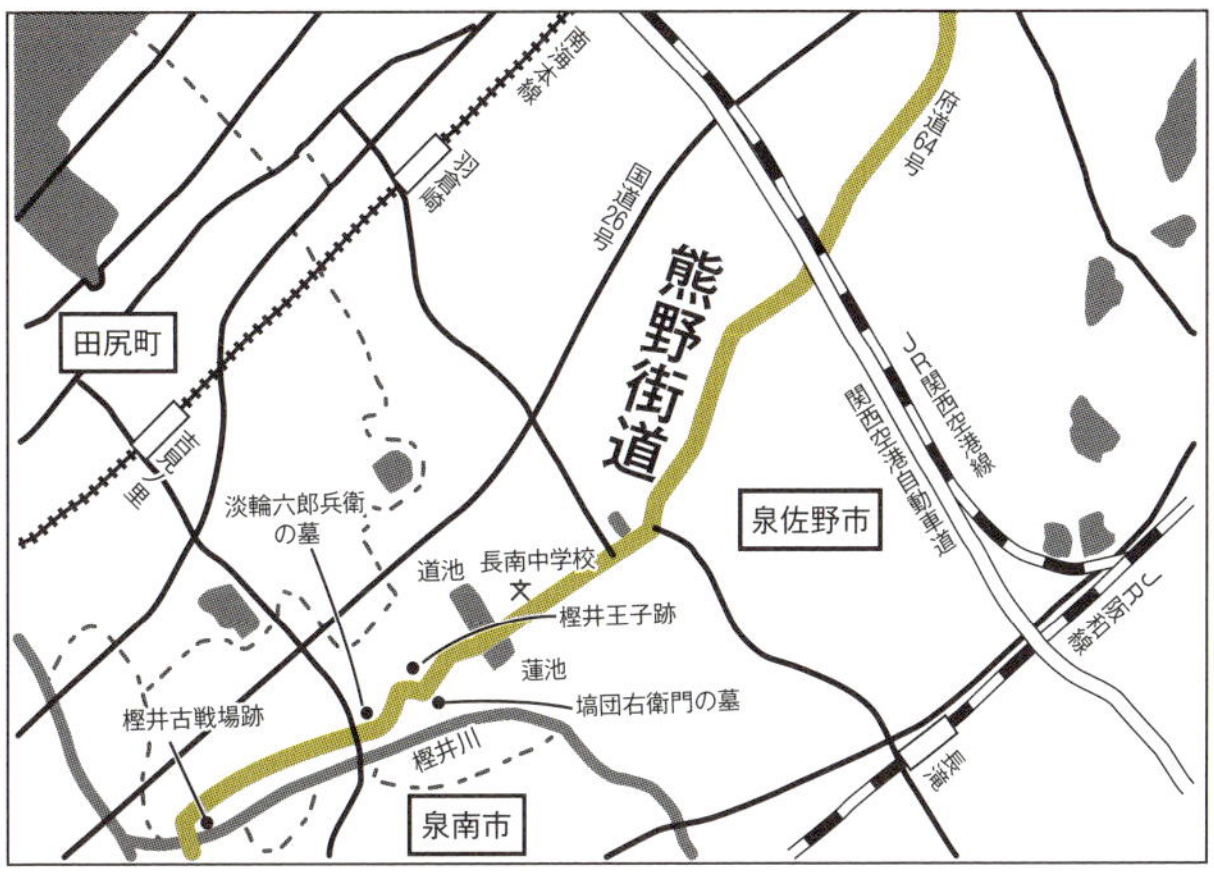

塙は大坂夏の陣（１６１５年）の際の豊臣方の武将。夏の陣の緒戦で豊臣方は泉州から熊野街道を南下し、徳川方の紀州和歌山城主、浅野長晟（ながあきら）の軍勢と、この一帯で激突しました（樫井合戦）。豊臣方は破れ、塙は討ち死に。この先には、同じく敗死した淡輪六郎兵衛の墓もあります。

樫井の集落を過ぎると道は左へ曲がり、樫井川に架かる明治大橋の北詰に「樫井古戦場跡」の石碑があります。明治大橋を渡ると泉南市です。

樫井古戦場跡の碑

熊野街道⑮ 泉南市（その1）

古代寺院の姿をしのぶ

史跡公園内にある海会寺跡の立体模型

樫井川を明治大橋で渡って泉南市に入り、その先の明治小橋で新家（しんげ）川を渡って、府道64号和歌山貝塚線を進みます。上り坂の道の右手の森が、国指定史跡・海会寺（かいえじ）跡です。

海会寺は7世紀半ばの創建とされる古代寺院。10世紀末の焼失後はもとの姿に再建されることはありませんでした。1980年代の発掘調査で、奈良の法隆寺に似た、五重塔や金堂、講堂、回廊をもつ大寺院の全容が明らかに。泉南市はその成果を基に、遺構などを復元・整備し、95年から史跡公園として開放しています。

道の反対側にある泉南市埋蔵文化センターでは、海会寺跡の出土品などを常設展示するほか、市内の文化財などを紹介する企画展も開いています。

信達大苗代（しんだちおのしろ）郵便局の先で府道から離れて北の道へ。突き当って左折する地点に、「熊野九十九王子」の一つ「厩戸（うまやど）王子」の跡の石碑と府教委の説明板があります。

府道に戻ってさらに行くと、「一丘団地口」の交差点。ここからかつての「信達宿（しんだちじゅく）」になります。

厩戸王子の跡の石碑

【メモ】泉南市埋蔵文化財センター　開館は月～金曜、第2・4土曜日（12月28日～1月5日、祝日は休館）の午前9時半～午後4時半。入館無料。ＪＲ阪和線新家駅下車徒歩20分。072・483・6789。

熊野街道（16）　泉南市（その2）

信達宿の町並みを行く

「一岡団地口」の交差点から、ほぼ真っ直ぐの道が続きます。これからは江戸時代に熊野街道（紀州街道）の宿駅として栄えた「信達宿」の町並み。交差点の南西角には、案内板もあります。

間もなく道の右手（西側）に信達宿本陣跡。紀州徳川家が参勤交代の宿所としました。その先の辻に、江戸時代に建立された常夜灯と、アジサイの寺として知られる長慶寺への道筋を示す石柱があります。この辻を起点とするのが「信長街道」。戦国時代に織田信長が紀州雑賀衆（さいかしゅう）を攻略するために整備した軍用道路です。

街道の辻にある常夜灯や長慶寺への道筋を示す石柱

さらに行くと右手に「信達宿の野田藤」（個人宅）。毎年、4月下旬の見ごろには一般公開されます。そこからすぐ、道の左手に「泉南石綿の碑」が立っています。

近代に石綿（アスベスト）紡績産業の中心地だった泉南地域。労働者や事業主、家族、周辺住民が石綿による健康被害を受け、多くの人々が亡くなりました。被害者と家族が2006年に国家賠償請求訴訟に立ち上がり、14年の最高裁判決は日本で初めて国の責任を断罪。石碑は8年半に及ぶ裁判闘争の勝利を記念して建てられたものです。

「信達牧野」から「大鳥居（おんどりい）」の交差点を過ぎると、「熊野九十九王子」の一つ、「信達一之瀬王子」の推定地があります。

信達宿本陣跡

泉南石綿の碑

熊野街道（17） 泉南市（その3）

樹齢800年の大楠

信達岡中の集落内に続く街道

「信達一之瀬王子」の推定地を過ぎると、街道（府道64号和歌山貝塚線）は、まっすぐになります。緩やかな下り坂の両側に繁る竹林を抜けると、正面に和泉山脈の山並みが見えてきます。

府道は道光寺池を越えて先へ続きますが、池の手前の「岡中」の信号で左折。JR阪和線の高架下をくぐり信達岡中の集落内を進んで行きます。細い道は途中で大きく曲がり、沿道には土壁のある古い街並みが残っています。

曲がり角の地点で街道から離れて左折すると、すぐ岡中鎮守社。この神社が「信達一之瀬王子」跡だという説もあります。小山のようにそびえる楠の大木は樹齢８００年。根元の周囲は12メートル、高さは30メートルに及び、「大阪みどりの百選」にも選ばれています。

この大楠のそばの槙は高さ19・5メートルで、樹齢はさらに古いとされ、府の天然記念物に指定されています。

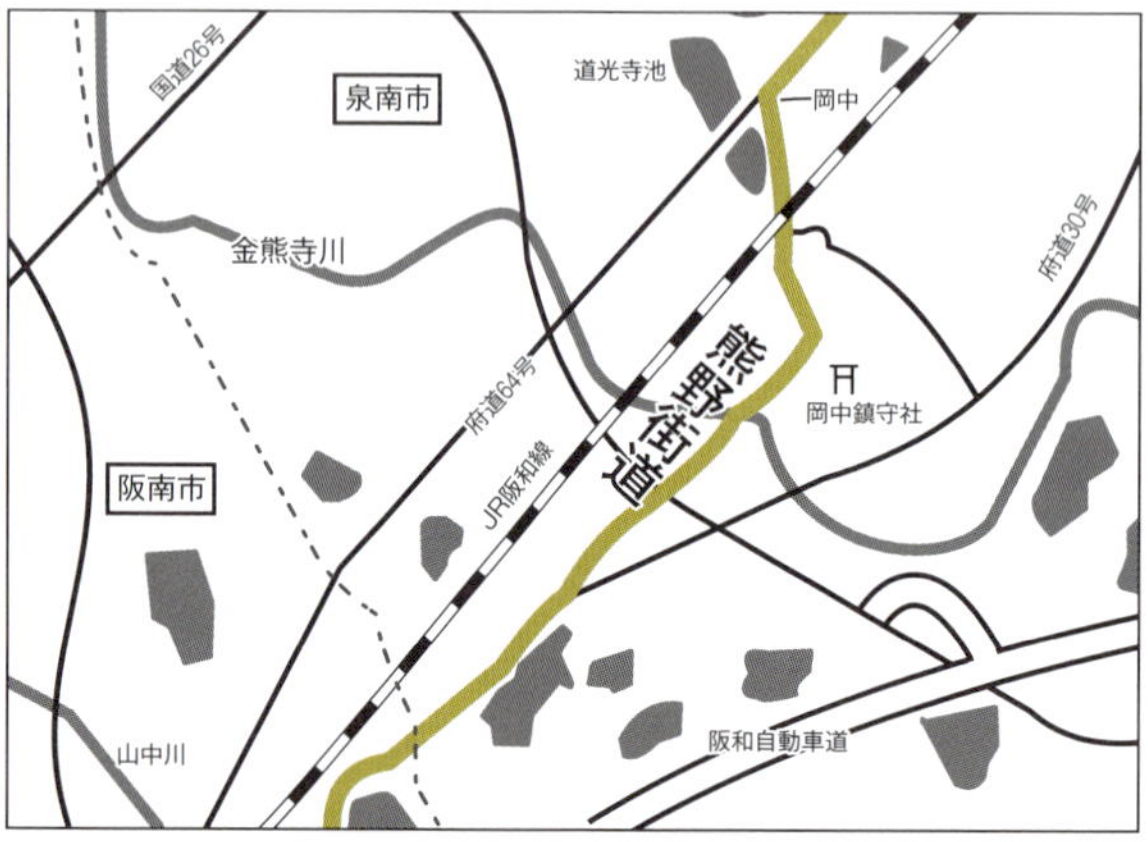

街道に戻って集落を出、金熊寺（きんゆうじ）川に架かる西出橋を渡ります。府道63号の信号を越えて、農地が残る上り坂の道を進むと、途中で府道30号大阪和泉南線と合流します。

大阪市中央区の天満橋・八軒家浜を出発して以来、おおむね平野部を歩いてきましたが、このあたりは山すその道に。この先、大阪府域の熊野街道のルートとしては、最後の市町村となる阪南市に入ります。

信達岡中の集落にある岡中鎮守社の大楠

熊野街道⑱　阪南市（その１）

紀州街道の宿場跡

馬目王子跡

阪南市に入って府道64号和歌山貝塚線を行くと、間もなくＪＲ阪和線「和泉鳥取」駅。その東口前に石の鳥居があります。西へ約１・７キロの地点にある波太（はた）神社を拝む鳥居。このあたりに「熊野九十九王子」の一つ、「長岡王子」があったとする説もあります。

和泉山脈から流れる山中川を山中橋で渡り、滑下（なめした）橋にかかると、「熊野古道／地蔵堂王子／びわがけ」と手書きで記した看板があります。１００メートル先で左折、住宅地内の児童遊園に「地蔵堂王子」の碑と説明板。「びわがけ（琵琶岸懸）」は南側にある急斜面で、街道中の最難関とされていました。

もとの道に戻って進むと、「熊野古道／馬目王子跡へ」の看板。３００メートル行くと、阪和線の見える道沿いに、府内最後の王子である「馬目（うまめ）王子」跡があります。

その先で府道と石畳の旧道に分岐。旧山中宿の北の入り口です。近世の紀州街道の宿場として整備された宿場で、紀州徳川家の参勤交代時に休憩・昼食のために使われた本陣跡、旅籠跡などがあるほか、江戸時代中期の旧庄屋屋敷が現存。地元の人々の手で町並みは美しく保たれています。

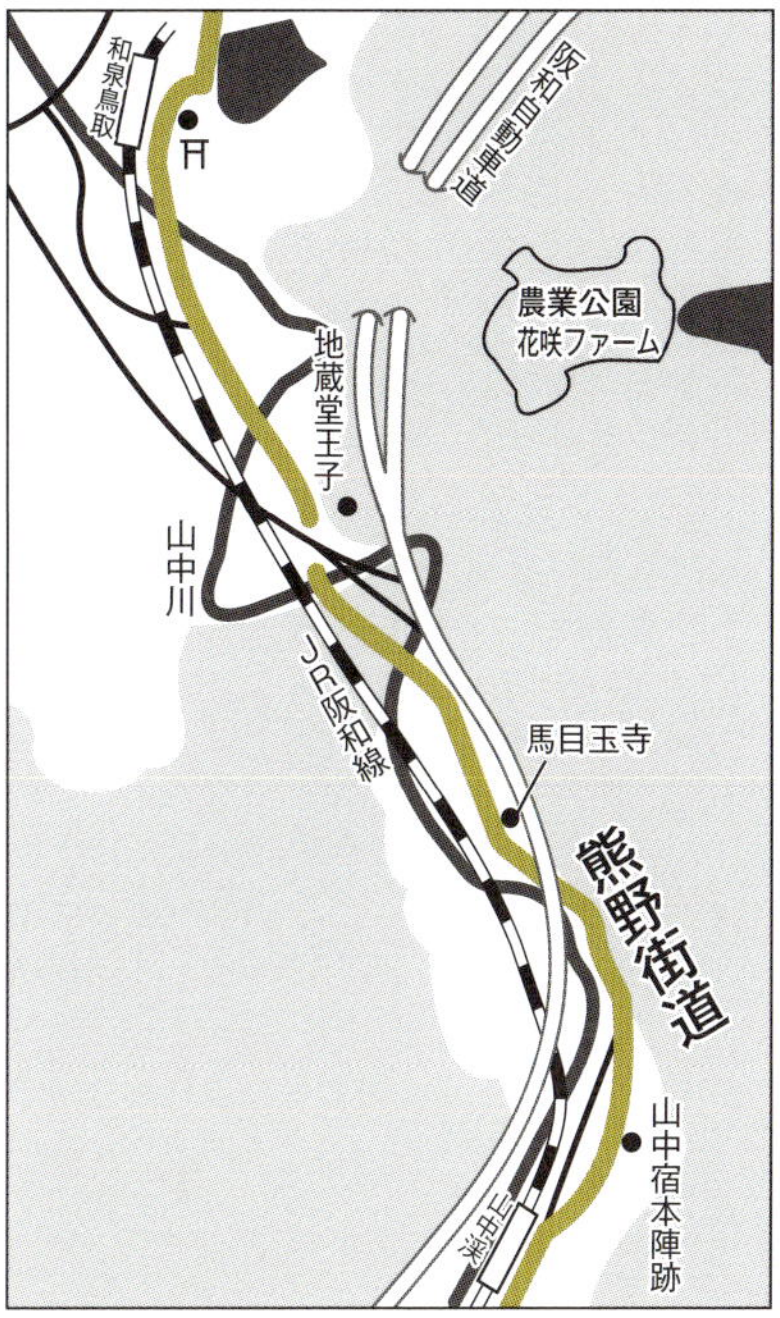

山中宿の南側の出口には道祖神。すぐ近くにＪＲ阪和線の府内最南端の駅「山中渓」駅があります。大阪と和歌山の府県境、かつての紀泉国境まで、もう少しです。

紀州徳川氏の本陣跡も残る旧山中宿

熊野街道⑲ 阪南市（その2）

熊野はるか遠く

山中関所跡の碑

ＪＲ阪和線の山中渓駅から100㍍ほど行くと、道（府道64号和歌山貝塚線）の左手斜面に「山中関所跡」の石碑が立っています。南北朝時代に設けられた関所で、江戸時代に廃止されました。

道の左右に山が迫り、人家もありません。阪和自動車道の高架下をくぐり、山中川を縫うように進みます。やがて山中川の支流に架かる境橋に到着。幕末の文久３（１８６３）年に、ここで日本最後の仇討ちが行われ、その碑が立っています。

境橋を越えると和歌山県和歌山市。すぐそばに阪和線の線路があり、南紀からやって来た特急「くろしお」号が、天王寺・新大阪方面を目指して走り抜けていきます。

大阪市中央区・天満橋の八軒家浜を起点に歩き始めた熊野街道。中央、天王寺、阿倍野、住吉の各区、大和川を越えて堺、高石、和泉、岸和田、貝塚、泉佐野、泉南、阪南の８市を歩いた府域の距離は約52キロです。

この先、街道は和歌山に入って紀伊路を進み、田辺市へ。田辺から熊野本宮大社に向かう山岳路の「中辺路（なかへち）」は、平安・鎌倉時代の上皇・貴族たちが行った「熊野御幸」の参詣道。境橋から本宮までは、はるか遠い道のりです。

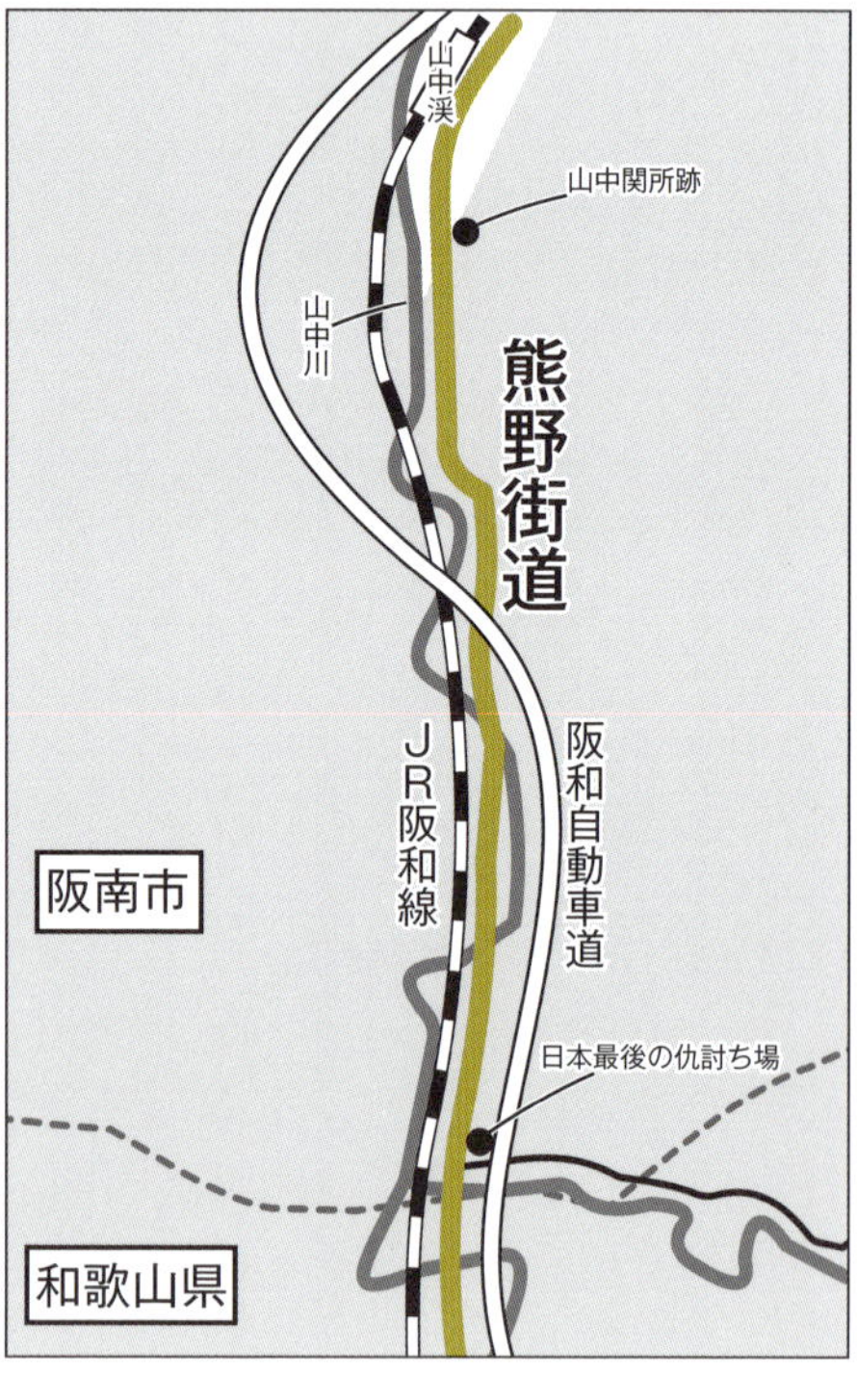

大阪と和歌山の府県境の境橋。「日本最後の仇討ち場」の碑が立っています

第4章　暗越奈良街道

大阪と奈良を結ぶ最短ルートの街道。大阪から東へほぼ真っ直ぐに進み、生駒山系の暗峠（くらがりとうげ）を越え、奈良に向かう。江戸時代に大流行したお伊勢参りもこの道を通った。

暗越奈良街道(1)

二軒茶屋跡　大阪離れて早や玉造

大阪市中央区から東成区へ

暗越(くらがりごえ)奈良街道は、大阪と奈良を結ぶ諸街道のうち、最短ルートの街道。大阪から東へほぼ真っ直ぐに進み、生駒山系の暗峠(くらがりとうげ・標高455メートル)を越え、奈良に向かいます。江戸時代に大流行したお伊勢参りも、この道を通りました。

起点は、里程標元標のある高麗橋(大阪市中央区)とされますが、今回の出発点は、高麗橋より南、同じ東横堀川に架かる安堂寺橋。お伊勢参りを扱った上方落語「東の旅」で喜六、清八の2人もここから歩き始めます。

長堀通より一つ北の安堂寺町通を進み、谷町筋、上町筋を越えて東へ。途中、道の右手(南側)に玉造稲荷神社の分社があり、長堀通側に「浪花講発祥の地」の顕彰碑があります。

玉造稲荷神社の分社前にある「浪花講発祥の地」の碑

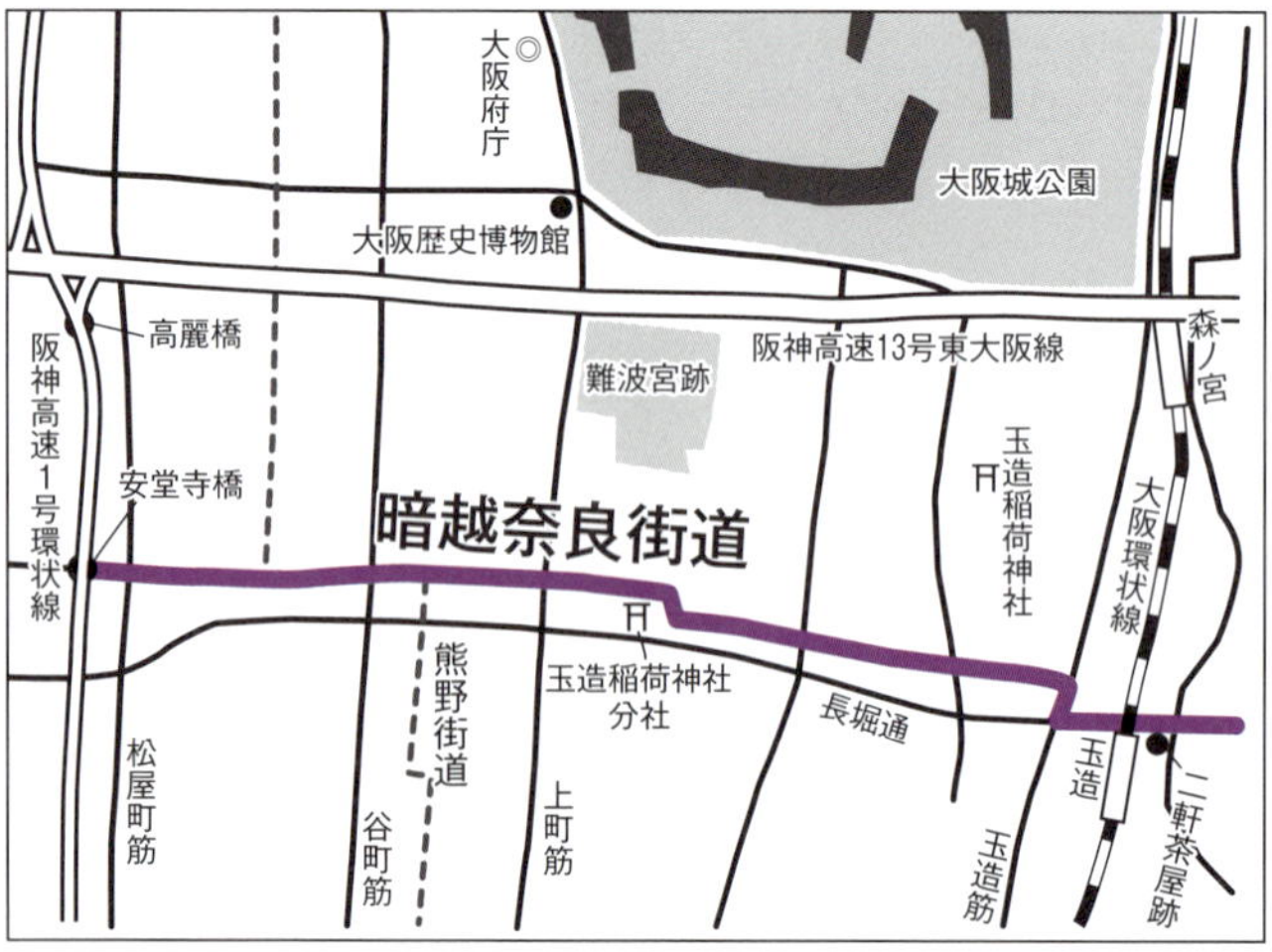

江戸時代のお伊勢参りでは「ぼったくり宿」などが横行しました。大坂の行商人、松屋甚四郎と手代・源助は19世紀初頭に「浪花講」をつくり、街道沿いに安全・安心の優良宿を組織。その宿や各地の名産などを紹介するガイドブックも発行しました。

JR玉造駅東にある「二軒茶屋跡」の碑

玉造筋へ出てJR大阪環状線の玉造駅を過ぎると、長堀通南側に「二軒茶屋跡」の碑。江戸時代には道の南北に「つるや」「ますや」の2軒の茶屋があって繁昌したとか。「大阪離れて早や玉造」と、「東の旅」の喜六と清八も見送りの人たちとここで別れの盃を交わし、伊勢へと旅立ちます。

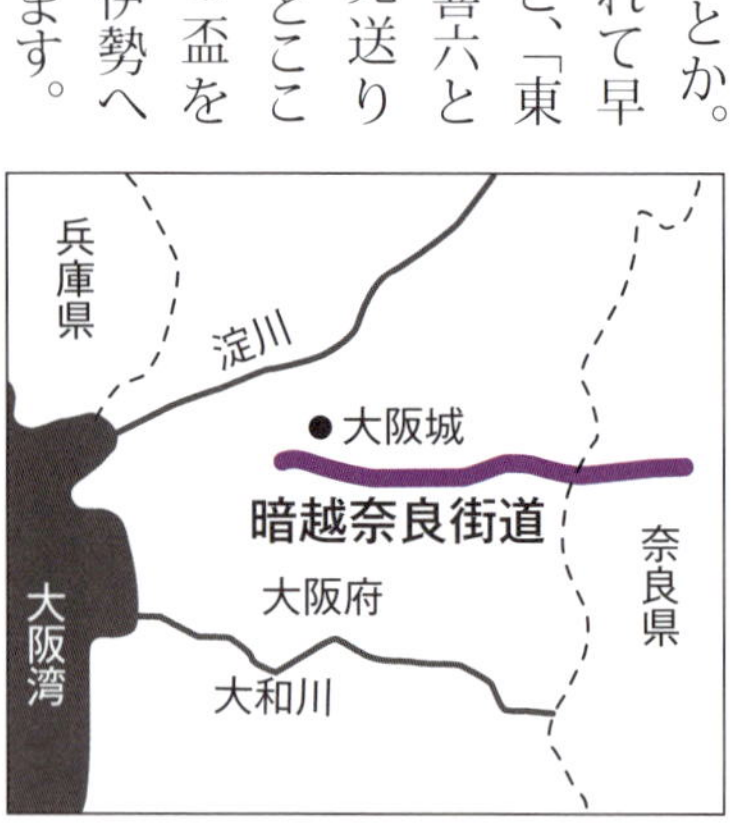

暗越奈良街道（2）

大阪市東成区（その1）

玉津橋から大今里　蛇行する道筋

「二軒茶屋跡」から大阪市東成区内を歩いていきます。長堀通（国道308号）より一つ南の通りが「玉造駅東商店会」で、これが街道。「玉津1丁目」の交差点から東へ向かう歩道には、街道のルートであることを示す「つたい石」が整備されています。

その先、南北に流れる平野川に架かるのが玉津橋。江戸時代には街道・水運と、交通の要衝としてにぎわった地で、橋の欄干には江戸時代の古地図が描かれています。上方落語「東の旅」でも、「中道、本庄、玉津橋」と、街道が通じる旧村名が登場します。

橋を渡ったところに「暗越奈良街道」の道標があり、川沿いの道を南下。暗越奈良街道は、大阪から生駒山系の暗峠まで平野部をほぼまっすぐ東進しますが、実際に一歩一歩行くと、道筋が屈曲蛇行して変化に富む区域もあります。

平野川から離れて左（東）へ折れ、街道の顕彰碑があるところで右（南）に進み、東成警察署を回り込むように歩いて行きます。今里筋を渡ったところにも街道の顕彰碑が。大今里地域に入って、道は南東方向に緩やかに曲ってから直進。熊野大神宮の近くの道筋には古い街並みが残り、国道308号に出る地点には、火をともすことができる「火袋式」の一里塚が残っています。文化3（1806）年の建立です。

大阪市東成区大今里の街道に残る古い街並み

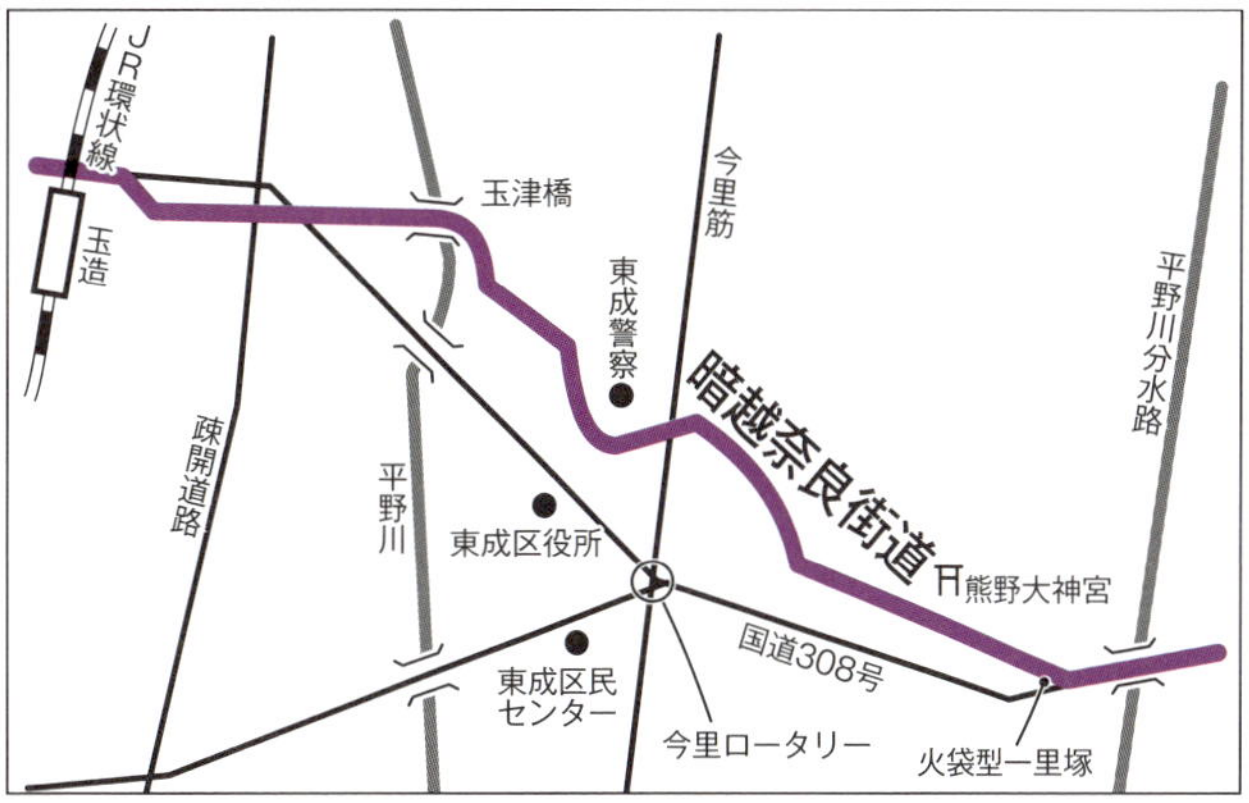

1806年建立の「火袋式」一里塚

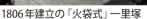

暗越奈良街道（3）

大阪市東成区（その2）

笠を買うなら深江が名所

平野川分水路に架かる今里大橋を渡り、国道３０８号の歩道を進みます。「新深江」で内環状線と交差。ここから先の道は府道24号大阪東大阪線になり、国道３０８号はいったん北へ向かいます。

「新深江」の交差点から少し行くと、府道24号は左（北東方向）に折れます。府道と別れて東へ伸びている細い道が街道のルート。この手前の府道の南側歩道上、病院の前に「暗越奈良街道」の顕彰碑があります。

細い道は大阪市と東大阪市の境目で、左（北）が大阪市東成区深江南三丁目、右（南）が東大阪市足代（あじろ）北二丁目。途中の辻に道しるべがあり、直進は「暗越奈良街道筋」、左折は「菅笠の里」と矢印で示してあります。

ここで街道から離れて府道24号を渡ると東成深江郵便局があり、そばに「ようこそ菅笠の里へ」の看板。その右手の道を北へ進んでいくと深江稲荷神社があり、門前に「深江菅笠ゆかりの地」の碑があります。かつてこの一帯は湿地帯。自生する菅を材料に、菅笠づくりが盛んでした。上方落語「東の旅」でも「笠を買うなら深江が名所」という歌が紹介されており、大坂から伊勢参宮に向かう人々は、この地で菅笠を買い求めて旅立ちました。

神社の北側には地元の人々の手で復元された菅田や深江郷土資料館もあります。

深江稲荷神社門前の「深江菅笠ゆかりの地」の碑

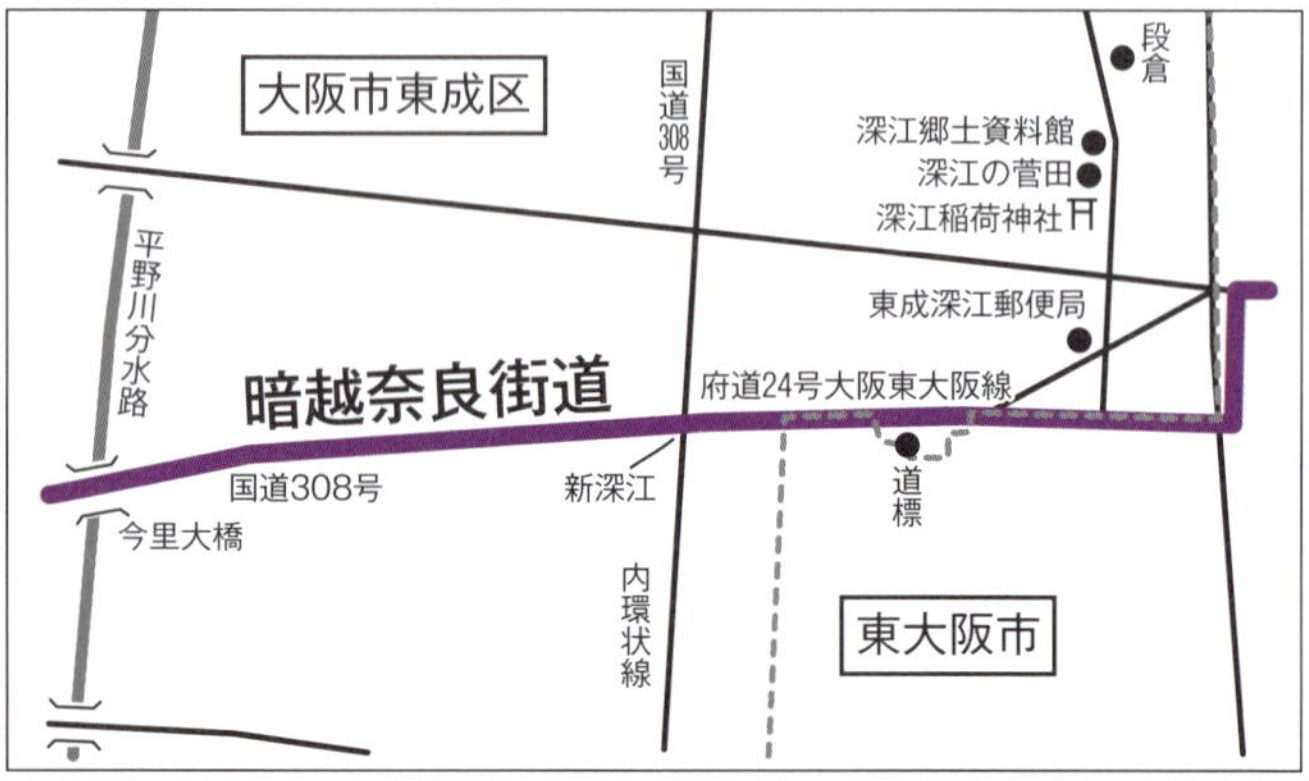

深江稲荷神社の北側にある復元菅田と深江郷土資料館

暗越奈良街道（４）　東大阪市（その１）

高井田から御厨　ものづくりの街に入る

府道24号の歩道に出て東大阪市高井田地域を東へ進みます。「布施柳通」の交差点から府道の左（北）側の脇道に入ります。脇道の入り口に「歴史の道・暗峠越え・旧奈良街道」と記した歌碑があり、「春風に顔なでられて高井田を暗がり越えて奈良の都へ　弥々子」と和歌が添えられています。

街道沿いの歌碑

歩いて行くと、沿道には町工場があり、工作機械を運転する音が聞こえます。ダライ粉（旋盤などで金属加工する際に出る切りくず）を入れた箱を軒先に出している工場もあり、「ものづくりの街・東大阪」に入ったことを実感。途中の道沿いには、東大阪市立産業技術支援センター・ものづくり試作工房の建物もあります。

ＪＲおおさか東線の高架の手前で突き当たり、右折してから高架をくぐり、長瀬川を渡ります。「小阪北口」の交差点に出てから府道７０２号大阪枚岡線の歩道を進み、「御厨（みくりや）栄町」の交差点の手前で府道の南側に続く脇道へ。再び府道７０２号に出るところで信号を渡り、街道沿いに発展した御厨地域に入ります。屈曲した街道沿いに立つ御厨会館の前に役行者（えんのぎょうじゃ）をまつる「行者堂」があります。

その先にある植田家住宅（個人宅）は、街道を往来する大名が休息した江戸時代末期の旧家で、１９７７年に東大阪市の民俗文化財に指定されています。

暗越奈良街道沿いにある行者堂（東大阪市御厨４丁目）

暗越奈良街道（5）　東大阪市（その2）

旧菱江村　幕末の「ええじゃないか」

街道沿いに残る天保2（1831）年建立の「おかげ灯籠」

第二寝屋川を渡ると、街道は府道15号八尾茨木線の北側に続いていきます。道の右（南）側は御厨（みくりや）、左（北）側は新家（しんけ）地域。道筋が屈曲しているのは、街道が旧大和川分流の自然堤防上を通っていたため。府道15号は東西にほぼ真っ直ぐ通じていますが、そのことで逆に旧道が残っています。

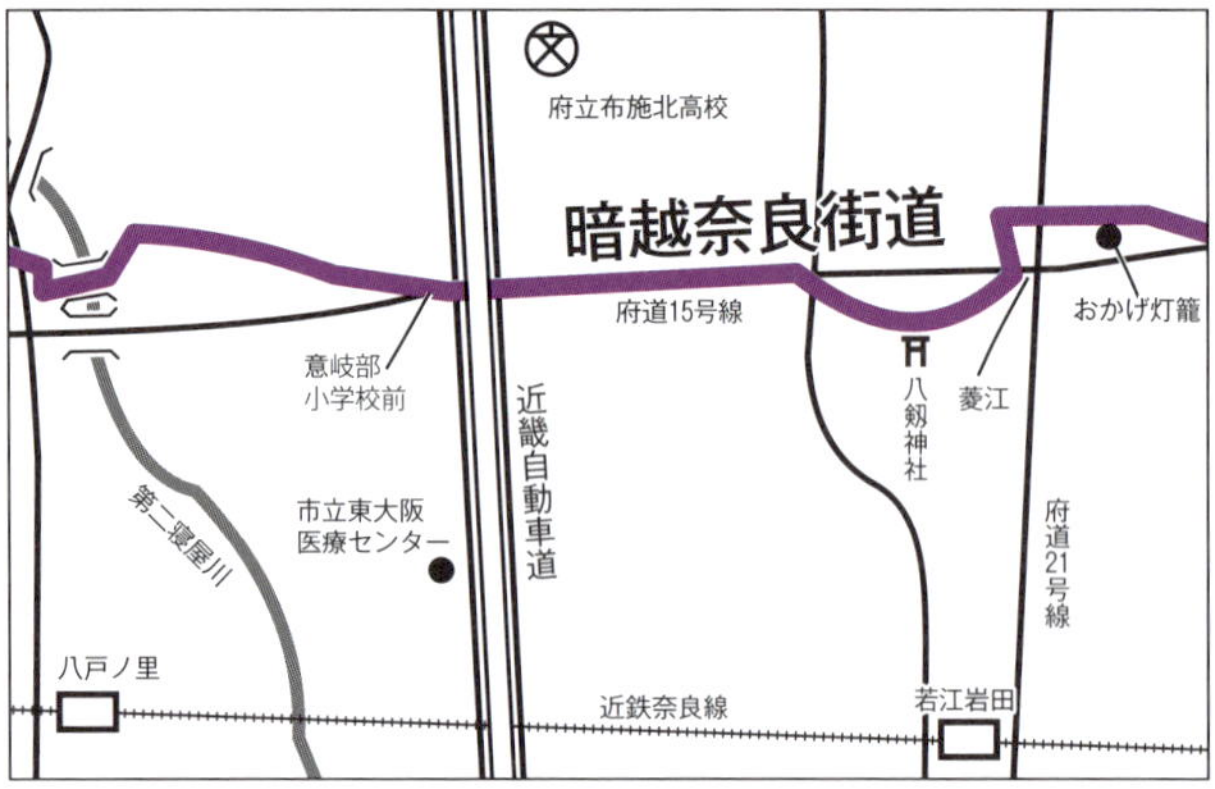

「意岐部（おきべ）小学校前」の信号のある地点で府道に戻り、近畿自動車道の高架下を抜けます。その先で府道の右（南）側の脇道へ。これが街道で、途中の右手に八劔（やつるぎ）神社があり、そのまま進むと再び府道15号に戻ります。

「菱江」の交差点で主要な道は直線的に交わっていますが、この付近でも蛇行する道筋が残っており、回り道のようですが、そのルートをたどって菱江地域（旧菱江村）に入っていきます。

街道に面したモチの木の巨木とともに、「もちの木地蔵」があり、その隣に立っているのが「おかげ灯籠」。伊勢神宮の遷宮の年（おかげ年）の翌年、天保２（１８３１）年に建立されたもので、「大神宮」「おかげ」などの文字が刻まれています。

幕末の慶応３（１８６７）年末、菱江村で群衆が「ええじゃないか、ええじゃないか」とはやし立てて乱舞する「おかげおどり」が発生しました。灯籠横にある東大阪市の説明板には、その様子が記されています。

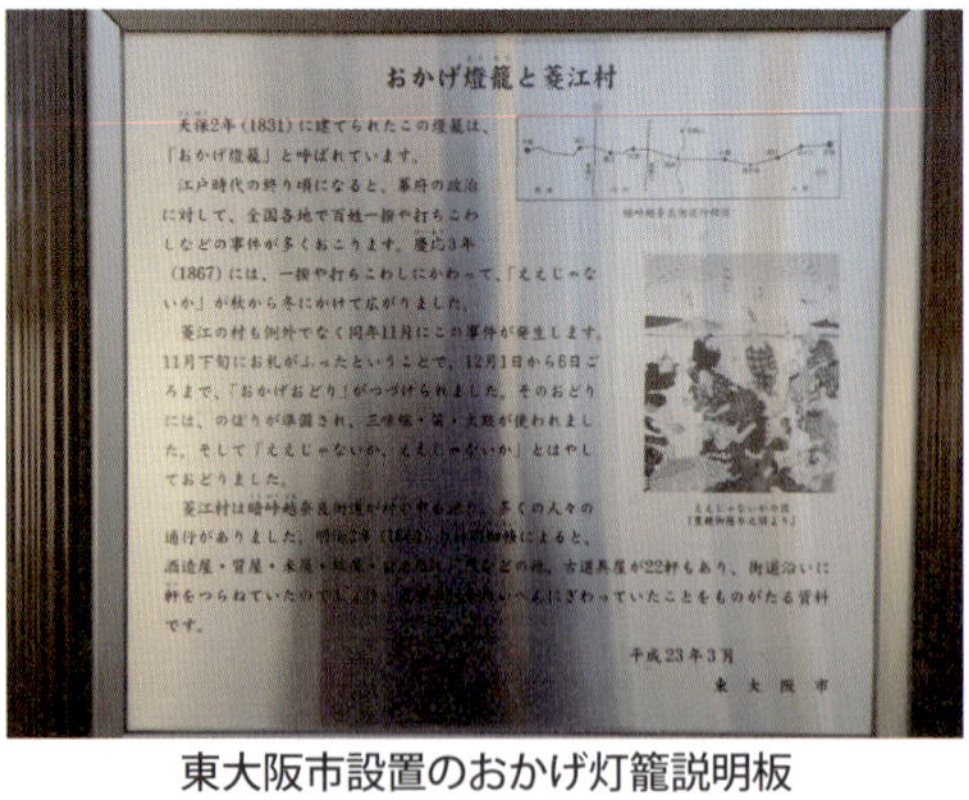

東大阪市設置のおかげ灯籠説明板

暗越奈良街道（6）　東大阪市（その3）

東豊浦町　振り返れば大阪平野

「おかげ灯籠」を過ぎてからは府道に戻って東へ進み、「花園ラグビー場西」の交差点の先で府道の左手の脇道に入ります。すぐに左折すると東大阪市立英田（あかた）小学校。道が右折するあたりに、「松原宿跡」の碑と説明板があります。

「松原宿跡」の碑と説明板

松原宿は暗越奈良街道の唯一の宿場として、徳川幕府が17世紀半ばに設置。16軒の旅籠（はたご）があったとされ、明治維新後に宿場が廃止された後も、鉄道が整備されるまでは交通の要衝としてにぎわいました。説明板には江戸時代中期から明治10（1877）年ごろの旅籠屋の所在地図も示されています。

峠に向かう道から大阪平野が見渡せます

この先、水走（みずはい）の地域を過ぎ、南北に流れる恩智川を渡って宝町の地域を歩き、外環状線を陸橋で超えると、生駒山系の扇状地で、道は少しずつ上り坂になっていきます。「箱殿東」の信号で南北に走る東高野街道と交差。国道308号の左側の道を屈曲して進んでから国道に戻って近鉄奈良線の踏切を渡り、東豊浦町に入ります。

住宅地の間を登っていくと、道の左手に日蓮宗の勧成院。少し登って振り返ると、大阪平野が見渡せます。横手にある枚岡公園の広場からは、これまで歩いてきた東大阪の街や阪神高速13号、さらにアベノハルカスや旧WTCビル（府咲洲庁舎）も見えます。これからはいよいよ峠越えの道です。

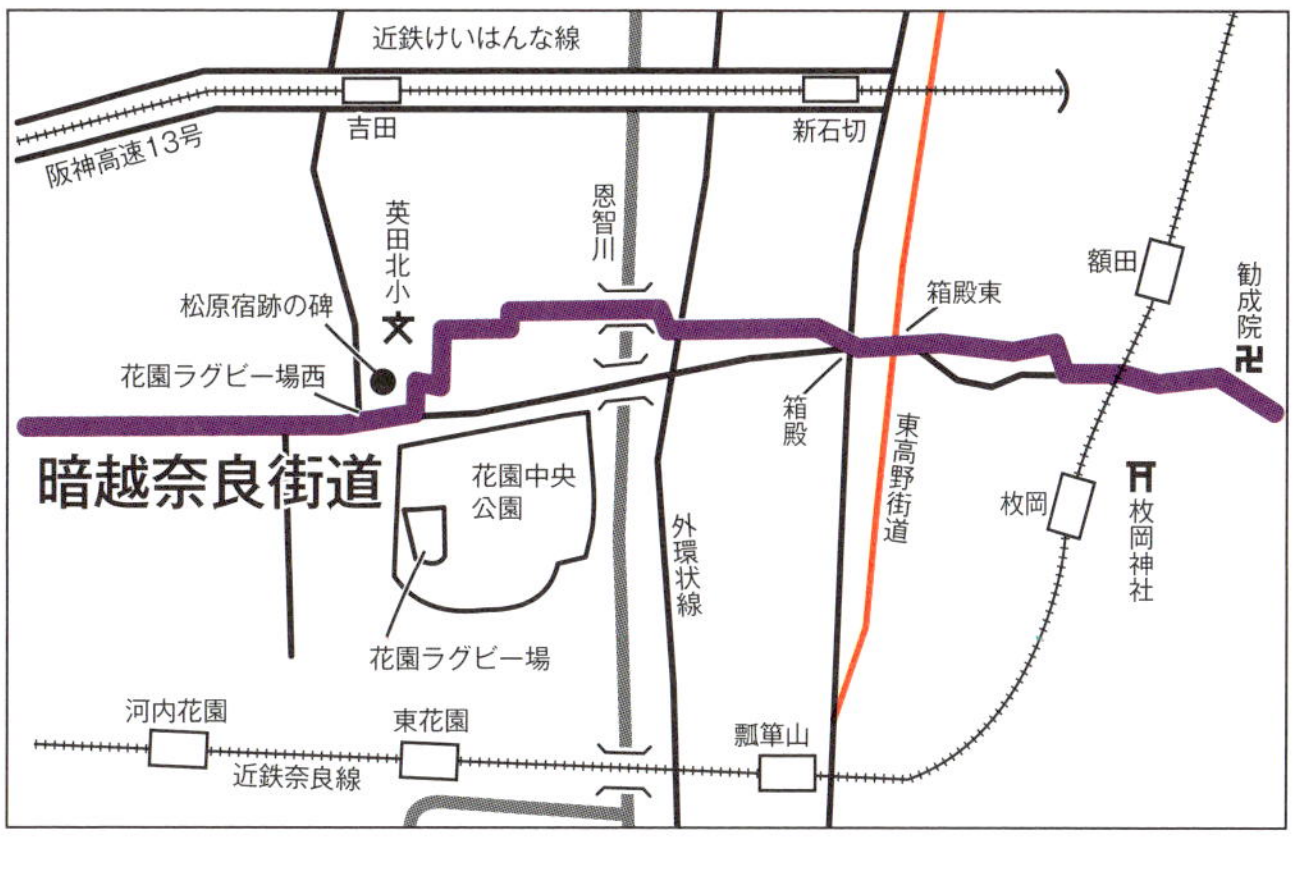

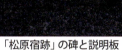

暗越奈良街道⑺

東大阪市（その4）

暗渓に沿って　芭蕉も下った峠道

街道は、府営枚岡公園内の枚岡山と額田山にはさまれた谷を西流する豊浦川の右岸に沿って、急坂が連続します。前回、大阪平野を見渡した地点の近くに、豊浦川に架かる椋ケ根（くらがね）橋があり、上流の豊浦橋までの流域は「暗渓（あんけい）」と呼ばれ、木々が生い茂っています。

法照寺の手前、街道の右側に、江戸時代前期の俳人、松尾芭蕉（1644～1694年）の句碑があります。全国各地を旅して「奥の細道」などの作品を残した芭蕉。死の年、旧暦9月9日の重陽の節句（菊の節句）に奈良から大坂に向かって暗峠を越えた時、「菊の香にくらがり登る節句かな」の句を詠みました。碑には、その句が刻まれています。

暗峠に向かう坂道沿いにある松尾芭蕉の句碑

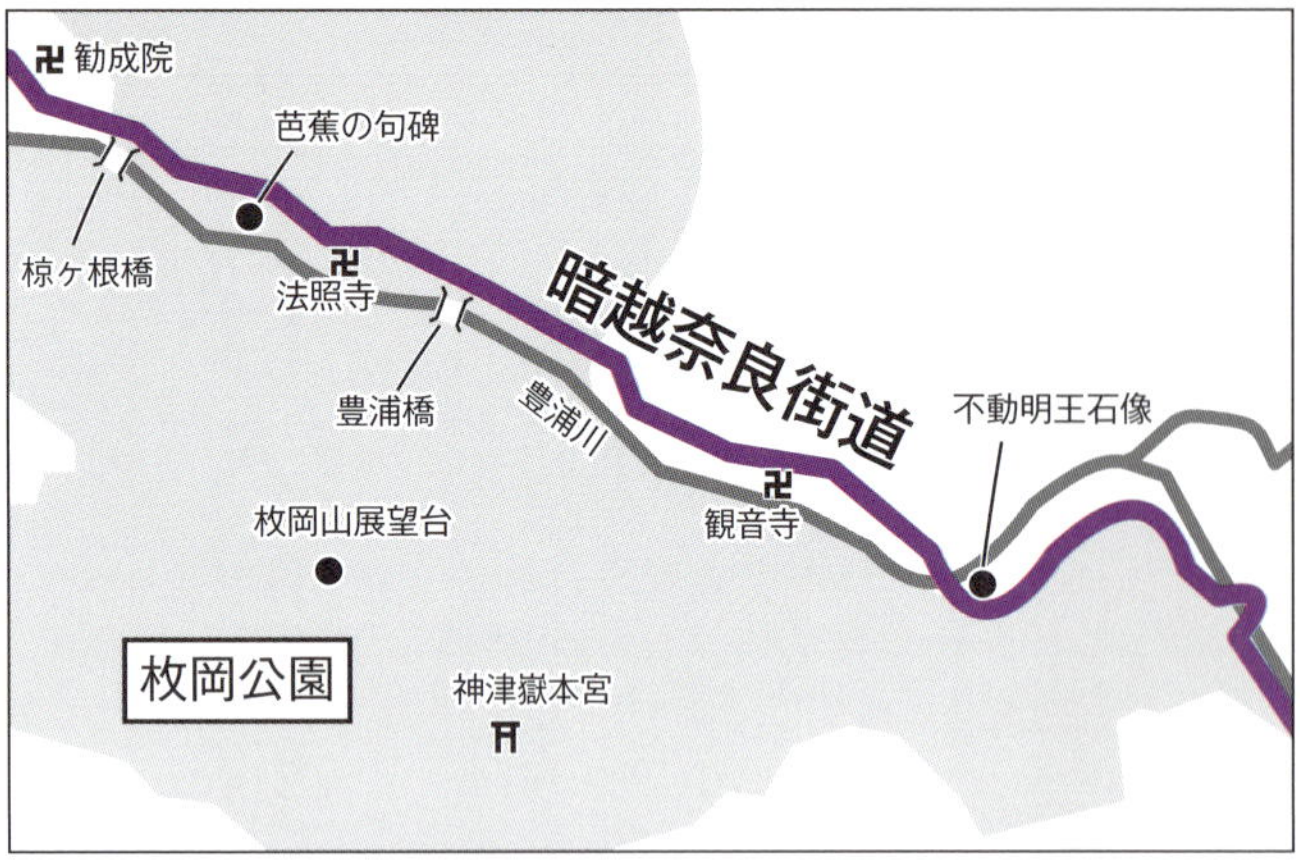

大坂に入って体調を崩した芭蕉。有名な「旅に病んで夢は枯野をかけ廻る」の一句を「病中吟」として残し、旧暦10月12日に亡くなりました。18世紀末、街道沿いに「菊の香に」の句碑が建てられましたが、山津波で行方不明に。現在の句碑は1913年の建立。その後、最初の句碑が発見・修復され、勧成院境内に移設されています（東大阪市指定文化財）。

さらに登って豊浦川の左岸へ。不動明王の石像を過ぎれば、急カーブと急勾配の難所にかかります。この道は国道308号ですが、難路ゆえに〝酷道〟と皮肉られるほどです。

暗峠に向かって急こう配が続く道

暗越奈良街道（８）

東大阪市（その５）

暗峠の石畳 「歴史の道百選」にも選定

急坂・急勾配の難所を越えても、街道はまだまだ上り坂。途中に、道の右手に、弘法大師をまつるお堂があります。このあたりが標高約４００㍍。「弘法の水」と呼ばれる湧水が出ていますが、「水質検査の結果・生水は飲まないようにしましょう」との注意書があります。

峠道にある弘法大師堂

お堂の中に立つ「笠塔婆」（石柱の上に笠石を配した卒塔婆）は、鎌倉時代の弘安７（１２８４）年の銘が刻まれ、東大阪市の文化財に指定されています。

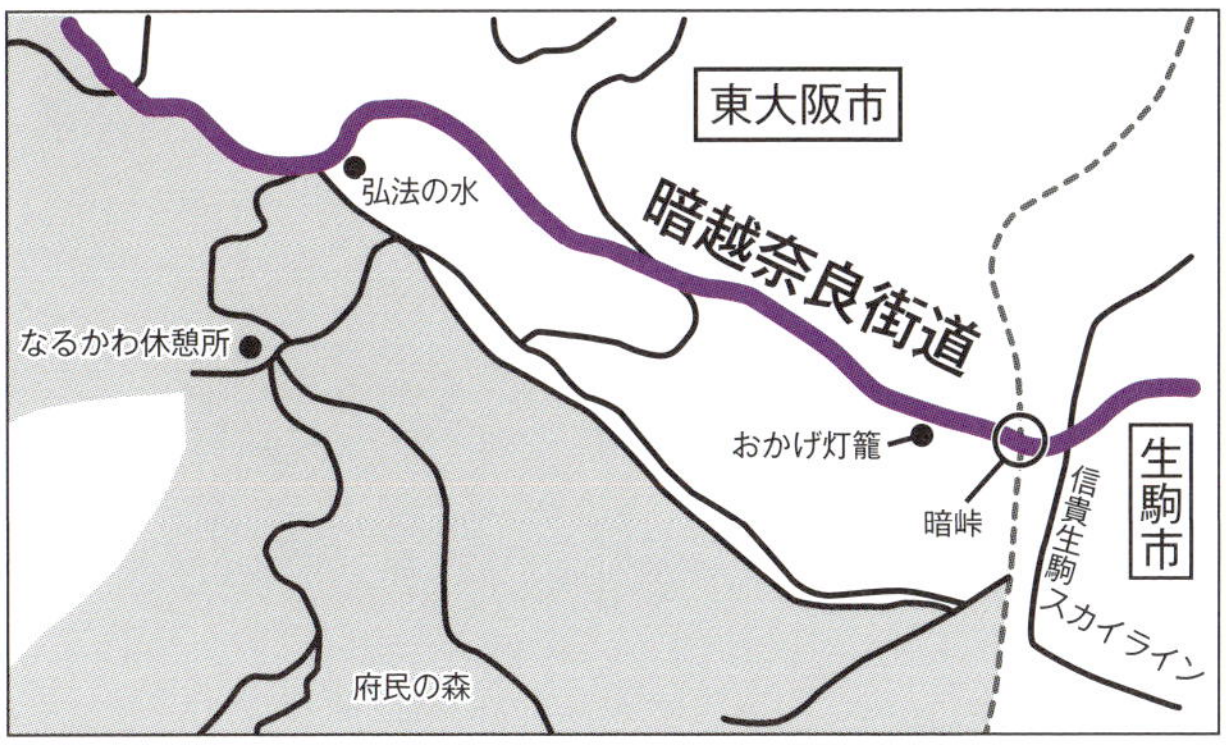

さらに登っていくと視界が開け、ハイキング道と交わるあたりからは道はなだらかとなり、民家や田畑の間を進みます。その先にある地蔵堂の隣には、「大神宮」の文字が刻まれた常夜燈や道標も。ここを過ぎると道は石畳となります。江戸時代に大和郡山藩の大名行列が道にぬかるまないように敷かれたものとされ、２０１５年に「日本の道百選」に選ばれています。

ほどなく暗峠（標高４５５㍍）。江戸時代には大和郡山藩の休憩場が置かれたほか、20軒ほどの茶店や旅籠があったとか。いまは「峠の茶屋・すえひろ」が軽食や土産物を扱っています。東大阪市と生駒市との府県境です。

暗峠。奈良県生駒市側から見た東大阪市

第5章　東高野街道

高野街道は高野山へ大阪や京都から参詣するための道。大阪府内には東高野、西高野、中高野、下高野の4つの高野街道がある。東高野街道は枚方、交野、寝屋川、四條畷、大東、東大阪、八尾、柏原、藤井寺、羽曳野、富田林、河内長野と12市を訪ねていく。

東高野街道（1）　京都府八幡市から枚方市へ

街道景観をとどめる出屋敷

高野山参詣の道

弘法大師空海が真言密教の道場を開いた高野山（和歌山県）へ、大阪や京都から参詣するための道が高野街道で、大阪府内には東高野、西高野、中高野、下高野の４つの高野街道があります。

東高野街道は京都府八幡市から枚方市に入り、北河内、中河内、南河内へと南下し、河内長野市内で堺から続く西高野街道と合流し、大阪と和歌山の府県境、紀見峠を経て高野山に向かう重要陸路。西高野街道と合流するまでの大阪府内の総延長は約50キロメートルです。枚方、交野、寝屋川、四條畷、大東、東大阪、八尾、柏原、藤井寺、羽曳野、富田林、河内長野と12市を訪ねます。

洞ヶ峠で枚方市へ

起点は大阪と京都の府境の洞ヶ峠。京都府八幡市側から歩き始めます。京阪京都線の石清水八幡宮駅の南側ロータリーに出ると、目の前に石清水八幡宮（国宝）のある男山。その東側に残る街道を南下します。八幡宮の表参道周辺は石畳が続き、沿道には「東高野街道」の道しるべが設置されています。

京都府八幡市内の「月夜田」の交差点に立つ道標

「神原」の交差点から南下し、松花堂庭園の手前で道の右手に「水月庵」と刻む道標が立つ地点から右に入る脇道が街道の名残。「月夜田」の交差点の東南角には「高野街道」の道標（１９２７年）が立ち、「峠十五丁」と洞ヶ峠までの距離（約１・６キロメートル）、「野崎四里（約16キロメートル）」「柏原六里（約24キロメートル）」など、大阪府内各地への距離が刻まれています。

京阪バス「吉井」停留所の先のT字路を右折。道はすぐ二股に分かれますが、右の道を直進。上り坂の道を歩いて京都府道２８４号の高架をくぐり、竹林の中に通じる道を抜けると、右手に達磨堂圓福寺（臨済宗妙心寺派）、左手に墓地があり、国道1号に出ます。多くの自動車が行き交う国道に面して「洞ヶ峠茶屋」があります。

竹林を抜けて洞ヶ峠に通じる道

開発で変わった地形

茶屋の西側の道を進んで、枚方市に入ります。国道1号や宅地造成など戦後の開発で地形や街道の道筋は変わりましたが、「高野道（こうやみち）」の町名が残ります。下り坂を歩いて、スーパーマーケットの横手から丘陵地内に続く道を進んで枚方企業団地の北端に突き当って、街道は消滅。国道1号の歩道を行くことになります。

船橋川を渡って街道のルートは国道1号と重なります。「招堤（しょうだい）」の交差点で、南東角に大きなため池（新大池）。さらに国道の歩道を進み、「出屋敷北」の信号がある地点で左の脇道から街道が復活し、府宮山田池公園の北出入口の前に出ます。府道144号を右へ進み、穂谷川を渡り、再び国道1号に出る手前で左折。出屋敷元町の集落内に南北に残る街道を南下します。

古民家が残る集落

東高野街道は近現代の道路整備などで消滅するか、新しい道路に吸収された部分が多いものの、街道沿いに集落ができていた地域などには、道筋が残っています。出屋敷は枚方市内で唯一、東高野街道が集落内に通じているところです。

街道に入ってすぐ左手に「出屋敷東高野街道」の標識があり、その先の右手にある地区改良会館の前には、東高野街道の説明板（枚方市教育委員会・2017年）があり、沿道には古民家が点在しています。

集落の南端、府道18号枚方交野寝屋川線に合流する手前に小公園。元はこの付近にあったと推定される「東高野街道」の里程標（1900年、洞ヶ峠から一里＝約4キロメートル）が保存されています。枚方市教育委員会の説明板にある出屋敷地区の航空写真（1954年撮影）を見ると、当時は田畑の中に集落があり、街道が通じていたことが分かります。

街道が集落内に通じる出屋敷地区。近くに国道が走っているとは思えないほど、静かな街並みです

東高野街道（2）　枚方市から交野市へ

郡津に残る「野中の一本道」

刈田の間に残る街道の道筋（交野市郡津2丁目）

出屋敷地域から先の枚方市域では、街道は府道18号に吸収された形です。東西に走る高架道をくぐると、道の右手（西側）には枚方市立総合体育館と陸上競技場。しばらくはひたすら、府道を南下します。

「池之宮4丁目東」で国道307号と交差。「四辻」の交差点を過ぎてずっと歩いて行くと、府道の西側に見えてくるのが、大阪府広域水道企業団・村野浄水場です。敷地は約31万7千平方㍍と広大で、枚方市の磯島取水場で取り入れた淀川の水を高度浄水処理。同企業団が大阪市を除く府内42市町村に供給している水道水の約8割を、この浄水場が担っています。

やがて「村野浄水場前」の信号のある地点から、府道の左手（東側）は交野市です（浄水場のある西側は枚方市）。かつてこの一帯の地名は「遠坂」と呼ばれ、道の東側は竹やぶ、西側はいも畑だったそうです。「出鼻橋」の交差点を越えてすぐ、府道から離れて左へ折れ、交野市郡津（こうづ）2丁目へ。水田の間に続くのが東高野街道で、わずかな区間ですが、まさに「野中の一本道」、街道の趣が残っています。

道の正面が郡津集落の入口で、右手が竹林、左手が住宅地。郡津3丁目から4丁目へ、一部に田畑も残る集落内を、街道は緩やかに蛇行し、京阪交野線郡津駅の東南へ出ます。

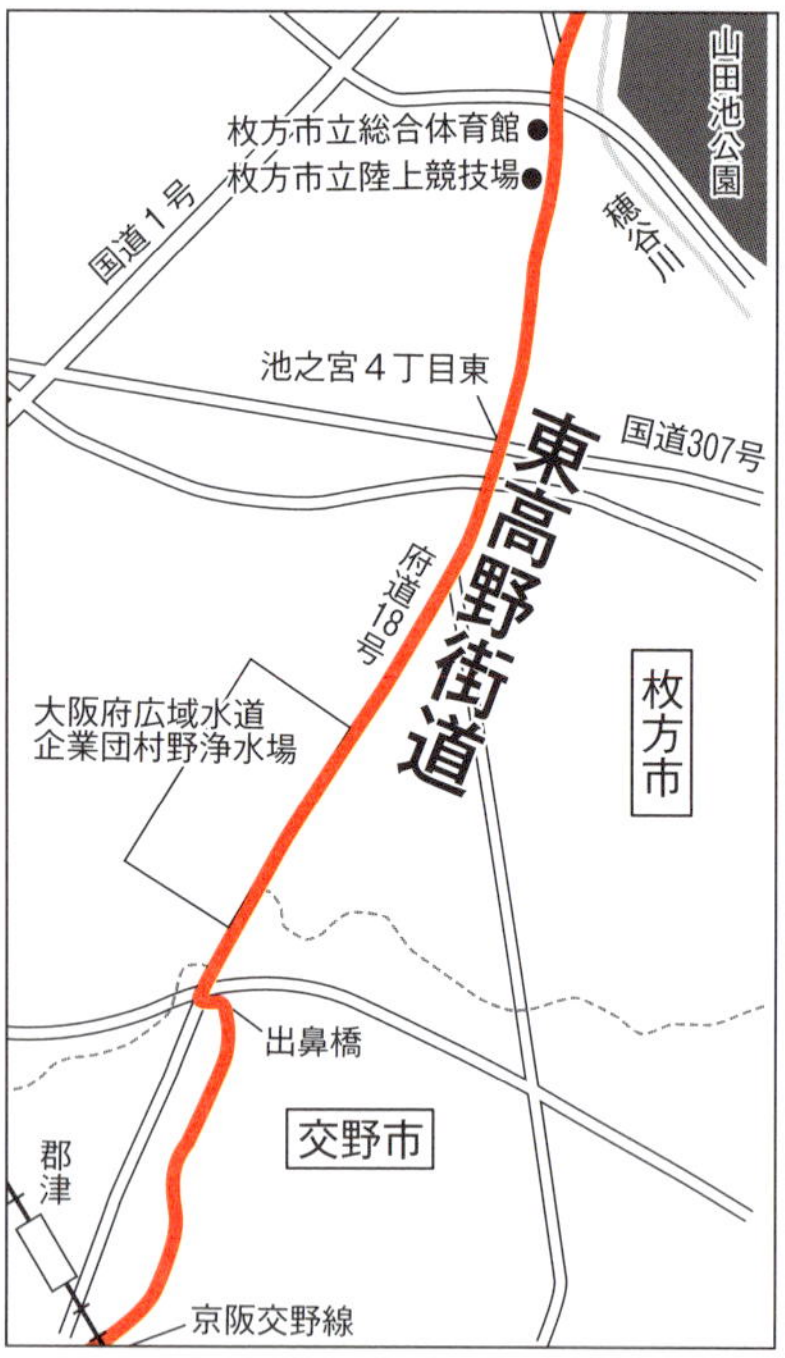

郡津集落入口の街道

東高野街道（3）

交野市（その1）

街道の分岐点に幕末の道標

「本尊掛松」遺跡

京阪交野線の踏切を渡り、「梅が枝」の交差点を過ぎて府道18号を直進します。天野川に架かる新天野川橋の西詰で府道から左へ折れると枚方市茄子作（なすづくり）東町。国道１６８号に出て、「私部（きさべ）西４」の交差点の手前で、右の脇道へ。道の右側（西）が枚方市、左側（東）が交野市。枚方市茄子作南町には「本尊掛松」遺跡があります。

大念仏寺（大阪市平野区）を総本山とする融通念仏宗。その中興の祖、法明上人が鎌倉時代の元亨元（１３２１）年、石清水八幡宮に参詣したとき、この地で出会った八幡宮の使者から、本尊の画像を授かりました。上人がそれを松の枝に掛け、念仏を唱えて踊ったことが、融通念仏宗の念仏踊りの起源とされています。

その先、交野市私部西４丁目の角に高さ２㍍を超す道標があります。幕末の安政２（１８５５）年に建てられたもので、正面に刻まれているのは「大峯山／右宇治／左京八幡道」、右側は「すぐ高野大坂道」。ちなみに「すぐ」は「もうすぐ」ではなく、「まっすぐ（直進）」の意です。この地点から山根街道が分岐。隣にある大阪府の道標（明治時代）には「右山根街道」とあります。

やがて目の前に現れるのが第二京阪道路の巨大な高架。街道は途中で消滅するため、府道20号枚方富田林泉佐野線を歩きますが、路線バスやトラックの往来も多く、注意が必要です。

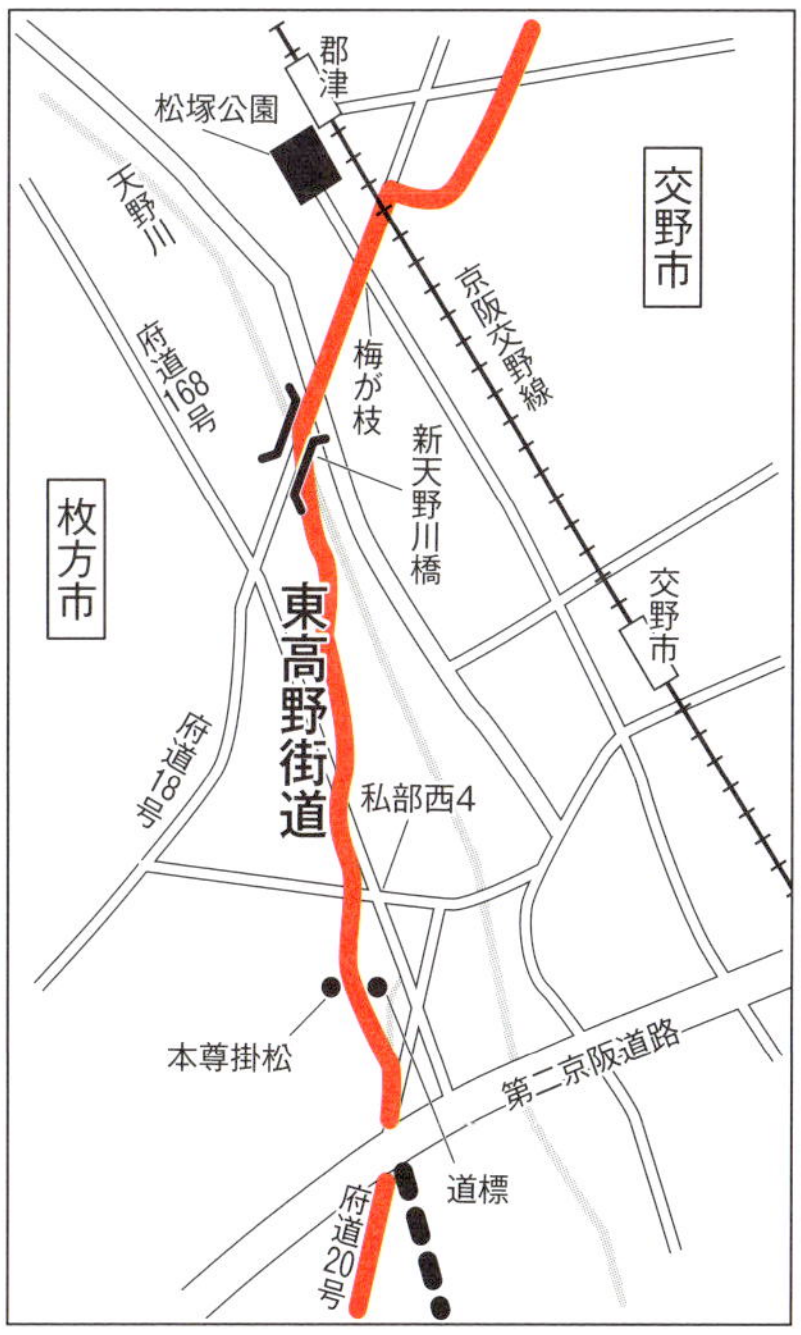

東高野街道（左）と山根街道（右）の分岐点に立つ道標

東高野街道（4）　交野市（その2）

農地の中に続く街道

交野市星田北4丁目と5丁目の間に続く府道20号を南下し、「神出来（かんでら）」の交差点からもう一つ先の信号で右の道に入ります。少し進んで押しボタン式信号のある地点で左の細い道に入ります。ここからしばらく、星田北6丁目の広い農地の中に街道の道筋が残っており、途中には交野市が建てた「一里塚跡」の石碑もあります。

「一里塚跡」の石碑（※写真は取材時のもので、現在は総合ショッピングセンター「トナリエ」の前＝北側＝に移設されている）。QR コードは現在地付近

大阪府教育委員会『歴史の道調査報告書・第二集　高野街道』（1983年）によると、街道の現地調査当時（1982～83年）はこの区間の道は、未舗装路でした（現在は舗装路）。同報告書は「一間幅（約1・8㍍）の地道となる。野なかの一本道だ」「北河内の山々を望みながら進む。振り向けば東摂の山々が見える。近世の街道を彷彿させる」と記しています。

ＪＲ片町線の高架をくぐり、星田駅の南側へ出ると、「星田駅前商店街」。駅の西側で道は二股になっています。左側、商店街の一部でもある道が真っ直ぐ伸びていますが、右側に入るのが街道。星田5丁目を蛇行しながら進み、押しボタン式信号のある交差点に出て傍示川を渡ります。橋を渡ってすぐ左側に、弘法大師像や古い道標があります。交野市と寝屋川市大谷町との間を進み、京阪バスの「大阪病院前」のバス停がある地点で再び府道20号に合流。寝屋川市域に入っていきます。

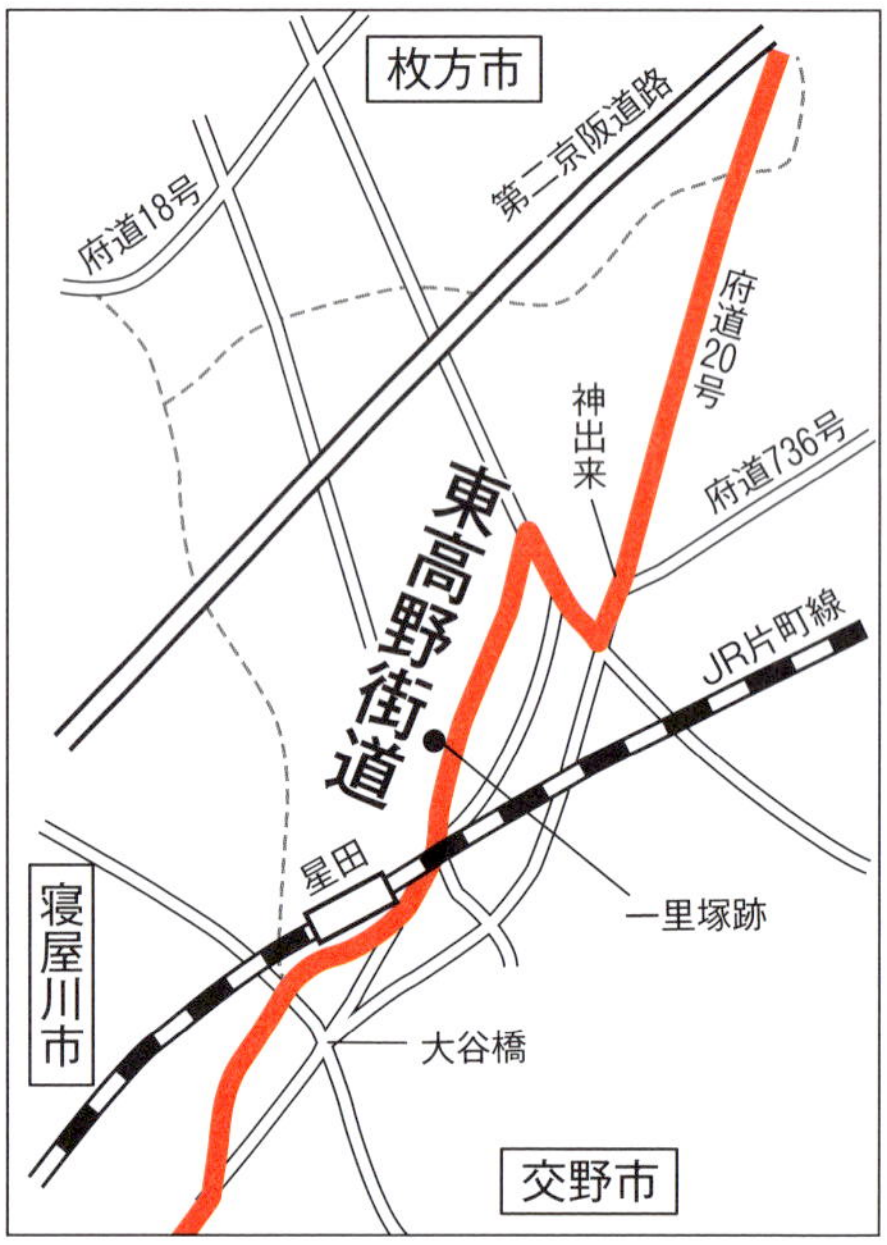

広い農地の間に続く街道（※写真は取材時のもので、現在この辺りは交野市の土地計画整理事業で大きく変貌している）

東高野街道（5）　寝屋川市（その1）

打上元町　弘法大師の伝説にちなむ井戸

寝屋川市内に入って、府道20号の歩道を直進します。信号のある交差点の北東角にガソリンスタンド、南東角に動物病院。ここで左折し、ゴルフ場に通じる緩やかな坂道を登ります。途中で右折し、打上元町（うちあげもとまち）地域の住宅地の中に残る街道を蛇行しながら進みます。

途中で細い道と交差。その一角に寝屋川市が設置した道しるべが建っています。同市は、市内の史跡や文化財を案内する「文化と歴史のみちコース」を1990年に整備。寝屋川に伝わる「鉢かづき姫」の昔話にちなんで、道しるべには「鉢かづき姫」の姿と、付近の史跡をまとめた地図があります。

寝屋川文化と歴史のみちコースの案内板

そのまま街道を行くと、すぐ左手の道端に「弘法井戸」があり、そばに立つ石柱には「弘法観念水」と刻まれています。弘法大師への信仰と結び付いた井戸で、寝屋川市内には打上元町地域以外に、あと3カ所あります。

井戸の近くには、史跡について説明する銘板を掲げる鉢かづき姫の像が設置してあります。銘板には「高野山へ通じるこの街道は、古くから弘法大師を信仰する人々の通行が多く、街道そばのこの井戸は、行き交う数多くの人々の渇きをいやしたことでしょう」と記します。

弘法井戸の説明板と「鉢かつぎ姫」

街道の道端にある弘法井戸（寝屋川市打上元町）

この先で街道は府道20号と交差。近くの信号で府道を渡って街道の地点まで戻り、さらに進みます。

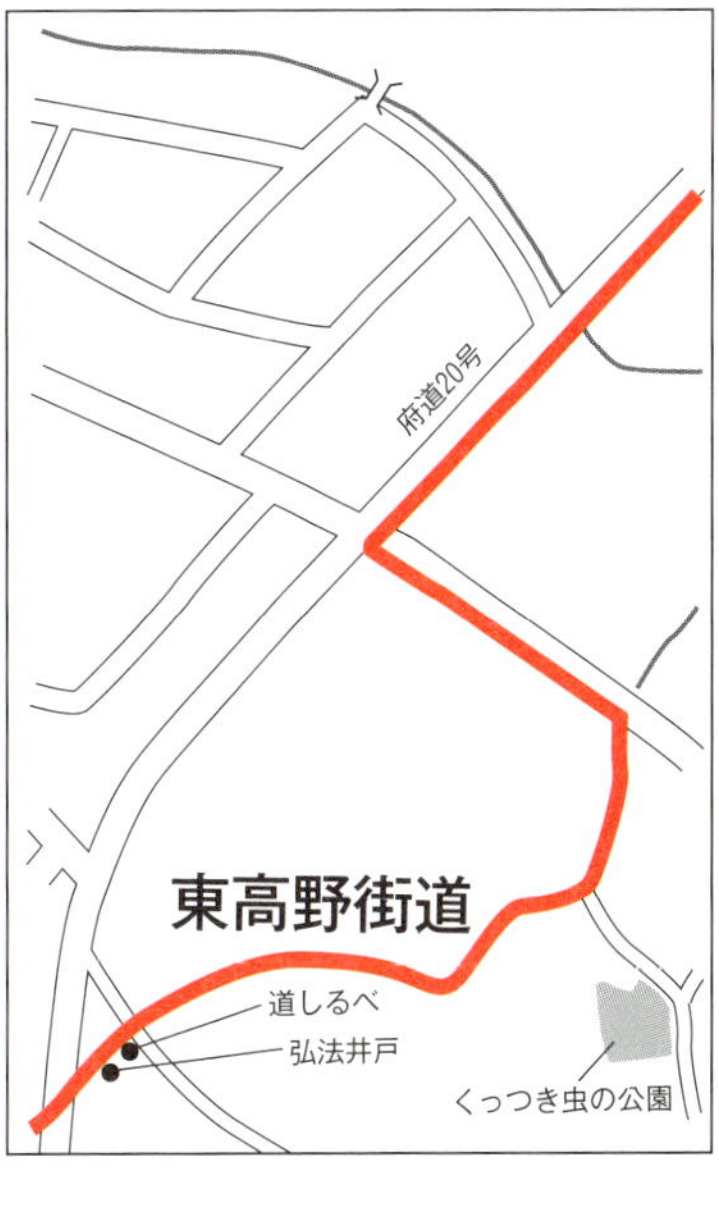

東高野街道（6）寝屋川市（その2）

打上の辻で奈良伊勢街道と交差

東高野街道と奈良伊勢街道の交差点に立つ幕末の道標

府道20号を越えて、寝屋川市打上元町の住宅地内に残る街道を進んでいくと、十字路に出ます。ここは、東高野街道と奈良伊勢街道が交差する打上の辻。北東角に安政４（１８５７）年の道標と、説明板を持つ「鉢かつぎ姫」の像が立っています。

道標に刻まれた文字は、正面が「南／かうや（高野）／のさ紀（野崎）／大坂みち」。左に「東／なら（奈良）／いせ（伊勢）ミち」、裏に「八はた（八幡）／柳谷／星田／妙見」となっています。基本的に南北に通じる東高野街道。この先も各地で東西に通じる諸街道と交差します。

この辻から先、細い道を抜けると、JR片町線の寝屋川公園駅東のロータリーに出ます。この付近の片町線は地面より低い切り通しになっており、駅の南側の橋を渡って先へ進みます。突き当たって府道20号を左折、ここからしばらく、街道は府道と重なります（左折する地点は狭い道幅で交通量も多く、注意が必要）。

寝屋川市立明和小学校の向かい側のバス停そばに「打上古墳群」があります。かつて一帯には多くの古墳（塚）があり、積まれている花崗岩の石は、古墳に使われていた石材を集めたものだとされています。この古墳群にも由来を記した説明板を持つ「鉢かつぎ姫」の像が。この地には、弘法大師像も安置されていることも記しています。

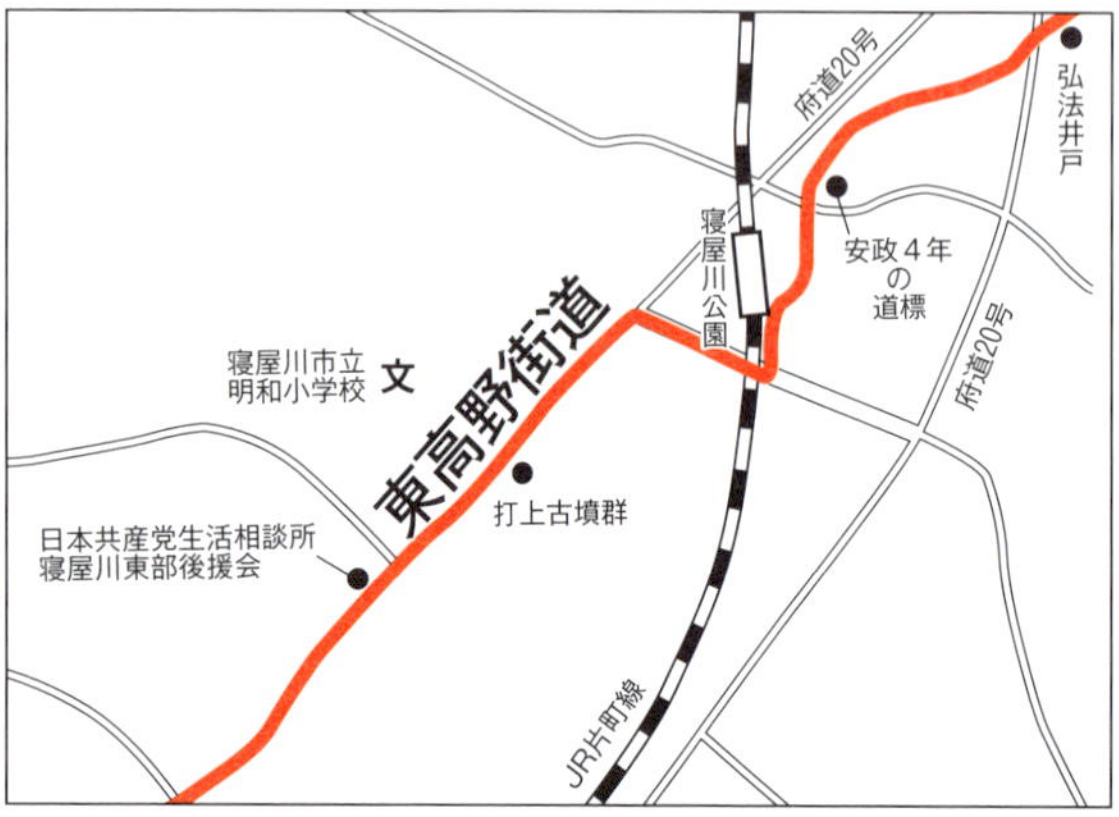

打上古墳群

東高野街道（7）

沿道に歴史刻む石灯籠

寝屋川市から四條畷市へ

府道20号と重なる街道は、寝屋川市高倉2丁目から先は下り坂となっていきます。いったん道が突き当たりとなる高倉1丁目に、「高倉消防団」の詰所。向かって左側に2基の石灯籠があり、説明板を持つ「鉢かづき姫」の像が立っています。

街道沿いに立つ2基の石灯籠（寝屋川市高倉1丁目）

左側の石灯籠は高さ3㍍と大きなもの。正面に「二月堂」と刻まれ、天保14（1843）年の建立です。説明板は、奈良の都に春の訪れを告げる「お水取り（修二会）」で知られる奈良・東大寺の二月堂を指すものと推定しており、古老の話として、この地には二月堂と柳谷観音（京都府長岡京市）に参詣する観音講が百数十年前からあったと伝えています。

右側の石灯籠は明和3（1766）年のもので、「八幡宮」と刻まれています。近くにある国守神社が八幡宮と呼ばれていた時代に、氏子が寄進したものとされています。

この地点から府道20号は右へ折れ、街道は左。旧家が残る細い道を屈曲しながら進むと、讃良（さら）川（寝屋川の支流）の北岸に出ます。そこから川沿いに右（東）へ進み、再び府道20号と合流。寝屋川市を離れて、すぐ四條畷市（岡山3丁目）に入ります。

府道をしばらく直進。JR片町線の高架に出る手前で府道から外れて右手へ入り、岡山4丁目内に残る街道を通ってJR片町線の忍ケ丘駅の北側に出ます。

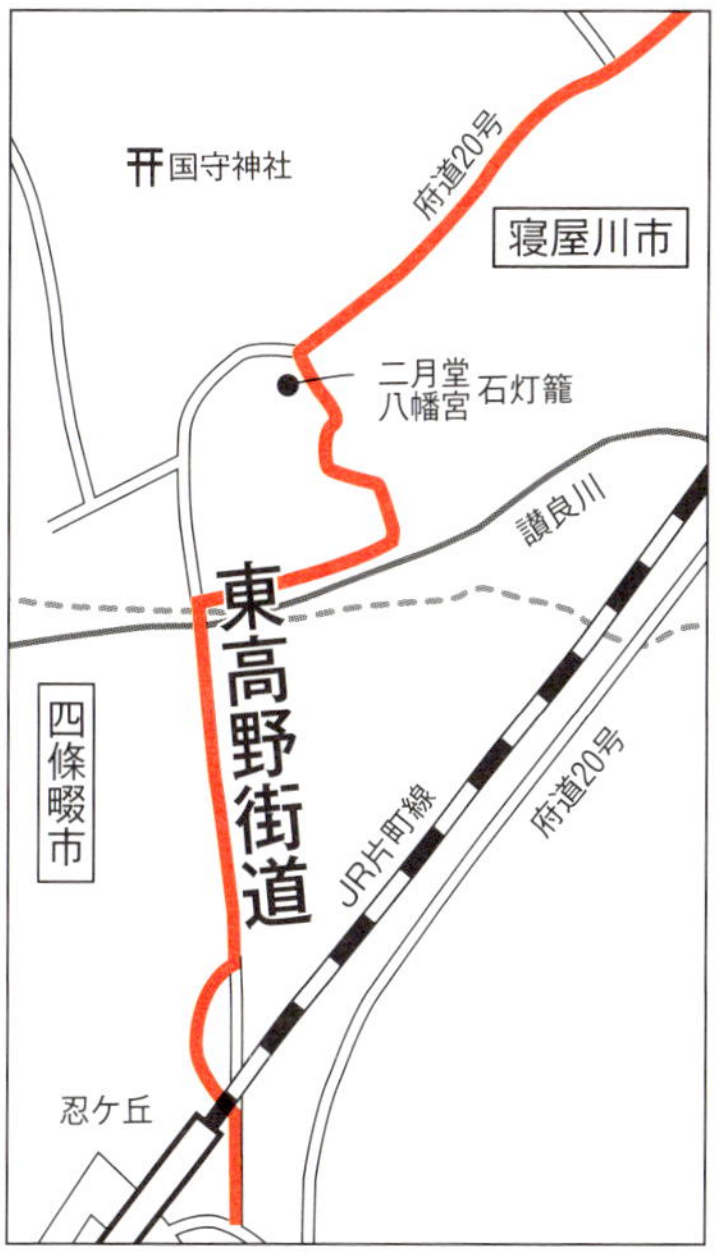

四条畷市歴史散策道の説明板

市域に街道の道筋残す

JR片町線の高架をくぐり、忍ケ丘駅の東側に出ます。駅前は開発によって街道は失われていますが、蜻蛉池公園の北側付近から街道の道筋が復活。同公園は、池が埋め立てられたものです。

公園の西側を回り込むように通じる散策路は、かつては池の堤防だったところで、街道はその堤防上を進んでいました。公園の入口近くに「四條畷市歴史散策道」（同市教育委員会）の案内板。四條畷市内の東高野街道の概説とともに、経路や史跡の位置を示す地図があり、「当市域では今も往時の道筋を確実に残している」と説明してあります。

蜻蛉池公園内の散策路

岡部川を渡って直進。「三徳稲荷大明神」のある辻で右（西）へ曲がり、その先で左（南）へ。四條畷市市民総合センターの前を過ぎたところの辻が、大阪と奈良を結ぶ清滝街道との交差点。北東角に3基の道標があります。石仏風のものは寛政10（1798）年の建立。一番大きな角柱には「すぐ東高野街道／右清滝街道」と刻まれています。

この辻で右（西）に曲り、東西に流れる清滝川沿いに少し進み、「三坪橋」で川を渡ります。

この橋は、市教委の説明板によると、江戸時代の面影を残す四條畷市唯一の石橋とのこと。

JR片町線の東側、四條畷市中野3丁目の住宅地内に続く道を南下して、国道163号の高架をくぐり、中野1丁目に入ります。

清滝街道との交差点に残る道標群

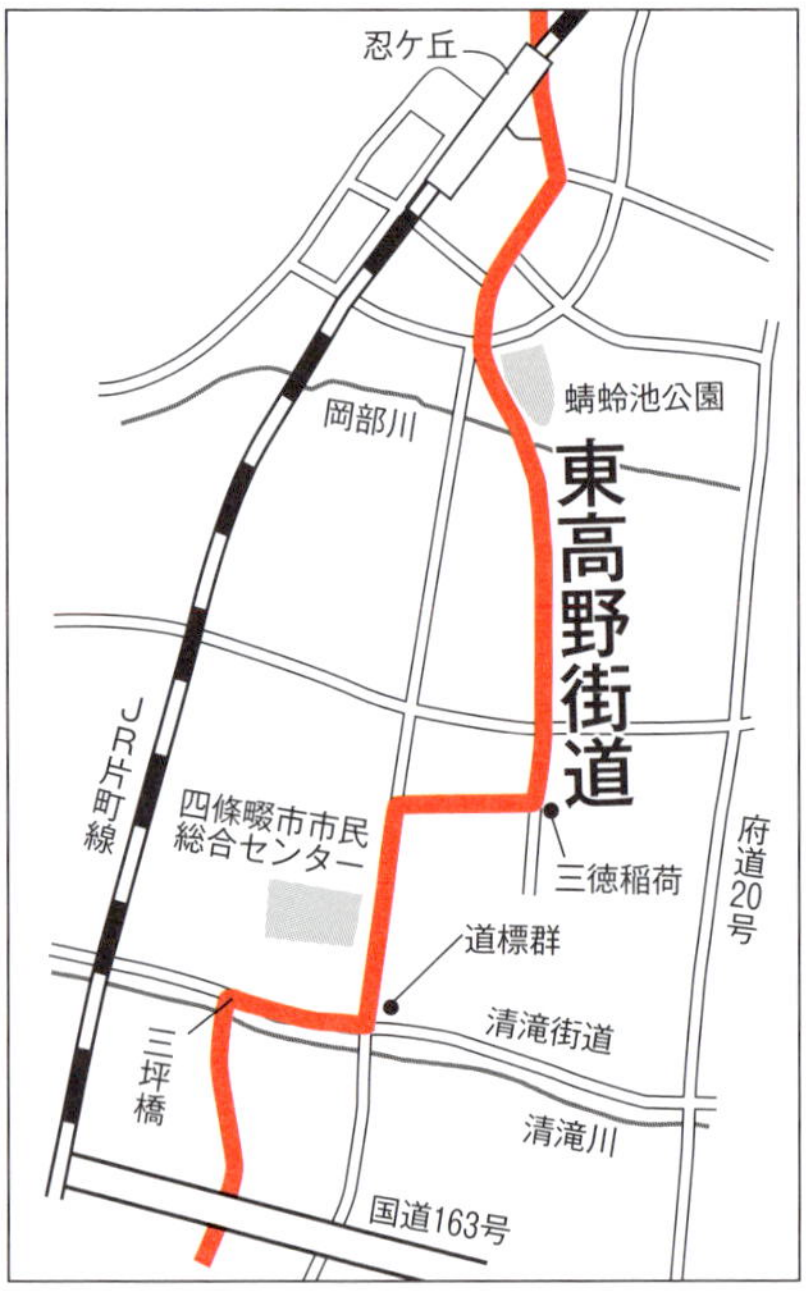

東高野街道（９）　四條畷市（その２）

街道沿いの歴史民俗資料館

四條畷市中野１丁目に入ってすぐ、道は左右に分かれます。右（西）が街道。住宅地の中を進んでいくと、左手（東側）に中野共同墓地があります。道はＪＲ片町線に並行し、四條畷市立歴史民俗博物館の前に出ます。

同館は１９８５年に開館。考古資料展示室では、旧石器時代から安土桃山時代までの埋蔵文化財を展示しています。昔の民具や農具を展示する民俗資料展示室は、土蔵造りの建物。裁判所の出張所として１８９９（明治32）年に建てられたもので、２００６年に国指定登録有形文化財建造物に指定されています。

館内には四條畷市を中心に北河内地域の遺跡や古墳群の所在地を紹介するジオラマがあります。東高野街道はじめ５つの街道の経路も示されており、ボタンを押すと、街道ごとにランプが点灯し、それぞれの道筋を確認できます。

資料館を後にしてしばらく行くと、近鉄バスの「塚脇」停留所がある地点で国道１７０号に出ます。国道沿いの川崎池公園にも、東高野街道についての四條畷市教育委員会の説明板があります。

四條畷市立歴史民俗資料館前に通じる東高野街道

歴史民俗博物館にある街道の説明板

メモ・四條畷市立歴史民俗博物館　開館時間＝午前9時半～午後5時。休館日＝月曜（祝日または振替休日の場合翌日）、年末年始。入館無料。ＪＲ片町線四條畷駅下車徒歩15分。072・878・4558。

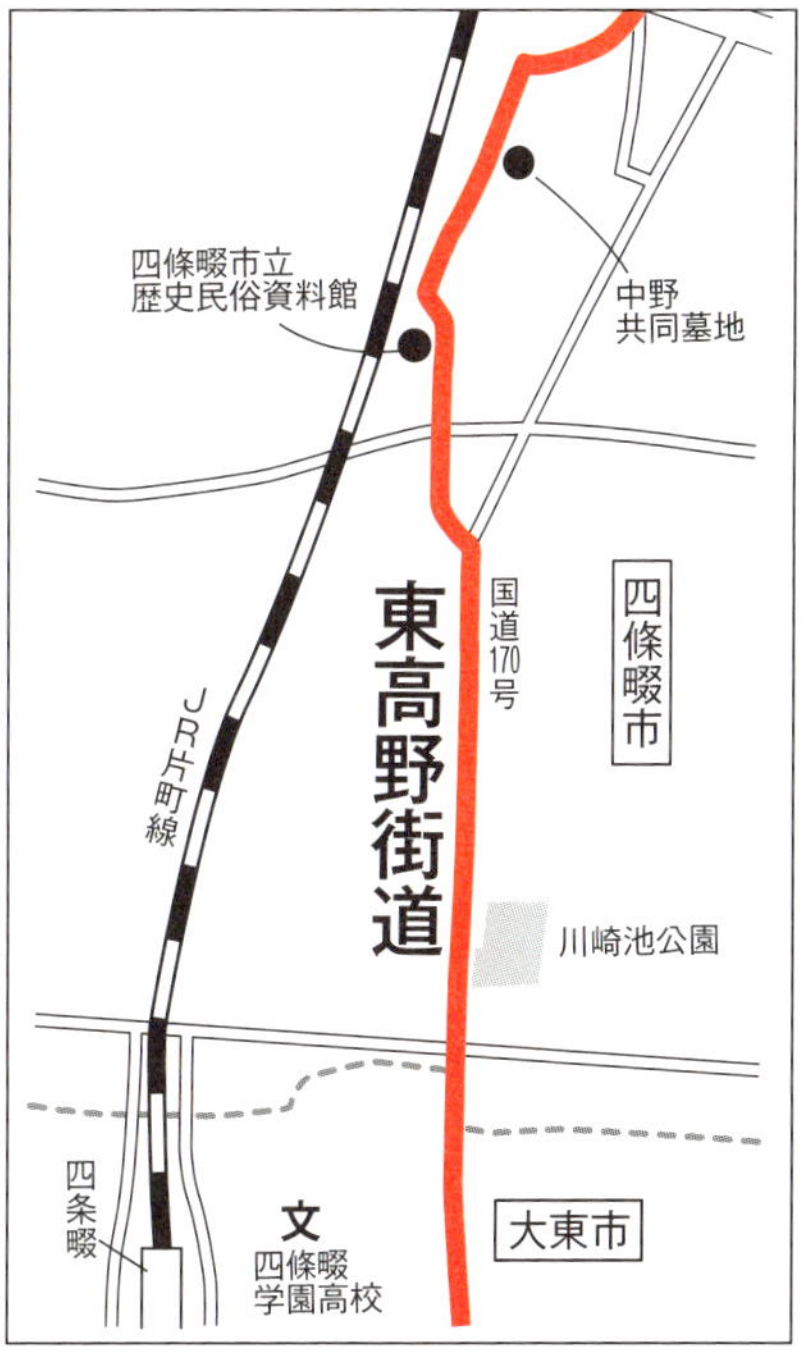

東高野街道（10）

飯盛山のふもとを行く

四条畷市から大東市へ

大東市北条６丁目から７丁目に残る街道

四條畷市の川崎池公園からすぐ南の交差点、国道１７０号を東に入ったところに、四條畷神社参道入口の鳥居と石燈籠があります。その先で四條畷市から大東市に入り、しばらく国道を南下しますが、自動車の往来も多く、歩く際は注意が必要です。

国道の左（東）に見えるのが、四條畷・大東両市にまたがる飯盛山（標高３１４メートル）の山並み。飯盛山は南北朝時代（14世紀）の古戦場で、のちに戦国時代は京都と大阪を結ぶ東高野街道が南北に通るなど交通の要衝となり、大阪府内最大級の山城が築かれました。

室町幕府末期に権勢を誇った戦国大名の三好長慶（みよし・ながよし　１５２２～64年）が１５６０年に入城。この地を政治的首都としたとされています。

山頂付近の南北６５０メートル、東西４００メートルに及ぶ飯盛城跡には、石垣はじめ城の遺構が現存。大東市と四條畷市は、国指定史跡を目指して発掘調査などを進めています。また身近な山歩きを楽しめることから、ＪＲ片町線の四条畷駅や野崎駅を起点に、史跡をたどりつつ飯盛山に登る登山コースも設定されています。

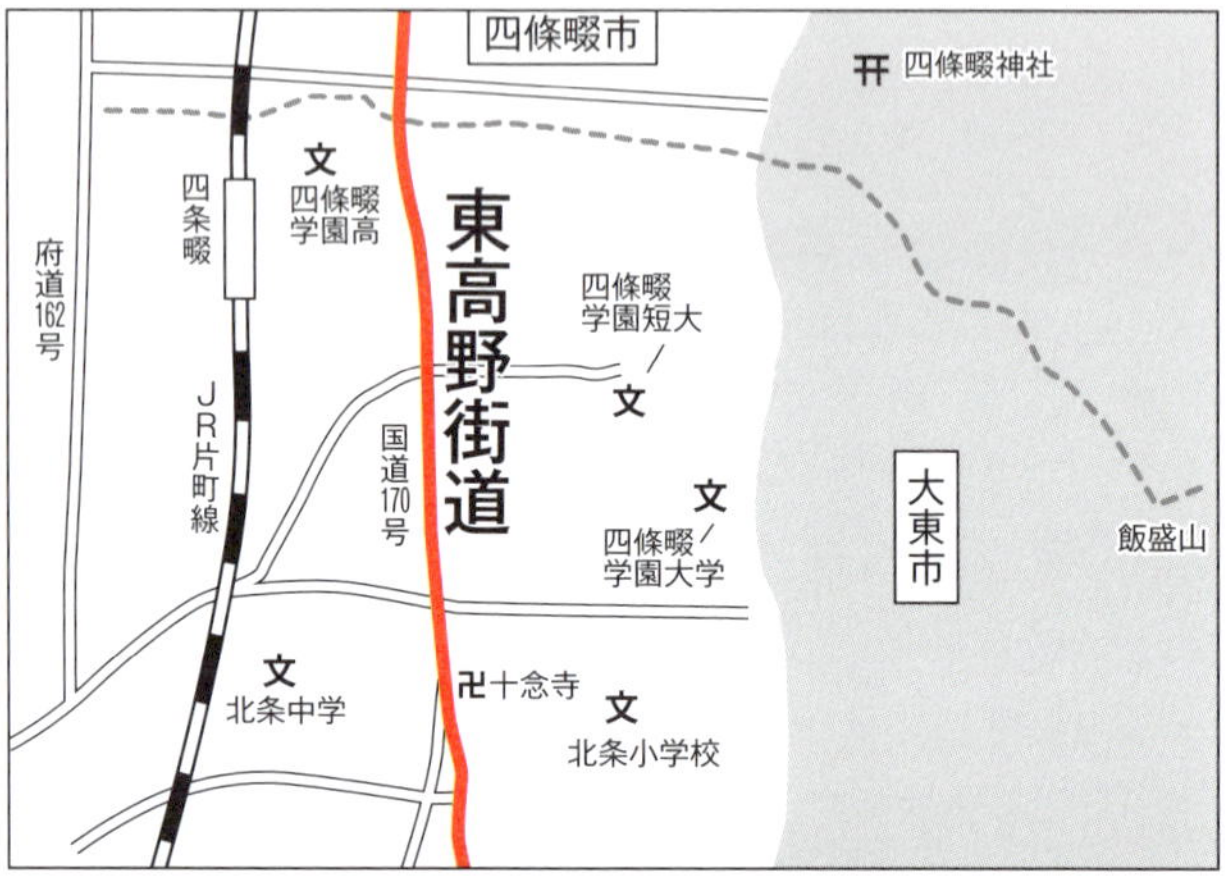

浄土宗十念寺がある地点、大東市北条６丁目で、国道は右（西）にそれ、まっすぐ街道が残っています。飯盛山が左（東）に迫る住宅地に続く道筋は、薄茶色に舗装されています。

大東市教育委員会の東高野街道案内マップ

東高野街道（11）　大東市（その1）

「野崎観音」の名で知られる慈眼寺

「野崎観音」の名で知られる慈眼寺の本堂

大東市北条7丁目から野崎2丁目に入ると、「野崎観音」の名で知られる福聚山慈眼寺（ふくじゅさんじげんじ）の参道と交差。街道を離れて左（東）へ入っていくと石段が続き、登り切ったところ山門があります。

慈眼寺は、福井県永平寺を大本山とする曹洞宗の寺院。起源は奈良時代にさかのぼりますが、平安時代に遊女「江口の君」が病気平癒のため祈願し、回復したことに感謝して本堂を建立したとされます。

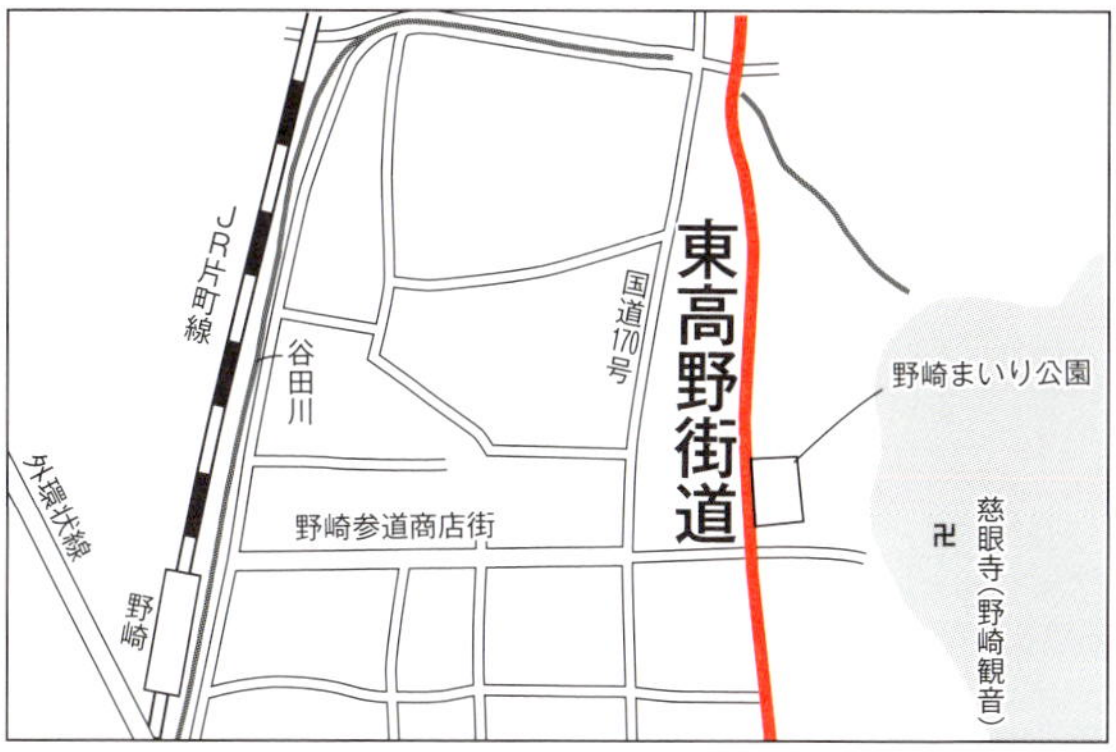

戦国時代、織田信長が飯盛城を攻めた合戦で焼失しましたが、のちに曹洞宗の僧侶が再建。境内には本堂のほか、江口の君堂、三十三所観音堂、羅漢堂などがあり、一帯の森林は「大阪府みどりの百選」にも選ばれています。

元禄時代、本尊の十一面観音像の開帳にちなんで始まった「野崎まいり」は人形浄瑠璃や古典落語にも描かれました。戦前の流行歌手、東海林太郎が歌った「野崎小唄」の歌碑も、境内の一角にあります。

現代も毎年5月1日から8日まで行われ、JR片町線野崎駅前からまっすぐ続く参道にはさまざまな露店が立ち並び、大阪府内外からの参拝客でにぎわいます。

街道と参道の交差点北東には大東市立野崎まいり公園があり、大東市教育委員会の説明板（2009年）には東高野街道の経路や周辺の史跡を紹介しています。

「野崎観音」の参道との交差点

東高野街道⑫

弘法大師伝説にちなむメノコ橋

大東市（その2）

野崎観音の参道を後にして、薄茶色に舗装された街道を南下します。野崎3丁目、大東消防署東分署の先の道の右手（西側）にあるのが、「メノコ橋」と刻んだ石の欄干。高野山に通じる東高野街道の沿道には、真言宗の開祖である弘法大師空海の伝説にちなんだ史跡が各地にあり、この欄干もその一つです。

街道沿いに残る「メノコ橋」の欄干

　大東市教育委員会の説明板（2014年）によると、かつてここに井路（いじ、人工水路）が流れ、街道に架かっていたのがメノコ橋。1970年代の配水場建設に伴って井路はなくなり、欄干だけが残されました。空海が修行時代にこの地を訪れた際、橋の欄干を枕に眠ったという言い伝えがあり、寝床（ネドコ）がなまって「ネメコ」→「メノコ」になったとされています。

　水田も残る寺川4丁目住宅地を抜け、府道8号大阪生駒線に出る地点でカラー舗装は終わります。

　信号で府道を渡った先で国道170号と合流。左手（東側）に「東高野街道」の道標（大東市教育委員会）があり、「この道は平安時代以降、京と高野山を結ぶ街道で、往時は高野山詣での人々でにぎわいました」と記しています。

　大阪産業大学や、高校野球の強豪で知られる大阪桐蔭の東館校舎など学校が集まる地域を過ぎ、中垣内（なかがいと）地域へ。「中垣内」の信号で府道8号を渡って、東大阪市善根寺（ぜんこんじ）町に入ります。

大東市教育委員会の道標

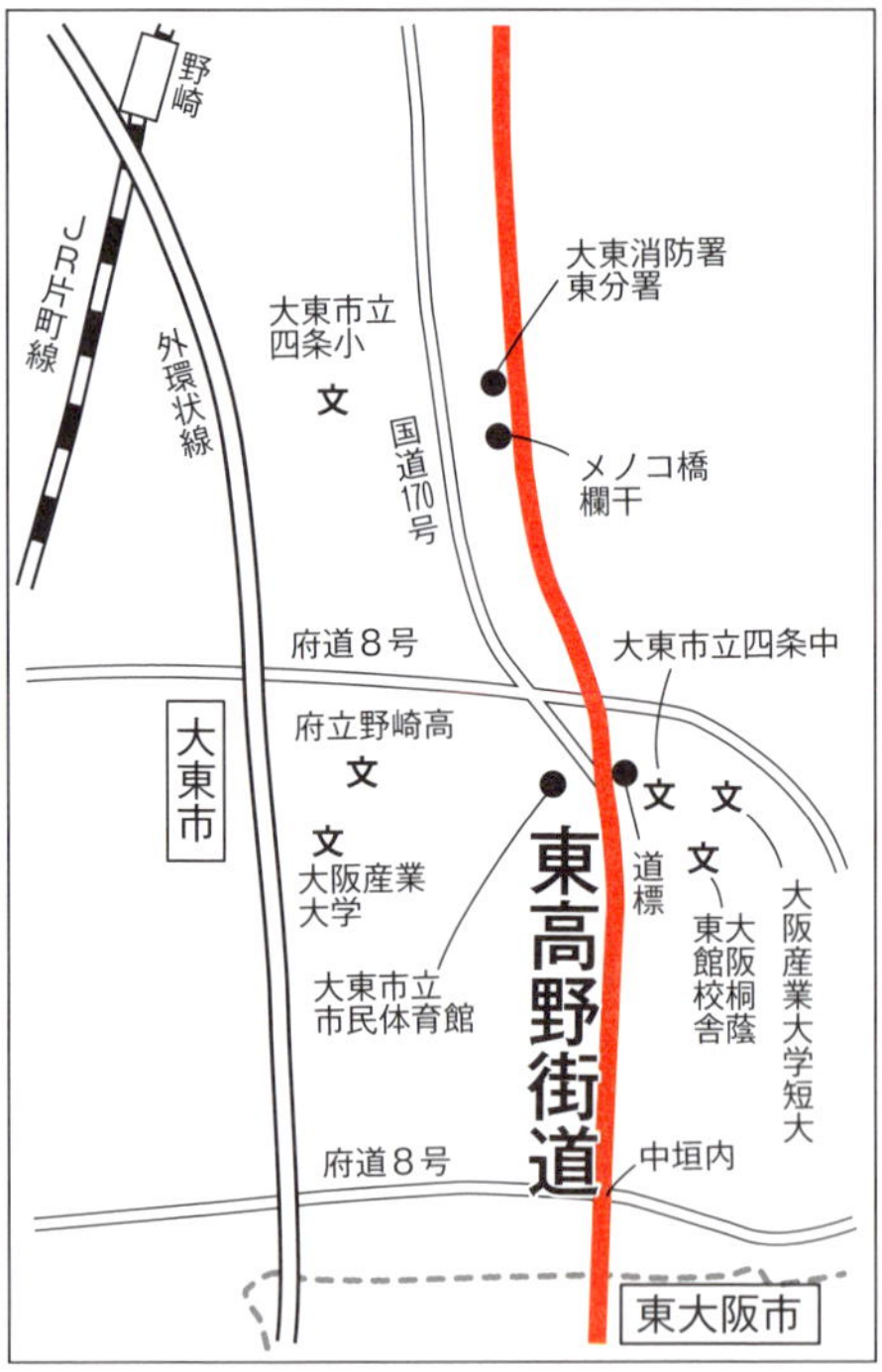

東高野街道⑬　東大阪市（その１）

かつての「草香江」を行く

東大阪市内に入って、善根寺（ぜんこんじ）町を南下。左手（東側）には生駒山地の山並みが続いています。街道は国道１７０号に吸収された形ですが、専用歩道はほとんどなく、国道は片側１車線。路線バスや自動車の往来も多く、歩行に注意が必要です。

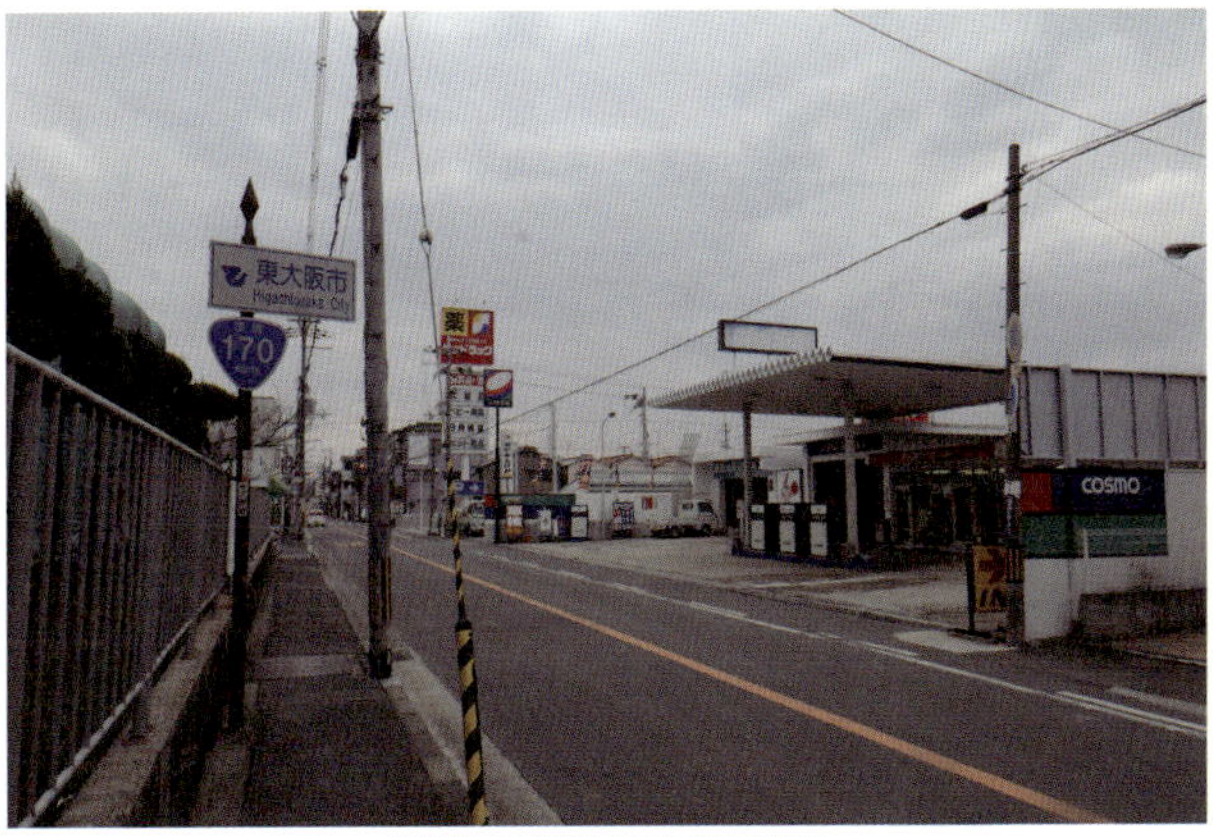

街道は国道170号に吸収

善根寺町５丁目の辻（北東角）に、大きな石灯籠が立っています。江戸時代の文政７（１８２４）年に建てられたもので、刻まれた文字は「金毘羅大権現」。かつてこの付近には街道の一里塚があったとされています。

街道沿いの金毘羅灯籠（東大阪市善根寺町５丁目）

大川を「浜の橋」で渡り、「善根寺２丁目」「池之端（いけのはた）」と信号を２つ過ぎると、日下（くさか）町。道の左手には東大阪市立孔舎衙（くさか）小学校があり、同校に面した国道東側にだけ、幅のごく狭い歩道があります。

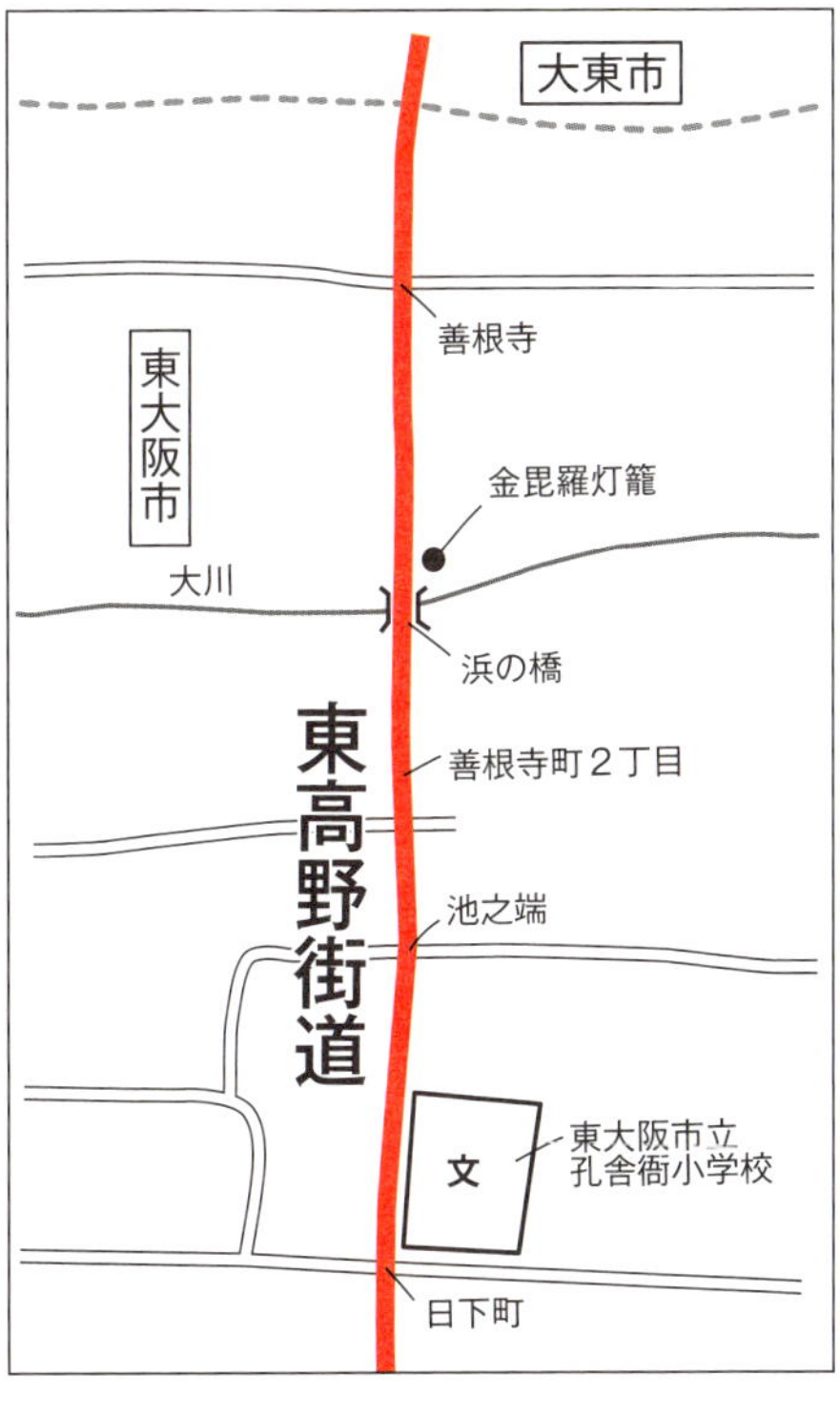

７～６千年前の縄文時代前期、温暖化による海水面の上昇（縄文海進）で、生駒西麓まで「河内湾」が広がり、瀬戸内海との間に上町台地が半島のように突き出ていました。その後、上町台地砂洲が北へ伸びて湾の入り口がほぼ塞がれ、淡水化が進み「河内湖」に。淀川・大和川が運ぶ土砂が堆積して河内平野が形成されていきました。生駒山のふもとに位置する湖の入江は奈良時代に「草香江（くさかえ）」と呼ばれました。孔舎衙小学校の校歌の３番の歌詞は「伝えゆかしき草香江の」と始まります。

国道と別れて続く街道

東大阪市立孔舎衙（くさか）小学校の前を過ぎ、「日下町」から「日下町4丁目」と信号を越えて、さらに国道170号を南下します。日下川（恩智川の支流）に架かる日下川橋を渡ると「日下南」。信号「日下町3丁目」の先、道の左（東）側に、東大阪市の日下リージョンセンターがあります。

「ゆうゆうプラザ」の愛称をもつ同センター。1階は、住民票や国民健康保険、介護保険などの窓口業務を担う行政サービスセンター。上階には多目的ホールや音楽室、会議室、料理室などがあります。同センターの南で中石切町に入ります。国道は右（西）側へと分かれ、中石切町4丁目を直進していくのが街道。幅3〜4メートルの道筋が住宅地の中に残っています。

国道との分岐点から約3キロメートル続く街道は、ほとんどが一方通行で、地域の人々の生活道や通学路となっています。地図上では直線のようですが、実際に歩く視点で見ると、緩やかに蛇行。信号を過ぎて中石切町2丁目に入り、音川（恩智川の支流）に架かる橋に出ます。

橋の北詰の左手（東側）の一角に、木造・瓦葺きの小堂があり、中には観音・不動明王・弘法の各石像が安置。小堂の前に「大峯登山百二度供養塔」と刻んだ石柱が立っています。橋を渡ると沿道には古民家もあり、国道170号を歩いているときとは別世界の静かさです。

音川に架かる橋から中石切町に残る街道を望む

音川に架かる橋の北詰にある小堂

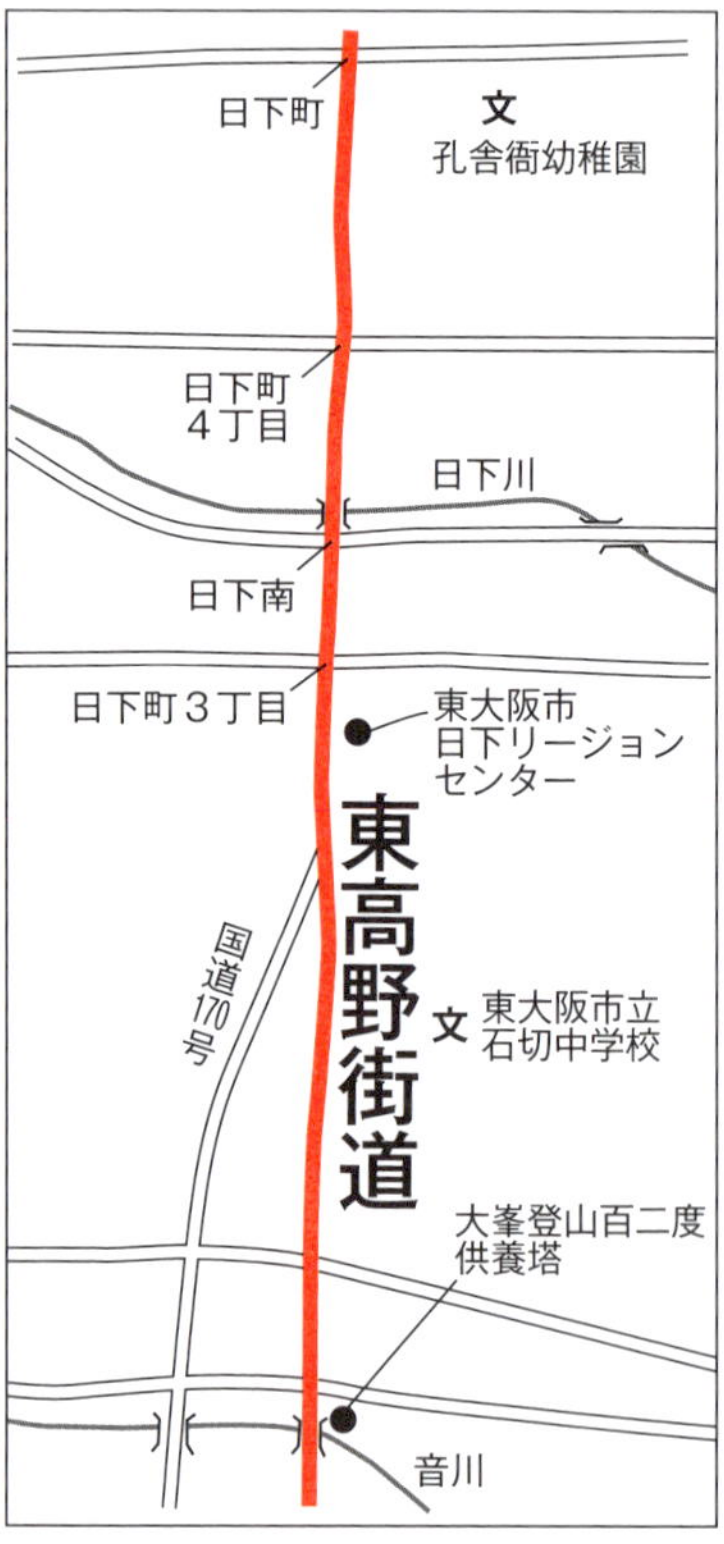

東高野街道⑮　東大阪市（その３）

西参道口から「石切さん」へ

「お百度参り」の人たちが絶えない石切劔箭神社

音川を越えて東大阪市中石切町2丁目を南下し、西石切町1丁目に入ると、街道の左手（東側）に、「石切劔箭（いしきりつるぎ）神社」の西参道口があり、石燈籠が立っています。街道からしばらく離れて、「石切さん」の名で親しまれている神社に立ち寄ってみましょう。

西参道口から東へ、２５０ﾒｰﾄﾙほど歩くと、参道の南側に絵馬殿、反対側に三之鳥居があります。絵馬殿は２０１８年９月の台風21号で上階の格子戸が吹き飛ぶなどの被害が出、1カ月近くは通行不能となったといいます。

「でんぼ（腫れもの）の神様」で知られる「石切さん」。がん封じのために参拝する人も多く、三之鳥居と本殿の間にある2つの百度石の間をぐるぐる回る「お百度参り」する人々の流れが絶えません。

神社から東、近鉄奈良線の石切駅に通じる急坂の参道にはみやげ物店や食堂などが軒を連ねて、門前町の風情があります。

街道に戻って南下。近鉄けいはんな線の新石切駅に出る手前に、「石切藤地蔵」があります。由緒書きによると、地蔵尊の建立は14世紀半ば。大坂夏の陣（1615年）の戦乱で地蔵尊の首が行方不明になり、「首無し地蔵尊」と呼ばれたが、頭痛やめまいなどの病気平癒に利益があるとして参拝者増えたとのこと。幕末に自然に藤の木が茂り、「藤地蔵尊」と呼ばれて親しまれるようになったそうです。

石切劔箭神社の参道

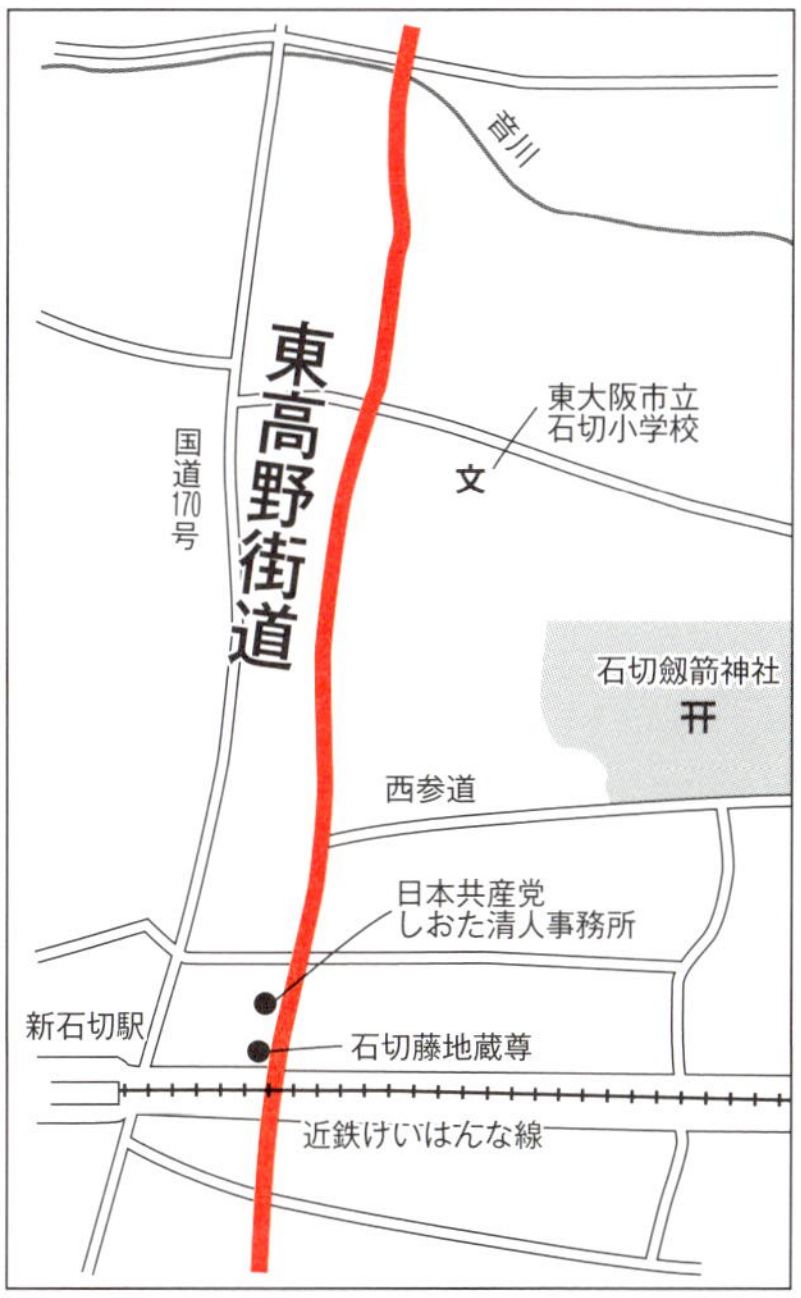

東高野街道⑯ 東大阪市（その4）

暗越奈良街道と交差

新石切駅の東で近鉄けいはんな線の高架をくぐり、東大阪市東山町に入って住宅地に通じる細い道を南下します。最初の信号から南は南荘町で、道幅は少し広がります。「箱殿（はこどの）東」の信号のある交差点は、五叉路となっています。ここは、東西に通じる暗越奈良街道（本書第4章）との交差点。ここから東へ進めば、大阪と奈良の府県境、暗峠です。

信号を渡って箱殿町から南は、道幅が狭まって再び一車線になっています。東大阪市立枚岡（ひらおか）中学校の東南角にある信号を過ぎると、鳥居町。その先には街道に面して枚岡神社の大きな鳥居（一之鳥居）が立っており、この鳥居が地名の由来になっています。ここが同神社の参詣口で、東へ800㍍ほど進むと二之鳥居で、神社へと通じますが、今回は先を急ぎます。

喜里川（きりかわ）町を進んで街道が右（西）へ曲がるところに弘法大師堂があり、道をはさんで反対側に安政6（1859）年の道標。この先で国道170号に合流します。合流地点にあるのは「道路改修記念碑」。1937年に現国道が整備されたことを記念したものです。東大阪市教育委員会の説明板（1991年）には、1942年頃の航空写真も添えられ、街道の沿道以外はほとんどが農地だったことが分かります。

枚岡神社の一之鳥居

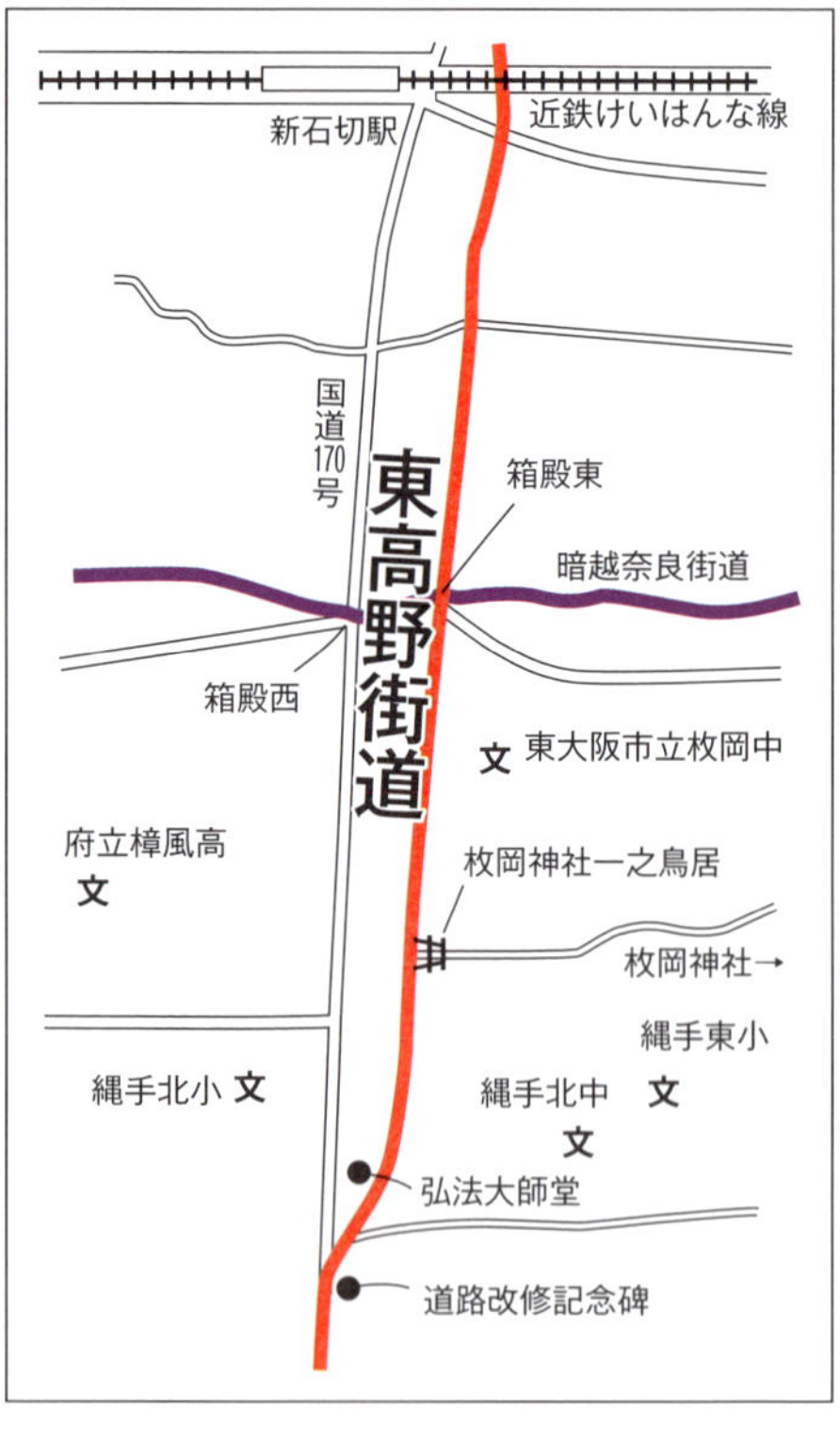

街道に面した弘法大師堂（東大阪市喜里川町）

東高野街道⑰　東大阪市（その5）

「辻占」の総本社　瓢箪山稲荷神社

街道の道筋が国道170号に合流するところに、「喜里川町南」の信号があり、国道を進んでいくと、すぐアーケードのある商店街に入り、近鉄奈良線の瓢箪山駅前に出ます。奈良線の踏切から北が「サンロード瓢箪山商店街」。南に続く商店街「ジンジャモール瓢箪山」のアーケードが途切れるところ、道の左手（東側）に鳥居や石燈籠、注連（しめ）柱があります。

街道に面して立つ瓢箪山稲荷神社の一の鳥居

ここから東へ続いているのが、「日本三稲荷」のひとつとされる瓢箪山稲荷神社の表参道。神社の背後には通称「瓢箪山古墳」（山畑52号墳）があります。古墳時代後期の山畑古墳群のうちで最大の双円墳で、神社の拝殿に向かって右の「鬼塚」、左の「大塚」が、ひょうたん形に連なっています。

同神社は「辻占（つじうら）総本社」とされています。交差点（辻）で、通行人の年齢や姿、言動などを観察し、それを基に占ってもらうのが辻占（辻占判断）で、かつては表参道が東高野街道と交わる辻が、辻占を行う「占場（うらば）」となっていました（現在は東参道の東側に移転）。

辻占は江戸時代に始まりましたが、やがて「辻占おみくじ」が全国各地に知られるように。「淡路島通ふ千鳥の瓢箪山　恋の辻占いらんかへ」との売り口上とともに、少女が街頭で広めたといいます。「辻占おみくじ」は境内の社務所で販売しています。

瓢箪山稲荷神社の「占場」

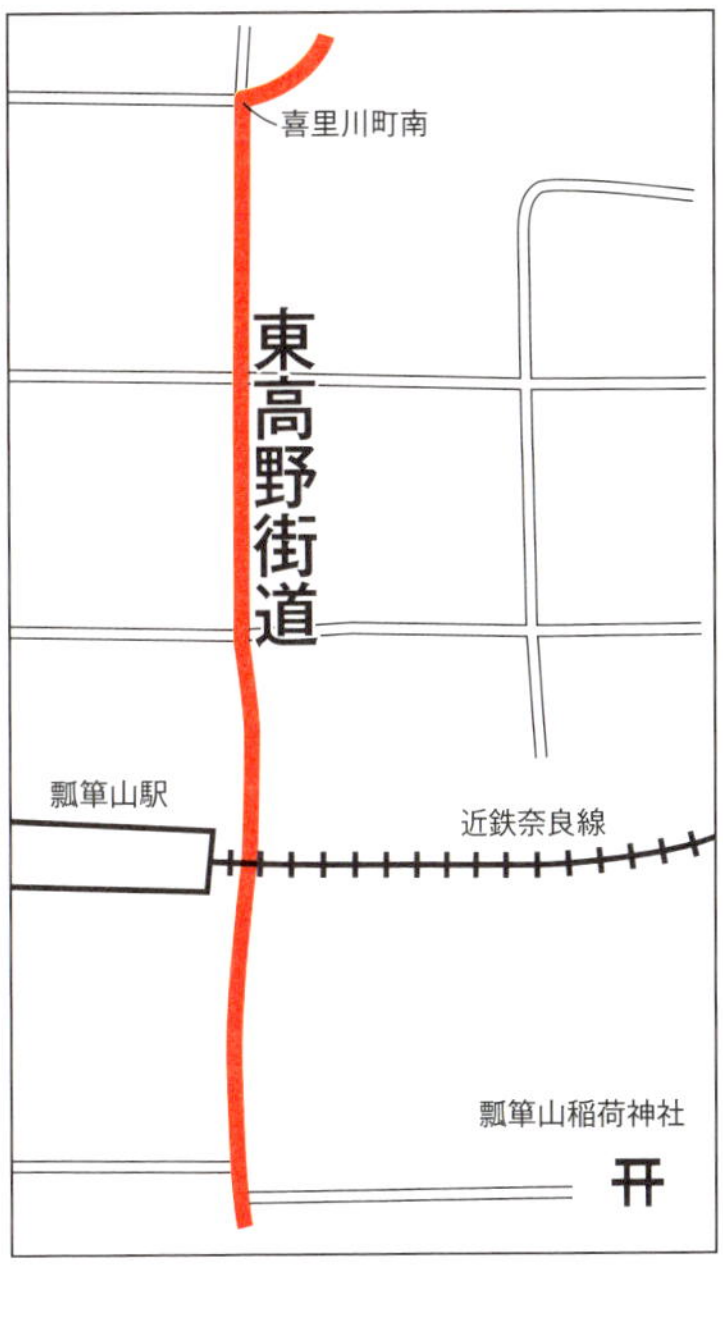

東高野街道⑱

わずかに残る旧道を抜けて

東大阪市から八尾市へ

瓢箪山稲荷神社から街道（国道170号）に戻ります。「四条町」の信号から東大阪市四条リージョンセンターを過ぎ、同市立縄手小学校、縄手中学校の南に、「発掘ふれあい館（東大阪市立埋蔵文化財センター）」があります。

この一帯には、縄文時代の大集落「縄手遺跡」がありました。1971年、縄手小学校の建設に先立つ発掘調査で、えの木塚古墳が発見され、真っ赤な朱を塗った「ヒレ付円筒はにわ」も多数見つかりました。

発掘ふれあい館は、その発掘調査の拠点であると同時に、出土した遺物などを収蔵・公開する施設。東大阪市内の遺跡から出土した縄文時代から近世まで各時代の土器や石器などを展示するほか、土器づくりなどの体験学習も行っています。

さらに南へ歩いて、「六万寺2丁目」の信号を過ぎ、近鉄バス「下六万寺1丁目」の停留所のある地点で、国道から左（東）へ分かれて街道の道筋が少し残っています。

横小路町内を抜けて再び国道と合流。「横小路4丁目」の信号を過ぎて、箕後（みご）川を渡った先で、八尾市に入ります。

国道170号（右）から分かれて続く街道の道筋（左）

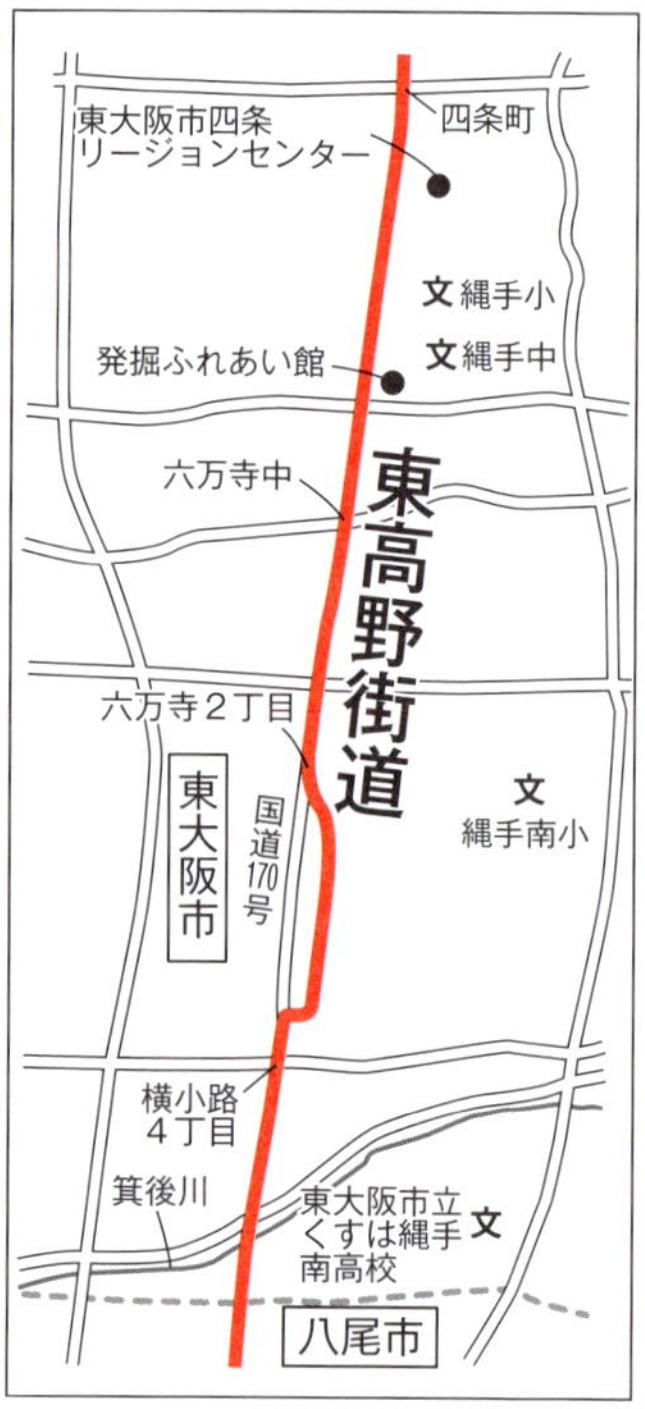

※発掘ふれあい館（東大阪市立埋蔵文化財センター）は、施設の老朽化などの問題で、2023年3月31日で休館しています。

東大阪市の発掘ふれあい館

東高野街道⑲　八尾市（その１）

中河内最大の心合寺山古墳

心合寺山古墳と復元された埴輪の列

八尾市内に入って、同市楽音寺（がくおんじ）地域を南下します。大竹地域に入ると、道の左（東）側にあるのが府史跡の「鏡塚（かがみづか）古墳」。古墳時代の中期末（５世紀末頃）の古墳とされています。

ここで街道を離れて、鏡塚古墳のすぐ北の道を東へ進み、「心合寺山（しおんじやま）古墳」を訪ねてみましょう。古墳時代中期（５世紀前半）に造られ、全長約１６０㍍、高さ約13㍍。中河内地域で最大の前方後円墳。国の史跡に指定（１９６６年）されています。

かつてこの地域一帯に勢力を持った豪族の首長の墓と考えられています。八尾市教育委員会が行った10次にわたる発掘調査では、３段に盛り土された墳丘の斜面には葺石（ふきいし）があり、平坦面には、約３千本の円筒埴輪が並べられていたことなどが明らかになりました。

２００１年から５年をかけて保存・整備事業が行なわれ、築造当時の姿に復元した史跡公園となっています。古墳西側に隣接して、八尾市立しおんじやま古墳学習館もあります。周辺には古墳時代前期から中期の古墳が多く、「楽音寺・大竹古墳群」と総称されています。

【メモ】心合寺山古墳
八尾市大竹４・５丁目
近鉄大阪線河内山本駅下車、近鉄バス・瓢箪山駅行きで「大竹」バス停下車。東へ約５分。

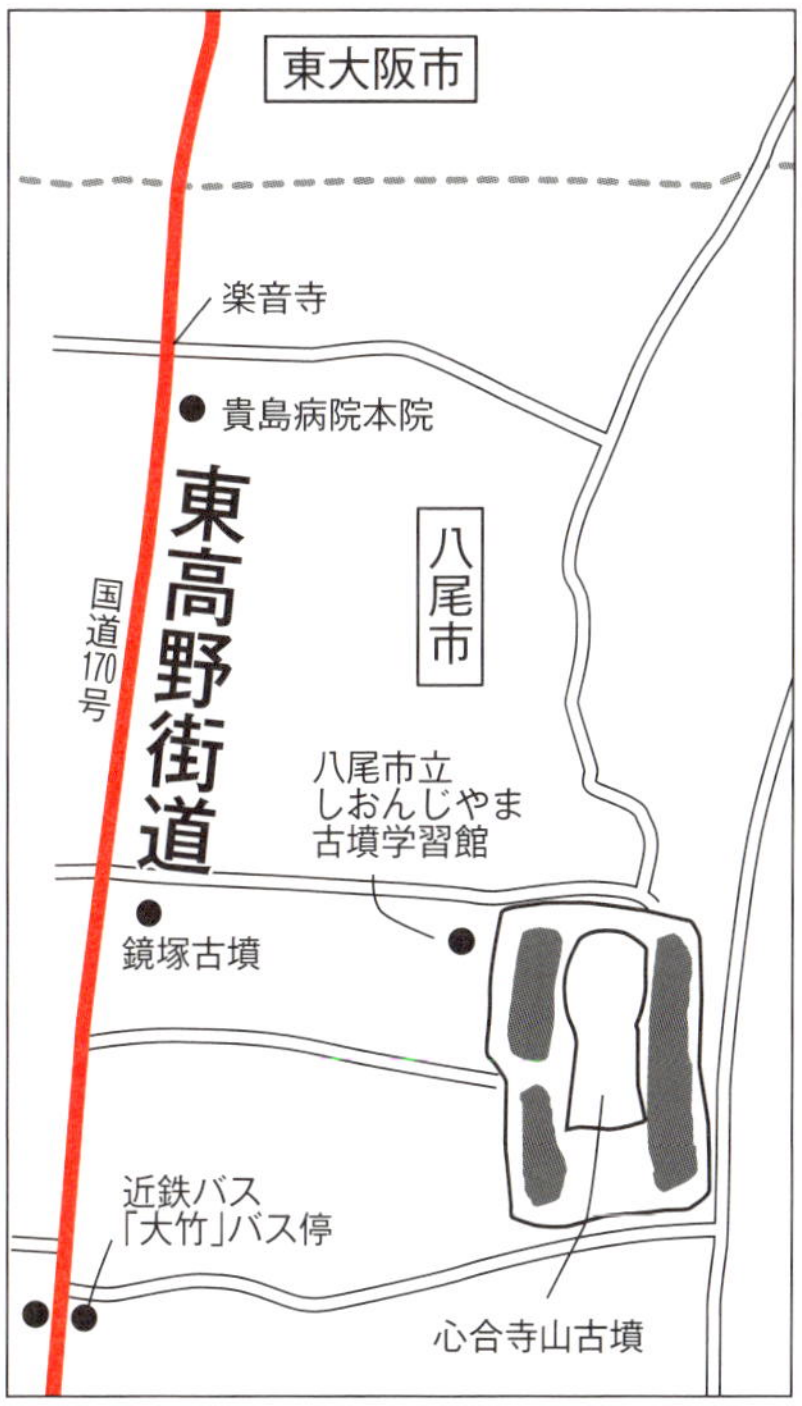

心合寺山古墳と復元模型

河内木綿の歴史も伝える資料館

心合寺山（しおんじやま）古墳を後にして、もう少し街道から離れた散策を続けます。古墳の東側をまっすぐ南下。左手（東側）に生駒山地を望みながら10数分、八尾市千塚（ちづか）3丁目に八尾市立歴史民俗資料館があります。

同館は、八尾市内の文化財を調査・研究し、収集・保存とともに広く公開することを目的に、1987年に開館しました。常設展の「大和川流域と高安山─その歴史と文化」は、①掘り起こされた八尾の歴史、②写真と資料でみる八尾の風景、③大和川付け替えと河内木綿の3つのテーマからなります。

江戸時代の河内地域は綿作や木綿織物が盛んで、八尾市内はその中心地でした。明治維新後の安価な輸入綿によって全国の綿作は壊滅。近年、河内木綿を再評価する機運が高まり、綿花栽培や木綿織物の復元が取り組まれています。

資料館を出て、高安中学の南側の道を西へ進み、「千塚東」の信号で街道に戻ります。そのまま南へ進んで、近鉄信貴線をくぐります。（続く）

八尾市立歴史民俗資料館の外観（八尾市千塚3丁目）

【メモ】八尾市立歴史民俗資料館　八尾市千塚3丁目180－1。開館時間＝午前9時～午後5時（入館4時半まで）。休館日＝火曜日（祝日の場合は翌日）、年末年始ほか。常設展・企画展は一般220円、高校・大学生110円、中学生以下無料。近鉄服部川駅下車徒歩約8分。072・941・3601。

近鉄信貴線をくぐって続く街道

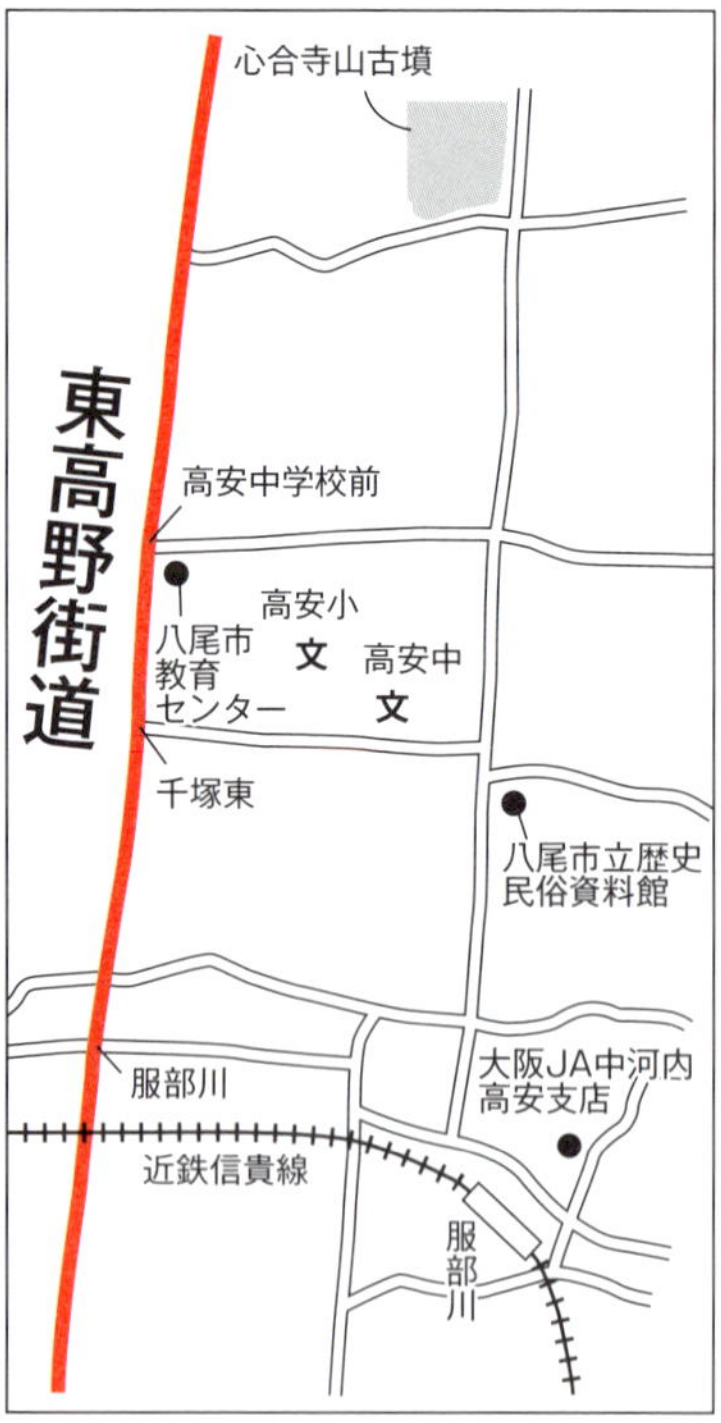

東高野街道(21)

八尾市（その3）

教興寺から一里塚へ

近鉄信貴線をくぐり、「郡川（こりがわ）」の信号を過ぎると、沿道には農地もあり、道の左手には信貴山が見えます。やがて左前方に瓦葺きの大屋根が見えてきますが、これは天理教高安大教会の建物。八尾市教興寺地域に入っていくと、道は国道170号のままですが、道幅は狭く、住宅地の間を緩やかに蛇行しながら続いていきます。

高安大教会の敷地の南西角に当たる辻には「すぐ信貴山」などと刻まれた古い道標があります。

「すぐ信貴山　毘沙門天王」と刻む道標

この辻を左（東）へ入ったところにあるのが、教興寺。真言律宗西大寺の末寺で、「薮寺」「高安寺」とも呼ばれます。聖徳太子の命で建立されたと伝えられ、鎌倉時代に復興されました。戦国時代（16世紀）の合戦で全焼した後、江戸時代に再興されましたが、明治18（1885）年の暴風雨で本堂が崩壊。旧客殿が現在の仮本堂となっています。

街道に戻って南下。JA中河内南高安支店のある辻を左（東）に入ってすぐ、「垣内（かいち）一里塚」（八尾市指定史跡）があります。東高野街道で一里（約4キロメートル）ごとの距離を示す一里塚の一つ。これが「東塚」で、先ほどの辻の南西角には「西塚」があります。

道は一方通行ではなく、自動車がすれ違うのがやっとの狭い道幅のまま、下り坂に。「南高安中学校東」の信号がある地点に出ます。

東高野街道から東へ入ったところにある教興寺

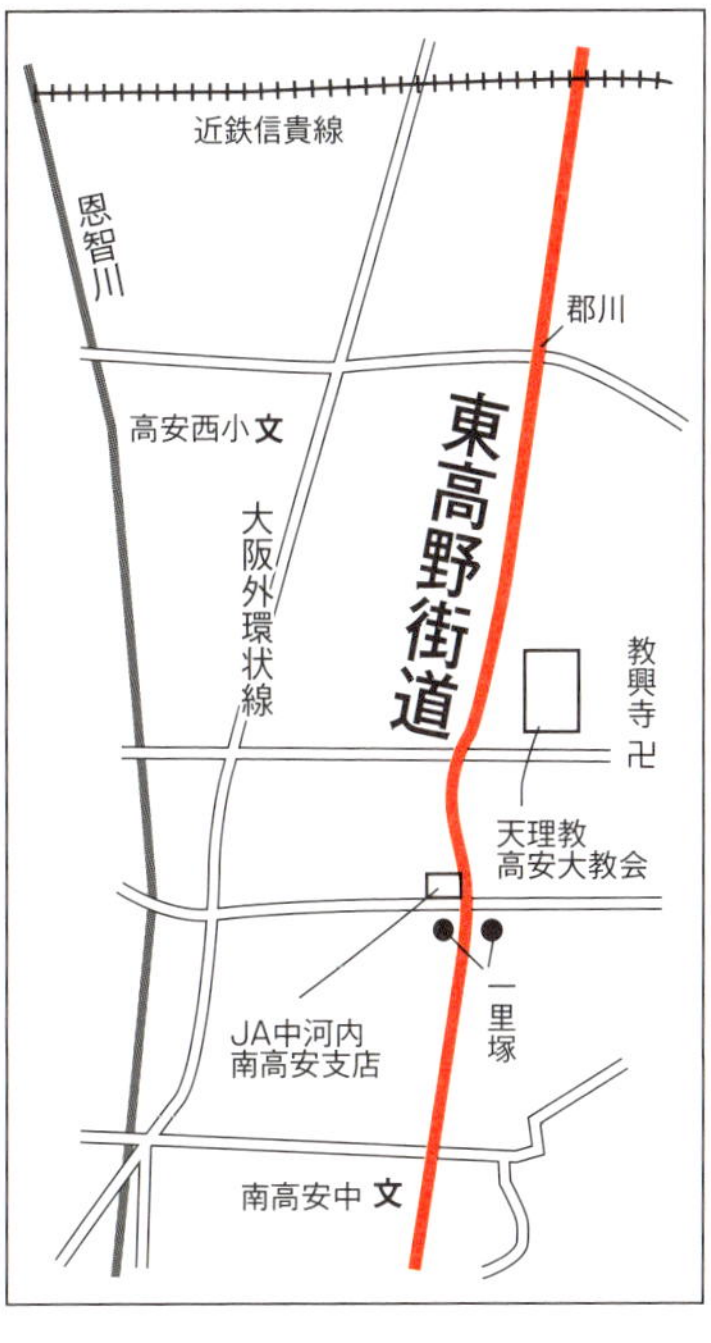

東高野街道（22）

八尾市（その4）

旅人に親切、道路を大切に

恩智神社の参道と鳥居

南高安中学校の前を過ぎると、八尾市恩智（おんぢ）北町で、国道170号から西へ分かれる細い道があります。わずかに残る街道の道筋で、住宅地の間に弧を描くように進み、再び国道に戻ります。この付近から道は上り坂になっていきます。

南高安小学校前を過ぎて恩智中町へ。道を上り切ったところで、恩智神社の参道と交差する辻があり、鳥居が立っています。ここから東へ約500㍍で恩智神社。辻の南東角には2つの道標があります。

1つは明治6（1873）年のもの。正面に「東　信貴山／西　大坂／道」とあり、発起人の人名も刻まれています。道標について解説した石碑（八尾市教育委員会）は「ここは、東高野街道と恩智街道の交点」と明記。この道標について「恩智の人達が建てたもので、文字、彫りもよく、この地の人達が旅人に親切であり、道路を大切にしていたことを感じる」と記しています。

もう1つの道標は大阪府が設置したもので、正面には「東高野街道」の文字とともに「右　道明寺柏原／左　瓢箪山四條畷」。左側に「右　恩智街道　八尾停車場」とあります。

八尾市教育委員会の石碑は「恩智街道はここから曙川を取って国鉄八尾駅までの道である」と記しています。この辻から下り坂となって恩智南町、神宮寺の各地域を抜けて、柏原市に入ります。

恩地神社の参道と交わる辻にある道標と八尾市教委の石碑

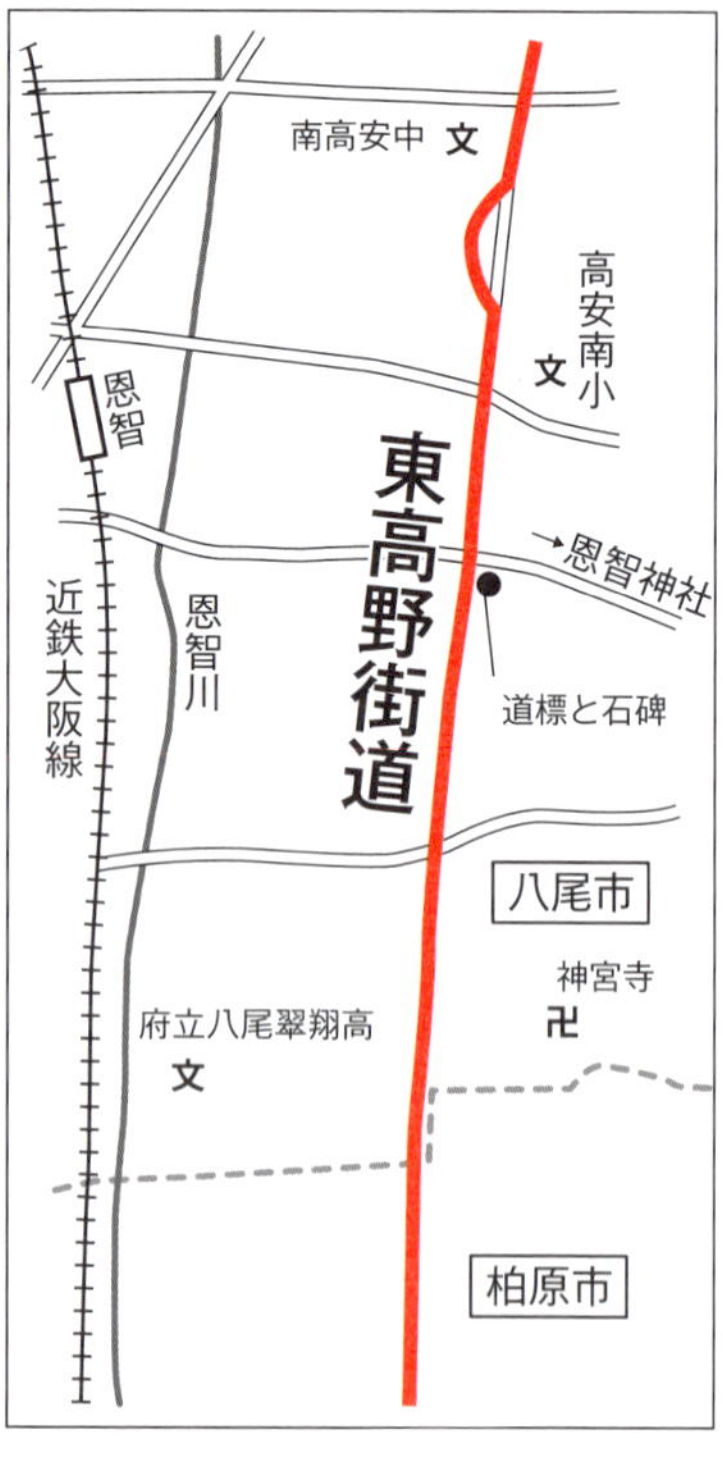

東高野街道㉓

柏原市（その1）

府内有数のぶどう産地

八尾市から柏原市に入り、国道170号と重なる街道を南へ進みます。「山ノ井町」の信号を過ぎると、緩やかな上りに。道の右手（西）には造園業者の用地もあり、石灯籠や植木などが数多く並んでいます。

「平野」の信号を過ぎると道の両側に歩道があり、緩やかな下りになります。道の左手（東）に見えるのは、高尾山などの山並み。柏原市立堅下（かたしも）小学校の前を通り、「大県（おおがた）」の信号から先は、歩道は西側のみとなります。

「大県」の信号からすぐ、道の東側にJA大阪中河内・柏原営農購買所と、柏原観光ぶどうセンターがあり、大きな「ぶどう狩り案内図」が道路に面して設置されています。

柏原観光ぶどうセンター前の「ぶどう狩り案内図」

街道沿いにある柏原ワインの直売所

柏原市は、羽曳野市に次ぐ府内有数のぶどうの産地で、ワインや菓子などにも加工されています。デラウエア、ピオーネ、シャインマスカットなどさまざまな品種が栽培されています。

栽培の起源は約300年前の江戸時代。1884（明治17）年に堅下地域に甲州ぶどうが導入され、本格的な栽培が広がったといいます。市場出荷以外にも観光農業として、ぶどう狩りが取り組まれてきました。

ちなみに、大阪府のぶどう出荷量（2022年産）は3510トンで全国7位（農水省統計）です。

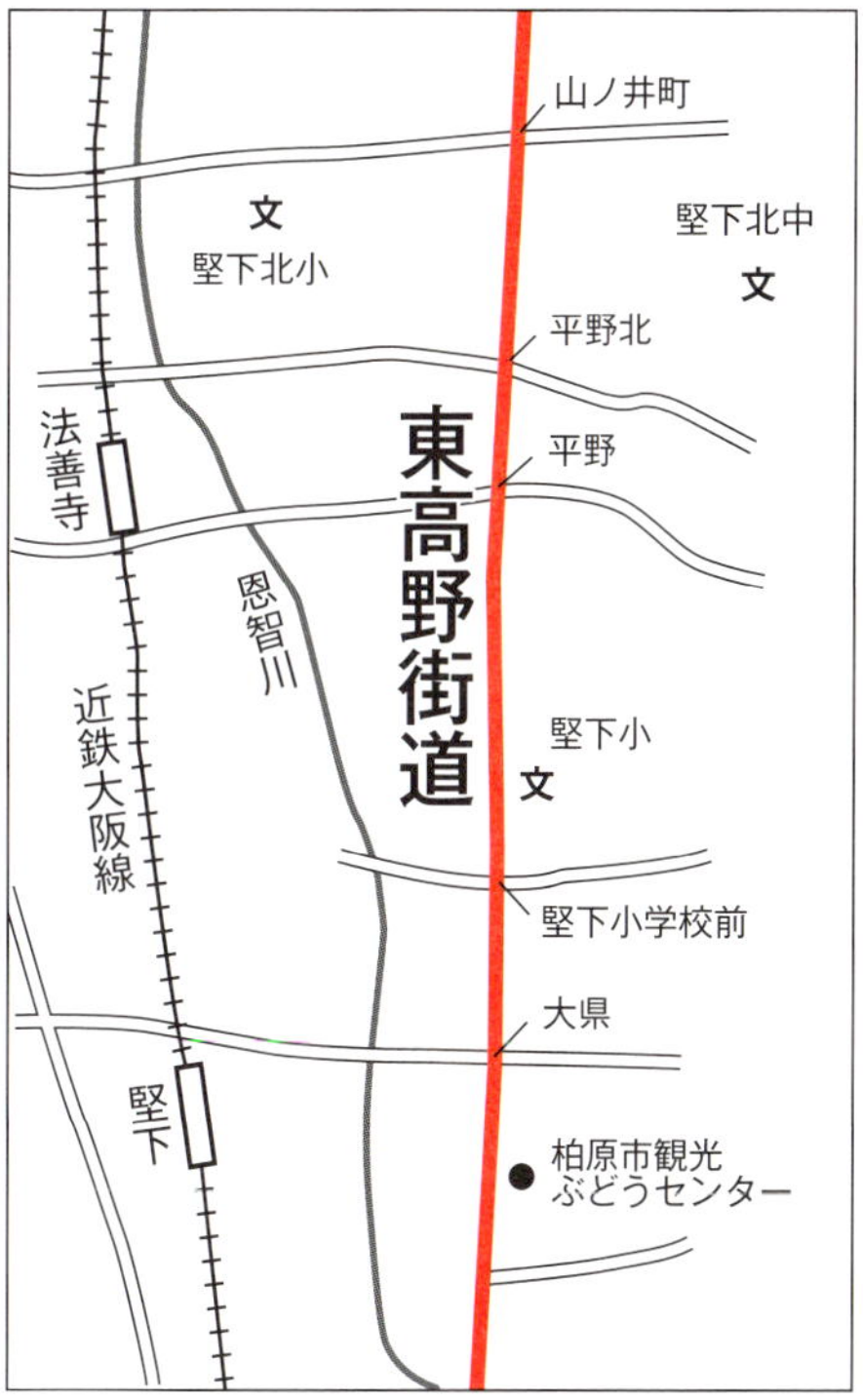

大和川付け替えの歴史刻む

街道は国道170号と重なったまま、「大平寺（たいへいじ）2丁目」「大平寺北」の信号を過ぎ、「大平寺」の信号で左（西）に向かうと、近鉄大阪線が走る切通しに架かる橋を渡ります。橋のすぐ南に近鉄安堂駅。「安堂北」の信号を過ぎると、JR大和路線の切通しを渡り、「安堂」の信号で大和川沿いの国道25号に突き当たります。

「大和川治水記念公園」に立つ、中甚兵衛像

ここから左手に見えるのがリビエールホール（柏原市民文化会館）と柏原市役所。その前の河川敷は、原水爆禁止世界大会成功に向けた国民平和大行進が、奈良県から大阪府に引き継がれ、府内行進が始まる地点です。

「安堂」の信号付近、国道25号に面して「大和川治水記念公園」があります。奈良県桜井市の笠置山地を源に、西へと大阪湾に注ぐ大和川が、現在の流路に付け替えられたのは宝永元（1704）年。それまでは北へ流れて淀川に注ぎ、流域の人々は氾濫に苦しめられました。

幕府への嘆願など、付け替え運動の先頭に立ったのが、中甚兵衛（1639～1730年）。記念公園には、その生誕350年を記念して作られた甚兵衛像や、付け替えの歴史を記した説明板などがあります。

この一帯の東高野街道の経路は時代により移り変わりがありますが、現代では新大和橋を渡って大和川を越え、藤井寺市に入ります。

大和側に架かる新大和橋

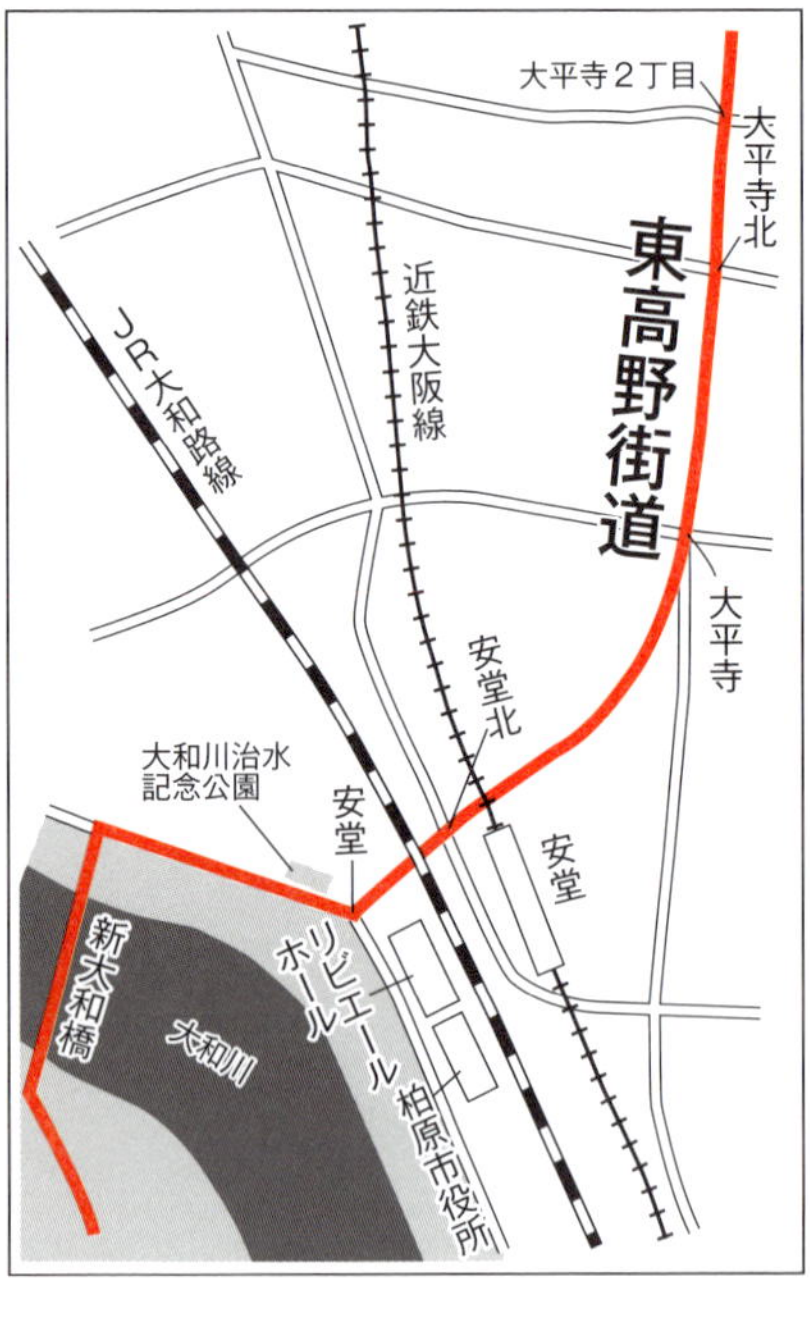

東高野街道㉕　藤井寺市（その１）

二上、葛城、金剛の山々が

柏原市から藤井寺市へと大和川を渡る新大和橋のすぐ右手（西側）には、近鉄道明寺線の鉄橋が架かっています。橋の南詰めには「大和川付替起点」の説明板。しばらく、堤防道を進みます。

大和川と石川の合流点付近の堤防上を行く

これまでは生駒山地の西麓を南下してきた街道。大和川と石川が合流する堤防上から、振り返ると、生駒山地の山々はすでに遠く、左前方には二上山、葛城山、金剛山が見え、景色はがらりと変わります。藤井寺市・柏原市学校給食センターの先で堤防から下りて右（西）へ。道明寺線の踏切を渡り、藤井寺市国府（こう）地域を進みます。

道が続いているのは二重堤防の上で、両側の住宅地などは道よりも低いところにあります。道明寺東小学校を過ぎてさらに行くと、国府八幡神社に突き当たります。神社の向こうにあるのが市ノ山古墳。２０１９年、百舌鳥古墳群とともに世界文化遺産に登録された、古市古墳群の中の一つです。近くの惣社（そうしゃ）２丁目には、旧石器時代から中世に至る集落遺跡「国府遺跡」があります。

国府八幡神社の前で左折して直進。石畳のある辻が、堺と奈良を結ぶ長尾街道との交差点で、南東の隅には「右道明寺」と刻んだ古い道標が埋もれています。

すぐ府道12号堺大和高田線を渡り、近鉄南大阪線を越えます。踏切の西に土師ノ里（はじのさと）駅があり、その近くには仲津山古墳があります。

東高野街道と長尾街道の交差点

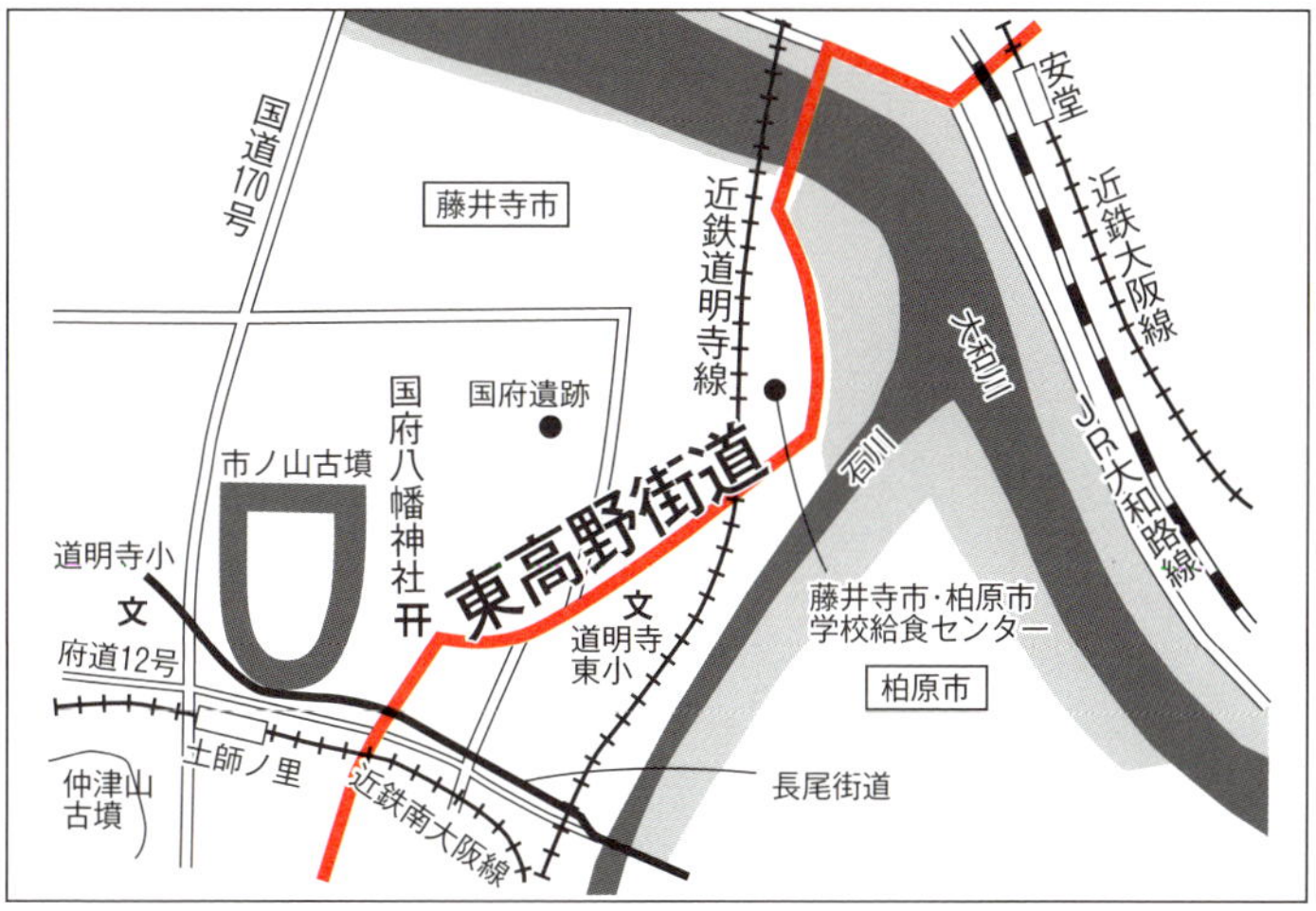

藤井寺市（その2）

道明けらけき寺の名も

近鉄南大阪線の踏切を超えると、藤井寺市国府（こう）3丁目の静かな住宅地です。この一帯の街道は薄茶色のカラー舗装で、中央に石畳も整備。道明寺1丁目に入ると、道の左（東）に道明寺天満宮の森が続きます。

道の右手（西側）にムクノキの大木と、「白光龍王大神（はっこうりゅうおうおおかみ）」をまつる小さな社があり、「東高野街道」の道標も立っています。

すぐ近くにあるのが、菅原道真（菅丞相、845～903年）ゆかりの真言宗御室派の尼寺、道明寺。本尊は、道真が自ら刻んだとされる十一面観音菩薩像（国宝）で、毎月18日、25日と正月三が日、4月17日に拝観できます。

古くは、この地域の豪族で道真の先祖にあたる土師（はじ）氏の氏寺。道真が、伯母の覚寿尼がいる道明寺をしばしば訪れ、大宰府に左遷される途中にも立ち寄りました。その場面を題材にしたのが、人形浄瑠璃「菅原伝授手習鑑」の「丞相名残の段」。浄瑠璃の詞章にも「道明けらけき寺の名も道明寺とていまもなお」とあります。近世は東側の天満宮と一体でしたが、明治維新後の神仏分離令で現在地に移りました。

さらに南下して、道明寺2丁目の道の右手（西側）には、「弘法大師御休石」とされる自然石を安置した小堂も。西名阪自動車道の高架をくぐった先で藤井寺市から羽曳野市に入ります。

藤井寺市道明寺１丁目に続く街道

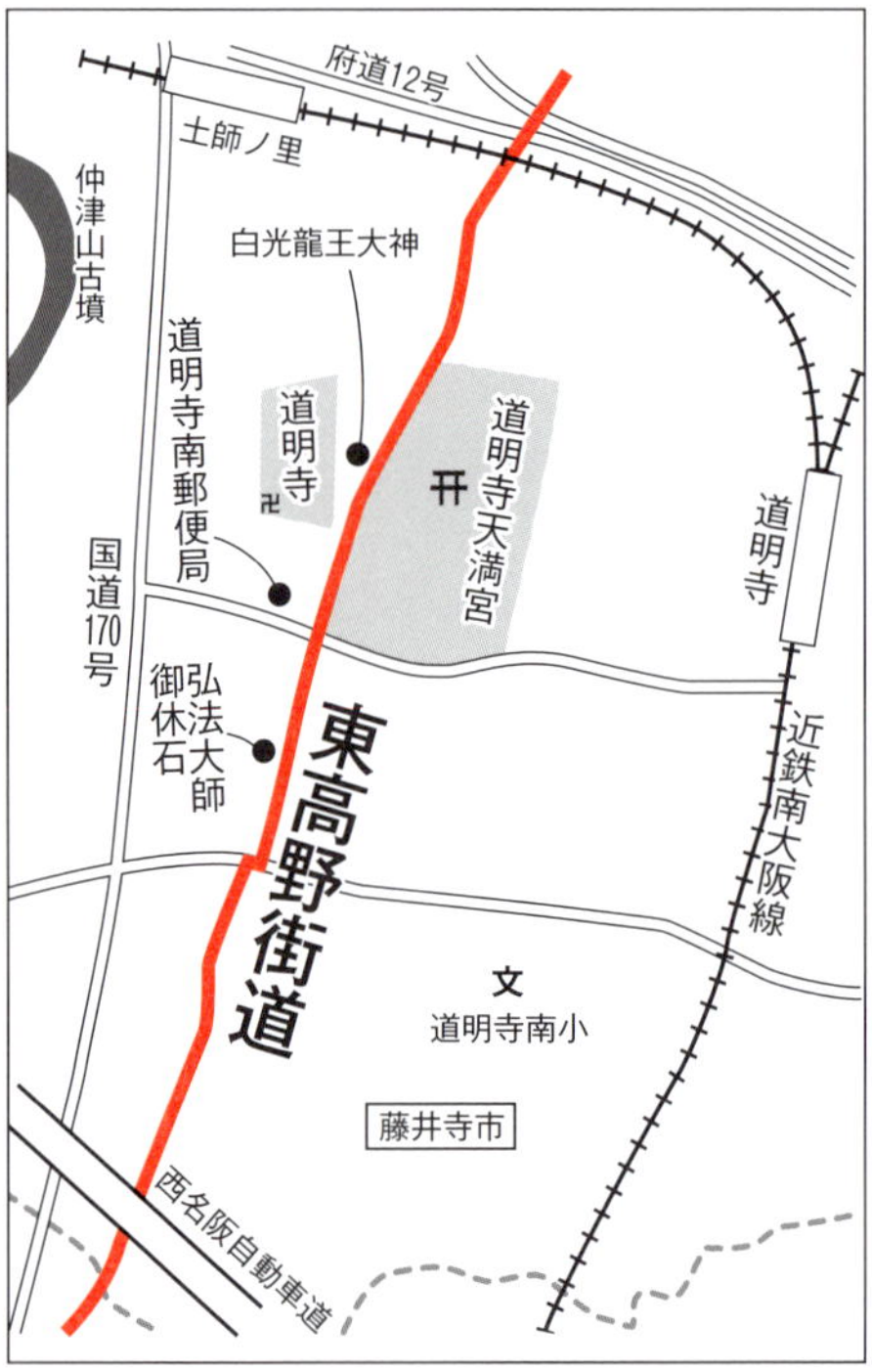

菅原道真ゆかりの道明寺の境内

東高野街道㉗　羽曳野市（その１）

世界文化遺産のそばを行く

藤井寺市から羽曳野市誉田（こんだ）7丁目に入った街道は、国道１７０号を斜めに横切り、誉田6丁目へと続きます。国道を渡ってすぐ、「東高野街道」と明示した標識があり、道には石畳が整備されています。

この地点から進行方向に見えるのが、世界文化遺産に登録された古市古墳群に含まれる誉田御廟山（こんだごびょうやま）古墳（応神陵）です。26基ある同古墳群のうち最大の前方後円墳で、墳丘長約４２５メートル、後円部は直径２５０メートル、高さ35メートル。前方部は幅３５０メートル、高さ36メートルで、世界文化遺産に登録された百舌鳥古墳群の大山古墳に次いで国内2番目の大きさです。

街道はこの古墳の東側を通り、羽曳野市立誉田中学校の西側で、北西方向から南下してきた誉田道と合流。その交点に「東高野街道」の石碑と、その隣に天保９（１８３８）年の道標があります。さらに進むと石畳の道となり、道の右手（西側）には誉田八幡宮の塀が続きます。

つたい石が整備された道を進んで国道１７０号を越え、近鉄南大阪線の踏切を渡ると、誉田１丁目です。古市地域の北端で道は鍵形に屈曲し、羽曳野古市郵便局の前を南下。やがて東西に続く竹内街道（本書第７章）と交差します。東南角には嘉永元（１８４８）年の道標が立っています。

羽曳野市誉田６丁目に続く街道。正面奥が誉田御廟山古墳

竹内街道との交差点に建つ嘉永元（1848）年の道標

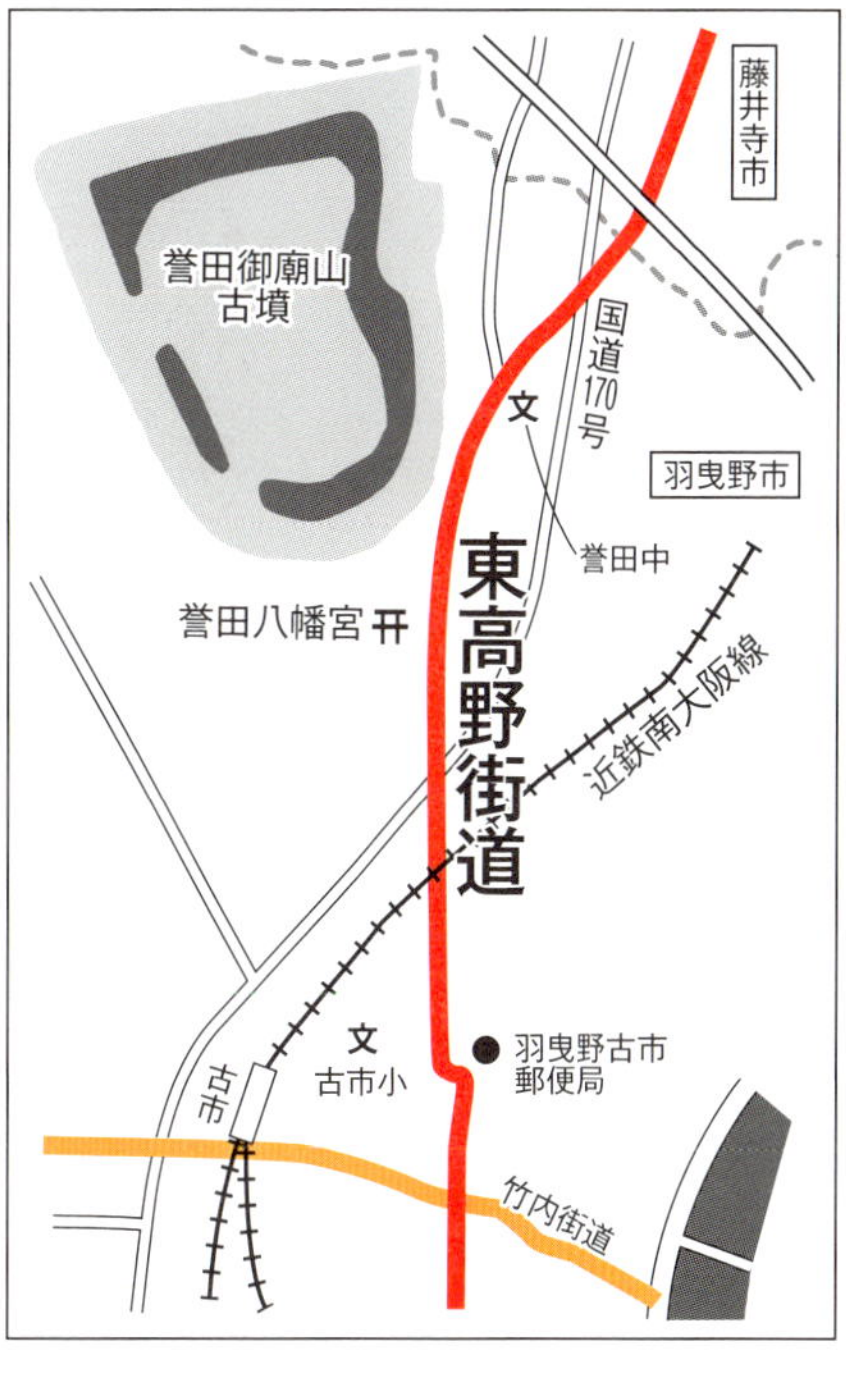

東高野街道㉘ 羽曳野市（その2）

古墳のある丘陵地を過ぎて

竹内街道と交差する辻から、羽曳野市古市3丁目と4丁目の間に続く道を南下。これまで歩いてきた誉田1丁目から古市の各地域の路面には街道を顕彰する「つたい石」が整備されています。大乗川（石川の支流）に出る手前で「つたい石」はなくなり、東から進んできた府道166号鴻池新田停車場線と合流。高屋橋を渡って、近鉄南大阪線の踏切を越えます。

　この先は古市5丁目の丘陵地を進みます。道の右手（西側）に、見えてくるのが古市古墳群を構成する前方後円墳の高屋築山（たかやつきやま）古墳（安閑陵）。墳丘長122メートル、後円部は直径78メートル、高さ13メートルで、前方部は幅100メートル、高さ12・5メートルです。

　中世にこの古墳を利用して畠山氏が居城として「高屋城」を築城。このため墳丘部分は本来の形から改変されたとのこと。城主が交代した末、天正3（1575）年に織田信長によって焼き討ちにされました。

　国道170号に出る手前で、府道166号と分かれて左（東）へ入る街道を進んで、国道に出ます。「城山」の信号の先、古市6丁目から国道の左手（東側）に街道が復活。国道165号の高架をくぐると、幅約3メートルの道がゆるやかに屈曲しながら続きます。

　やがて道の右手（西側）は富田林喜志（きし）町4丁目となり、羽曳野市を離れます。

国道170号（右）から分かれて復活する街道（羽曳野市古市6丁目）

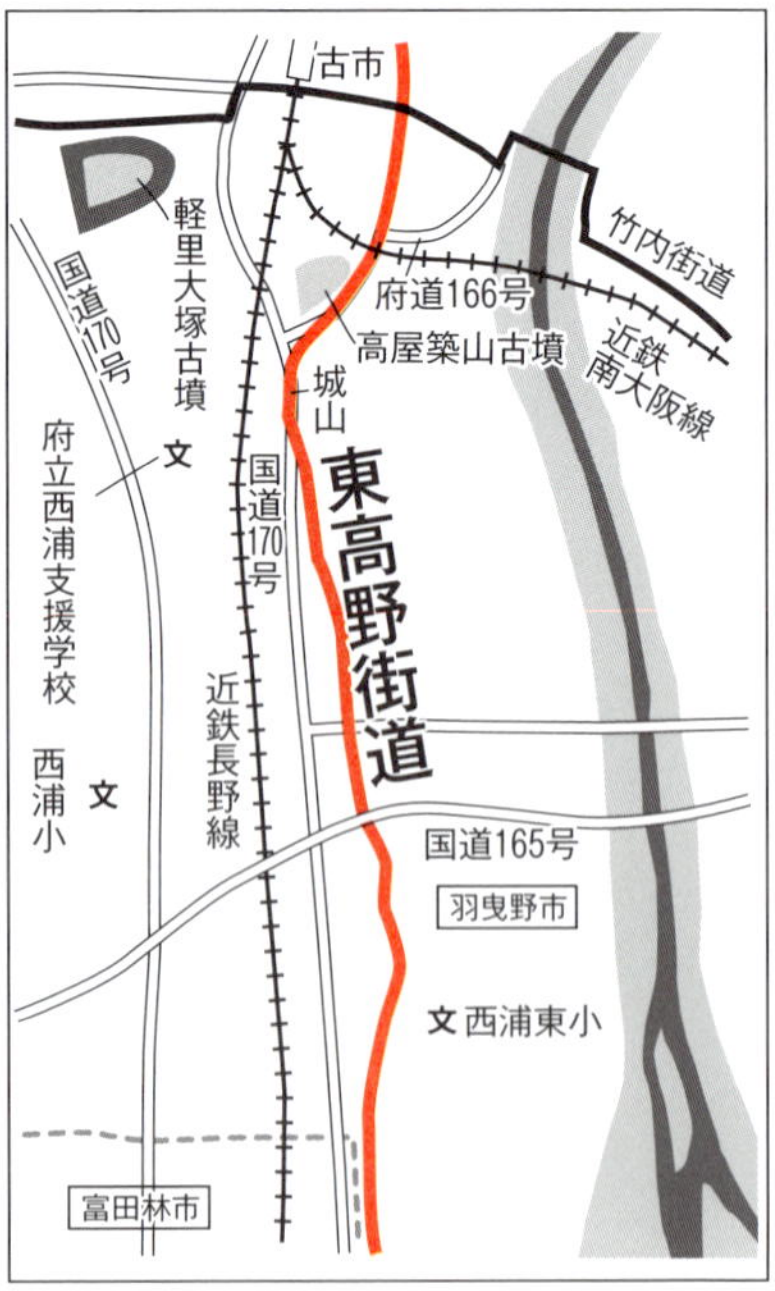

街道沿いにある高屋神社の説明板など（羽曳野市古市6丁目）

東高野街道㉙　富田林市（その１）

富田林を南北に縦断

　南へと続く街道の左手（東側）は羽曳野市東阪田、右手（西側）は富田林市喜志町で、やがて左手が富田林市木戸山町になります。東高野街道の道筋であることを示す工夫は自治体によって異なりますが、富田林市内に入ると、電柱に「東高野街道」と目立つように記した看板が設置され、矢印付きで「河内長野方面」と行先を教えてくれます。

街道の道筋を示す富田林市の電柱の看板

　富田林市立貴志小学校の先で道は右（西）へ曲がり、「貴志」の信号で国道１７０号と合流。しばらく国道を南下して、「中野町３丁目」の信号がある地点で左（東）に残る街道の道筋をたどります。中野町の住宅地を過ぎ、信号を渡ると若松町。沿道には地元「若松町連合」の地車倉庫もあります。

　その先、富田林市立新堂小学校の前には、高札風の説明板（同市教育委員会）があり、東高野街道についてこう記しています。

「東高野街道は、かつて京の都から高野山までの参詣の陸路として利用されました。京都府を出発し、大阪府に入ると生駒山地の西側の麓を南進し、大和川を渡り、柏原市や羽曳野市を経て富田林市に入ります。

　東高野街道は富田林市を南北に縦断した後、河内長野市にて西高野街道と合流します」

　説明を読んで、京都府八幡市から歩き始めて以来の長い道のりを思い出しながら、若松町内を緩やかに蛇行する街道をさらに進みます。

街道に面して新堂小学校前に立つ説明板

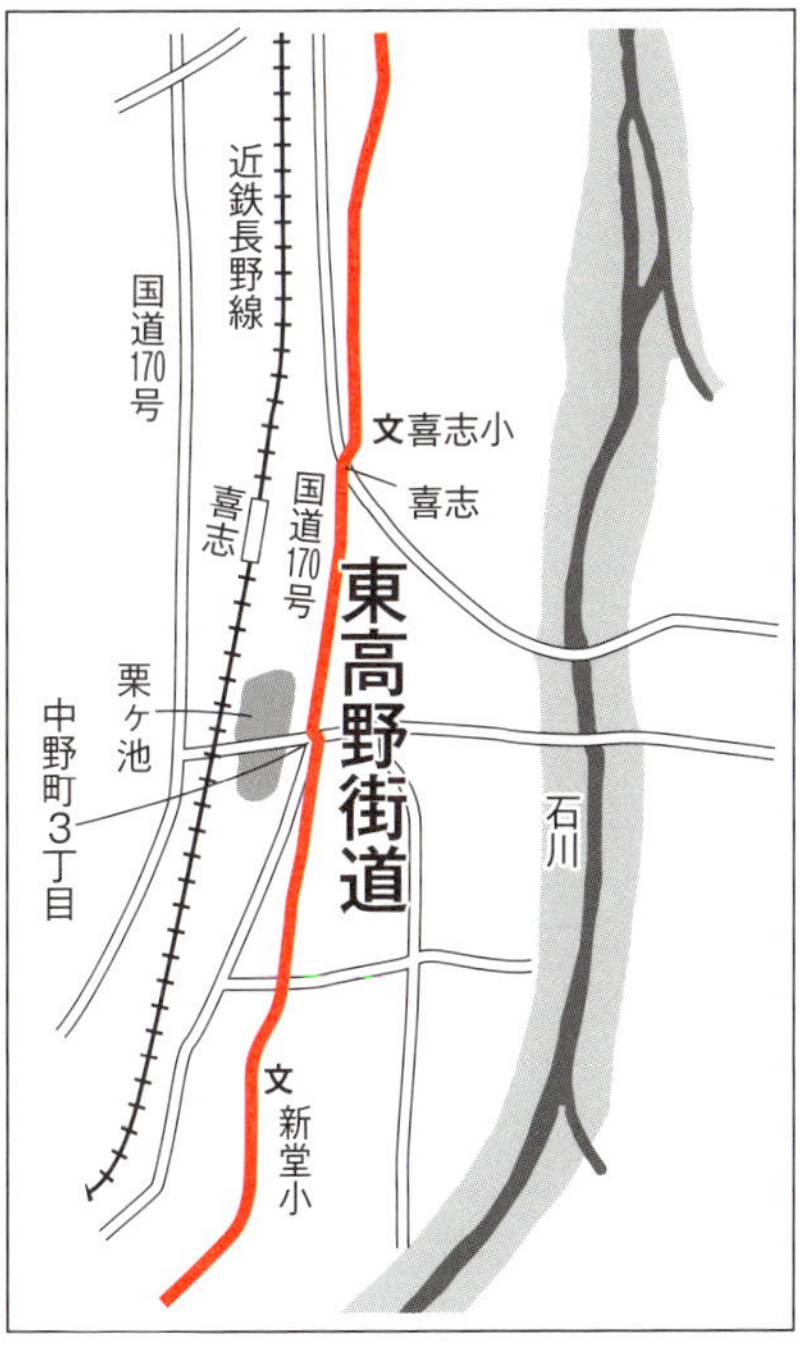

東高野街道(30) 富田林市(その2)

寺内町の町割を抜ける

富田林市若松町1丁目で街道は府道705号富田林五條線に出ます。少し右(北西)の信号で府道を渡って直進すると富田林寺内町。寺内町の始まりは16世紀半ばにさかのぼります。京都の興正寺の第16世門跡・証秀上人が荒芝地を100貫文で買収し、近くの庄屋たちに興正寺別院(富田林御坊)の建立や町割などを要請しました。

町内は南北6筋、東西7町の街路で碁盤の目状に整然と区画され、外周は竹やぶのある土居をめぐらせた自治都市となりました。外部からの出入りは4カ所に限られ、木戸門を設けたといいます。いまも旧杉山家住宅(重要文化財)はじめ17世紀中ごろから明治にかけての旧家や町屋が多く残っていることから、府内唯一の重要伝統的建造物群保存地区に選定されています。

寺内町に入った街道は、亀ケ坂筋を南下して堺町を西進。興正寺別院の北を抜けてから、富筋を南へと、鍵型に通じています。興正寺別院の東側の城之門筋の街並み景観は旧建設省の「日本の道100選」にも選ばれています。

富筋の南端、仲村家住宅のある辻には、「町中/くわへきせる/ひなわ火/無用」と刻んだ、防火の道標が立っています。この辻の西で、直進する道から左(南)へ向田(こうだ)坂が分かれます。坂を下りるのが街道の道筋です。

興正寺別院の北側を東西に走る堺町と城之門筋の交差点

直進する道(右)と分かれる向田坂(左)

東高野街道 (31) 富田林市 (その3)

錦織一里塚跡を目指して

近鉄滝谷不動駅の西に通じる街道と説明板

寺内町を離れて向田坂を下り、府立富田林中学・高校の東を回り込みながら富田林市谷川町、甲田（こうだ）へ。一帯はかつて石川によって削られた河岸段丘で、街道の左手（東側）はぐんと低くなっています。

甲田1丁目の途中から2丁目の途中まで屈曲した街道の道筋が残り、沿道には旧家や田畑も。国道170号を渡り、川西駅の北で近鉄長野線の高架をくぐって行くと、甲田4丁目。国道309号を越えて新家（しんけ）から錦織（にしきおり）北に入ります。

錦織中の地域、滝谷不動駅の西には街道を顕彰する説明板があります。弘法大師が弘仁12（821）年に開いたと伝えられる瀧谷不動尊（瀧谷不動明王寺）は、駅の約1㌖東にあります。毎月28日の縁日には、駅から不動尊まで大勢の参拝客でにぎわいます。

府道202号森屋狭山線を渡ると、住宅地の中を屈曲しながら街道が通じています。その先で近鉄長野線の踏切を渡り、国道170号に合流。国道は片側1車線で、専用の歩道はありません。大型トラックなど自動車の往来も多く、歩行には注意が必要です。

国道を南進すると、左手（東側）に築山のような盛り上がりがあります。ここが「錦織一里塚跡」(1970年に府指定史跡に指定）。顕彰碑とともに説明板（大阪府教育委員会・富田林市教育委員会　1976年）が立っています。

国道170号に面して立つ「錦織一里塚跡」の顕彰碑

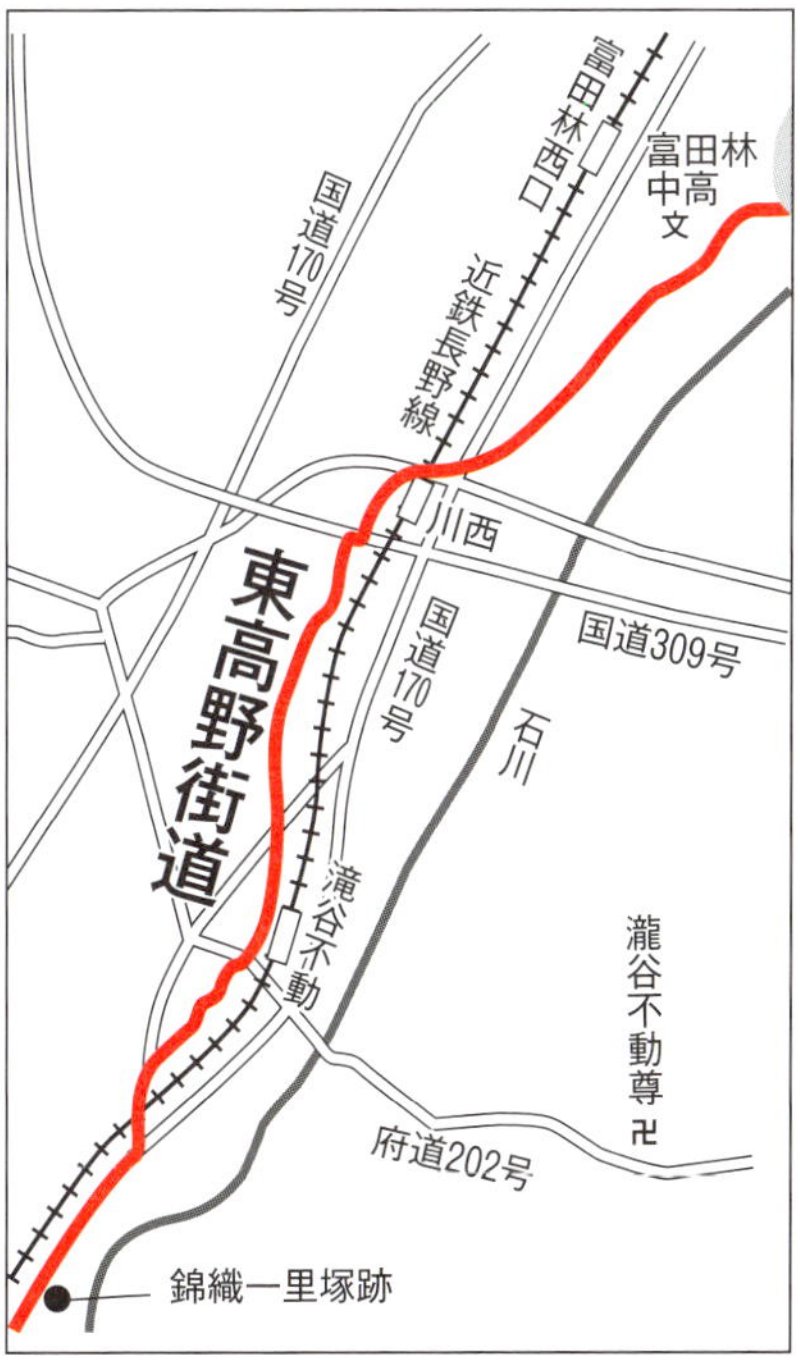

東高野街道(32)

河内長野市（その1）

段丘崖に沿って細い道を

富田林市の錦織一里塚跡から国道170号を100メートルほど歩くと、東高野街道のうち府内最後の河内長野市に入ります。国道の右手（西側）で近鉄長野線の小さな踏切を渡ると河内長野市市町（いちちょう）。道沿いの斜面に「孝子地蔵」をまつる小堂があります。地蔵は江戸時代の元文2（1737）年のもので、「左まきのを道」と刻まれています。

地元自治会の説明板に「孝子地蔵」の由来が記されています。その昔、西国巡礼に出掛けた母娘がいました。この地で亡くなった母親を葬り、娘を慰めた村人。後に娘は再び村を訪ね、世話になった村人に礼を述べ、母の霊と道中で亡くなった人の供養のため、村人と相談して地蔵尊をまつりました。その孝心をたたえて「孝子地蔵」と呼ばれるようになったとのことです。

ここから先、街道は近鉄長野線の西に続く段丘崖に沿って、ゆっくりと上りになります。幅2～3メートルの道の左手は住宅地。右手には菅原道真をまつる千代田神社の森も。上り切って東西の道と交差してすぐ、道の右手に伊勢灯籠があります。

蛇行しながら進み、火除地蔵尊などをまつった一角を過ぎ、向野（むかいの）町へ。三叉路で左へ折れると、国道に出る手前に、また伊勢灯籠があります。国道の東側に少しだけ残る旧道を抜けて国道に戻ります。

斜面にある孝子地蔵のほこら。左の道が街道

街道沿いにまつられた火除地蔵尊など

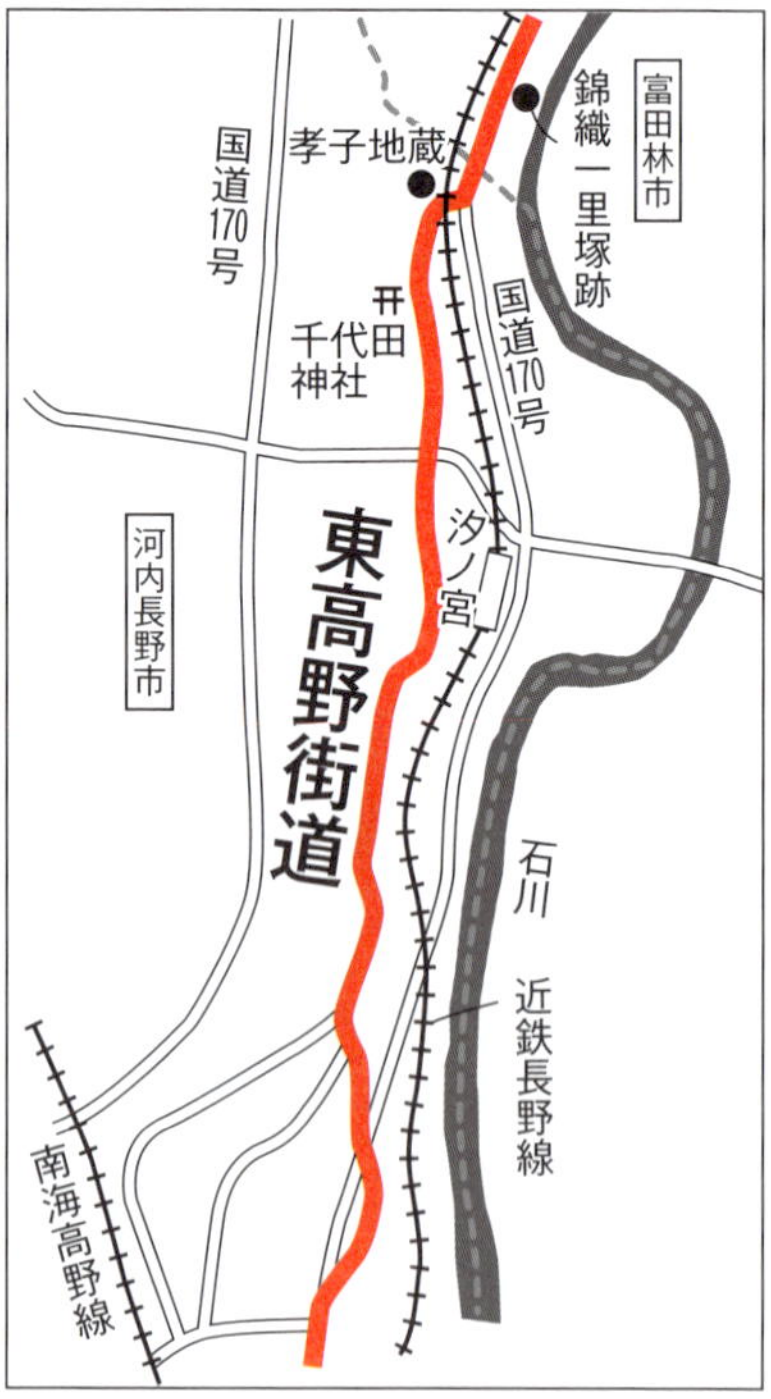

東高野街道(33)　河内長野市（その2）

西高野街道と合流

東高野街道は河内長野市で、堺から続く西高野街道に合流します。なお、「歴史の道調査報告書第二集・高野街道」（府教委・1983年）は「ここから西高野街道に合流するまでの道筋は明確ではない」として、2つの経路を紹介しています。

今回は河内長野市古野（ふるの）町内、極楽寺のある丘陵を登って進む道へ。極楽寺は融通念仏宗の寺院で、高台には大仏が鎮座。寺の南に通じる坂を登り切ると、南海高野線の切り通しを橋で渡ります。古野町と本町の境に通じる道を直進すると突き当り。ここが西高野街道との合流地点で、北西角に常夜灯や地蔵尊があります。

京都府八幡市から府境の洞ケ峠を越え、枚方市内より歩き続けてきた東高野街道も、ここで終わり。この先、坂を下りて商店街を抜けると、近鉄・南海河内長野駅の西に出ます。商店街の南端には地元ライオンズクラブが建てた街道顕彰碑が立っています。これからは「高野街道」となり、和歌山県との府県境の紀見峠へと続きます。

南海高野線の切り通しを渡る橋

西高野街道（左）との合流地点には常夜灯や地蔵尊が

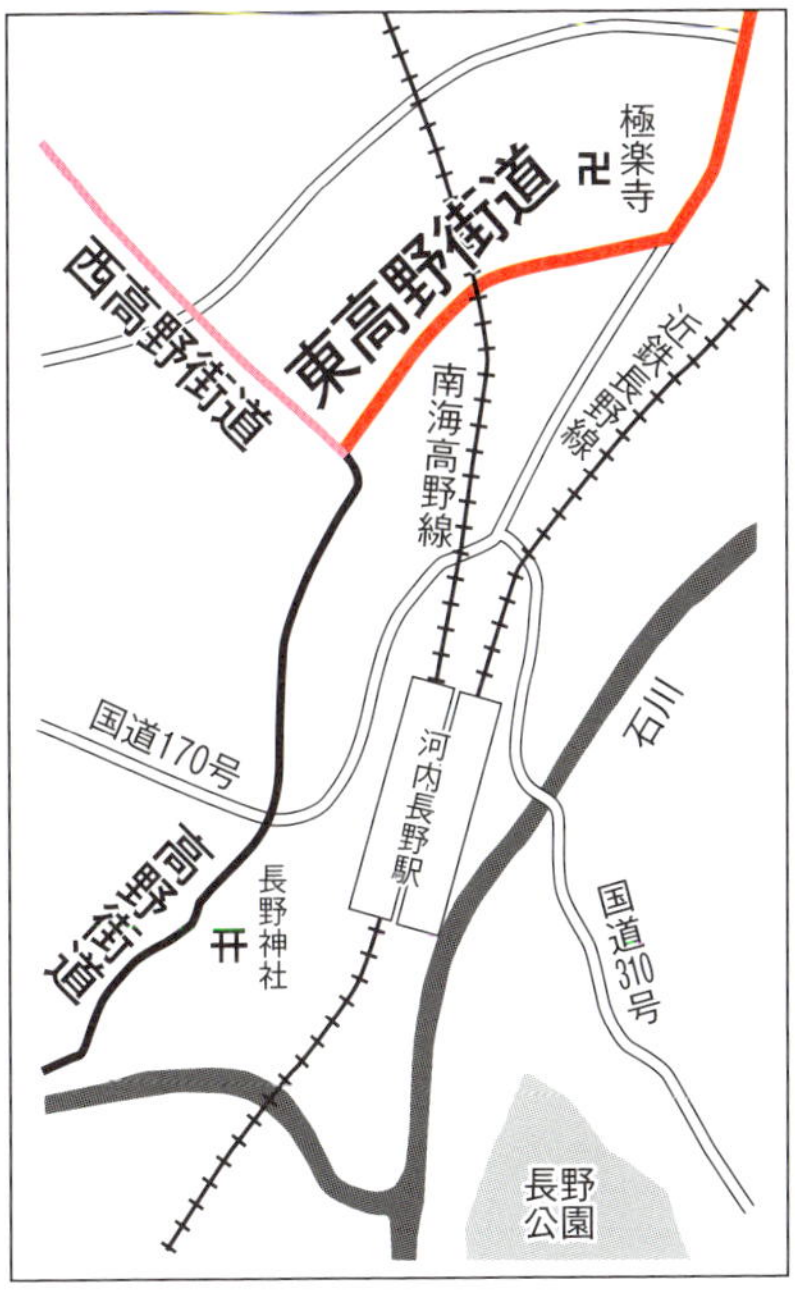

第6章　西高野街道

京都から淀川を下って大阪に上陸し、四天王寺や住吉大社を通り、堺から高野山に向かう道。今回の起点は堺市内で大阪狭山市、河内長野市を通り、大阪と和歌山の府県境の紀見峠を目指す。

西高野街道（1）

概観・堺市堺区

高野山への参詣、物流の道として

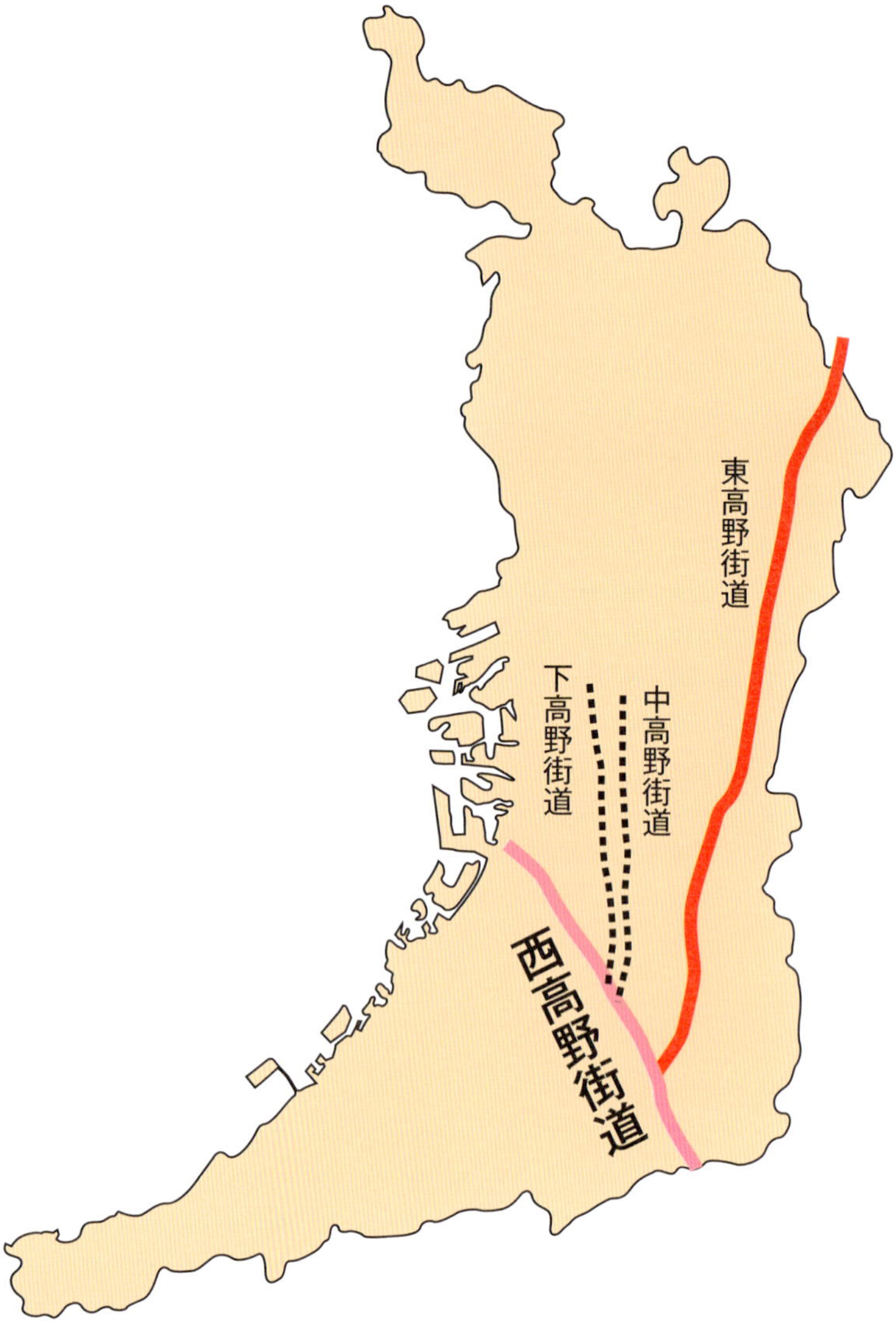

西高野街道は京都から淀川を下って大阪に上陸し、四天王寺や住吉大社を通り、堺から高野山に向かう道。大阪府教育委員会の『歴史の道調査報告書　第二集・高野街道』（1988年）は、堺が重要な港町として発展する中世以降、堺へ上陸した人の堺からの高野参詣道として発展してきたと指摘しています。

堺市堺区榎元町4丁で分岐する西高野街道（右）と竹内街道（左）

今回の起点は、『歴史の道調査報告書』に基づいて、堺市堺区内で大道筋（紀州街道）と大小路筋との交差点。堺市内から堺と大阪狭山の市境、大阪狭山市、河内長野市を通り、大阪と和歌山の府県境の紀見峠を目指します。起

榎元町4丁にある地蔵堂（右）と十三里石（左）

竹内街道と重なる西高野街道の経路を示す標識（陸橋上に設置）

点から紀見峠までの街道の総延長は、27・8キロメートルです。

第5章「東高野街道」では、同街道が河内長野市内で西高野街道と合流する地点で打ち切りました。その合流地点から紀見峠までの区間（高野街道）も、この章で歩きます。

大道筋と大小路筋の交差点の東南角に、西高野街道と竹内（たけのうち）街道（本書第7章）の顕彰板が立っています。ここからしばらく、2つの街道の道筋は重なっています。

現存する里程石

堺市堺区を東西に通じる大小路筋を東へ進んで、堺市役所の前を過ぎ、南海高野線堺東駅の南で踏切を渡ります。榎元町4丁で右に西高野、左へ竹内と街道が分岐。その手前、道の右手（南側）の地蔵堂の横に「是より高野山女人堂江十三里」と刻む里程石（十三里石）があります。

西高野街道は江戸時代には「高野道（こうやみち）」と呼ばれ、高野山への参詣だけでなく、物流も盛んに行われました。里程石は現在の大阪狭山市内の茱萸木（くみのき）村の住人が発起人となり安政4（1857）年に建立。堺から高野山女人堂まで、街道の1里（約4キロメートル）ごとに13基を建てたもので、そのすべてが現存しています。

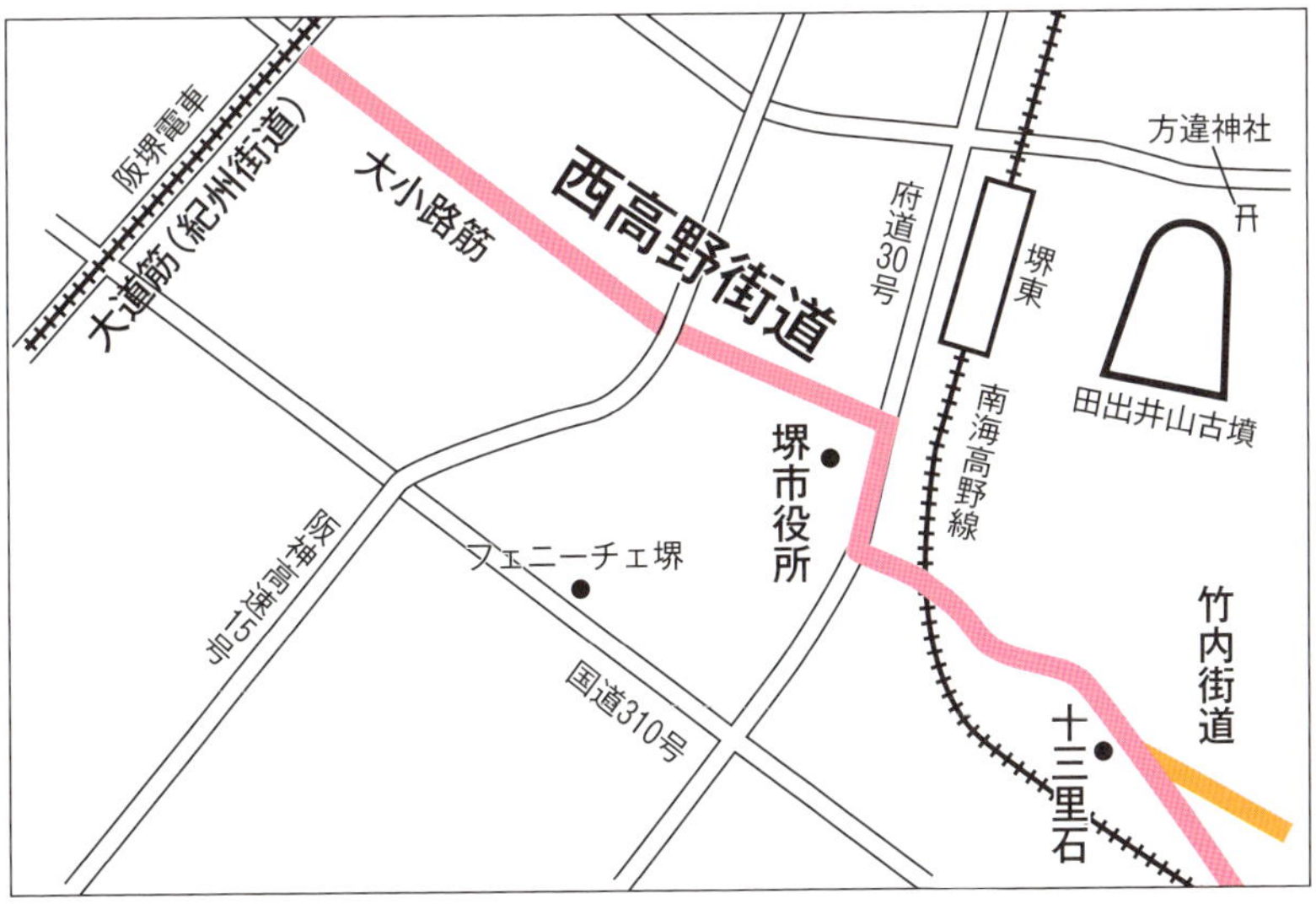

堺市堺区から北区へ

百舌鳥古墳群を過ぎて

竹内街道と分岐した西高野街道は、南海高野線の切通しを越え、国道３１０号と府道２号大阪中央環状線に出て陸橋を渡ります。陸橋の上から見えるのは世界文化遺産に登録された百舌鳥古墳群のうち、日本最大の前方後円墳、大山（大仙）古墳の威容。陸橋を下りて、国道から分かれて同古墳北側の周路を進みます。

沿道には茶山古墳、大安寺山古墳、源右衛門山古墳があります（いずれも世界文化遺産登録）。茶山、大安寺の両古墳は濠に挟まれた中堤に、大山古墳の付属墳として築かれたもの。源右衛門山古墳は大山古墳の外濠近くにあり、その付属墳と考えられています。

ＪＲ阪和線の切通しを渡り、堺市堺区から北区へ。ここからしばらくは国道３１０号の歩道を進み、「梅北」の信号がある地点で国道の左（東）へ街道が復活し、沿道に旧家も残る北区百舌鳥梅北町5丁の住宅地内を歩きます。

北区中百舌鳥町4丁に入り、道の右手（南側）に「西高野街道」の道標（堺市、93年）が建ち、駐車場があります。その奥にある御廟表塚古墳は世界遺産には登録されていませんが、国史跡。円墳に上ることができます。

同古墳の近くには樹齢８００年とも1千年ともいわれる巨樹「百舌鳥のくす」（大阪府指定天然記念物）も。この先、街道は南海高野線の中百舌鳥駅の南に通じています。

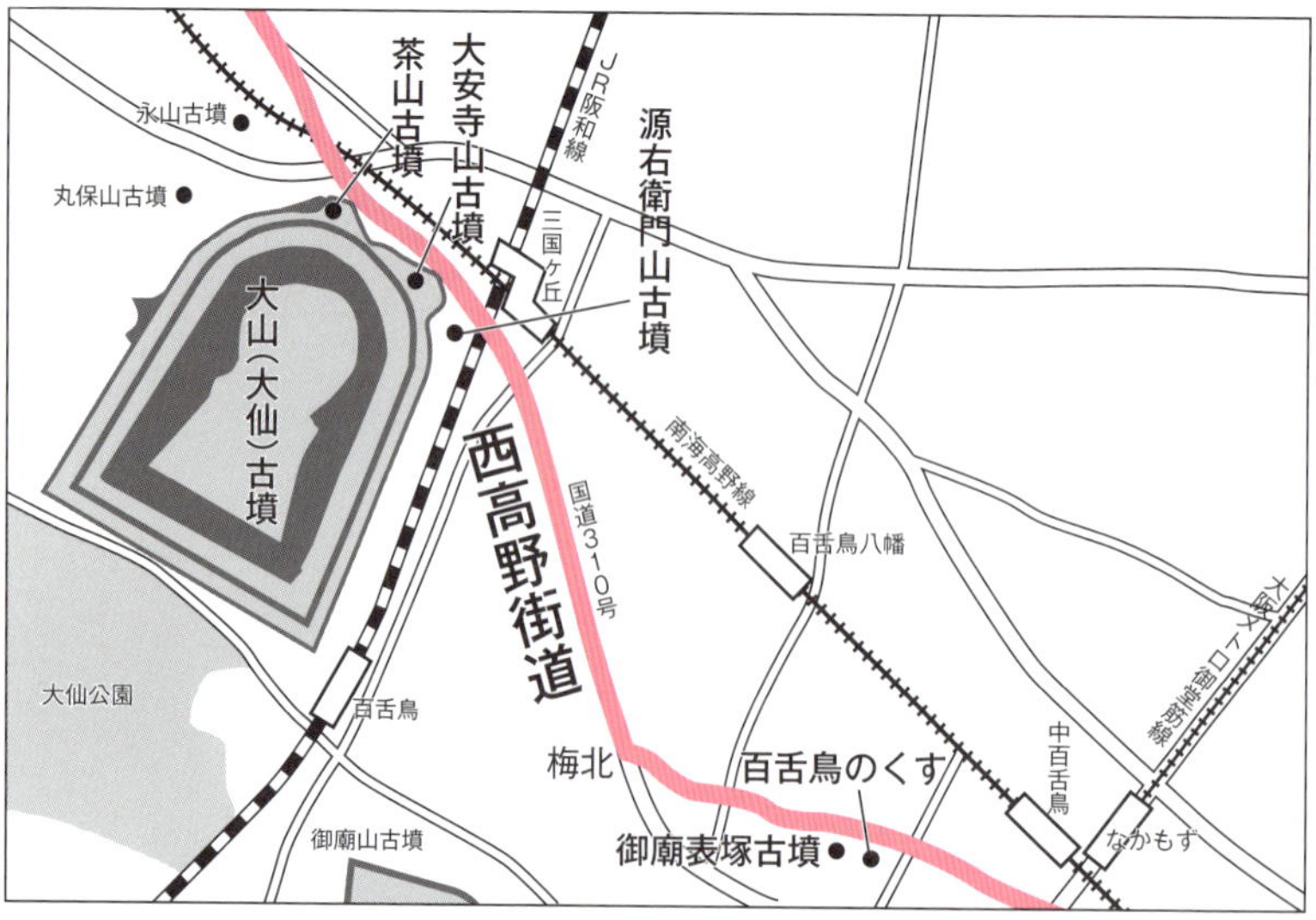

街道沿いにある御廟表塚古墳

百舌鳥のくす

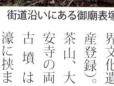

西高野街道（3）

堺市北区から中・東区へ

関茶屋に立つ十二里石

白鷺公園のそばを抜ける街道

南海高野線中百舌鳥駅の南から、府道28号大阪高石線を渡って堺市北区中百舌鳥町５丁から６丁へ。「西高野街道」の道標も立つ堺市立中百舌鳥同小学校の前を過ぎると、国道３１０号に出て街道は消滅。国道の向かいが、大阪府立大学（現大阪公立大学）の中百舌鳥門です。

大学に沿って続く国道の東側歩道を真っすぐ進み、国道の向かいに大学の白鷺門がある地点で左（東）へ街道が復活し、白鷺公園のそばを抜けて続いています。道の右手（西側）は堺市中区、左手（東側）が東区。公園の出入り口に西高野街道の顕彰碑がありますが、地図上の街道の経路が経年劣化のため見づらいのが残念です。

泉北高速鉄道の高架下をくぐり、街道は引き続き中区と東区の境に通じています。星谷池に出て池沿いに進んで交差点を渡って行くと、道の左手は東区野尻町から関茶屋。かつてこの地に茶屋があったことに由来する地名です。道路はカラー舗装され、沿道には長屋門のある旧家など古い町並みも残っています。

途中、地蔵堂のそばに「是より右高野山女人堂江十二里」と刻んだ里程石（十二里石）が立っています。

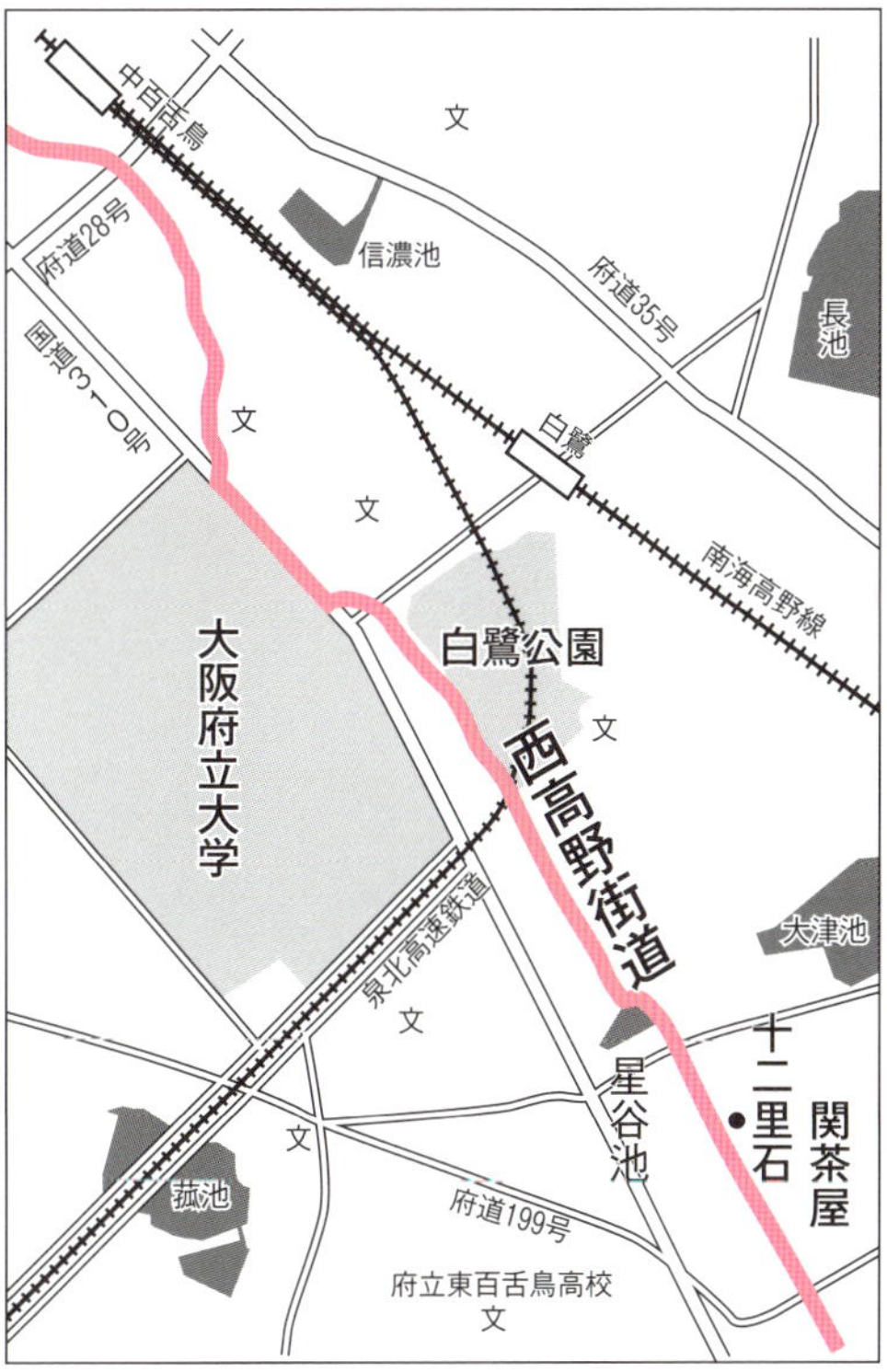

堺市東区関茶屋の街道沿いに立つ十二里石

堺区榎元町にあったのが十三里。そこから約1里、高野山に近づいたことになります。道の右手は中区大野芝町。この先で信号を渡ると、道の左手は東区草尾です。

西高野街道(4)

地蔵尊や分岐点を過ぎて

堺市東区・中区

街道は引き続き堺市東区と中区の境に、緩やかな上りとなって通じています。左手(東側)が東区草尾、右手(西側)が中区大野芝。阪和自動車道の高架をくぐりながら府道36号泉大津美原線を越えて行くと、道筋は東区中茶屋の地域へ。途中、左手の中茶屋自治会館の前には法界地蔵尊があります。

堺区中茶屋に通じる街道と法界地蔵尊

さらに進むと、街道の路面は薄茶色のカラー舗装になっています。中区福田1の地点で道が二又に分かれ、分岐点ある延命地蔵尊のそばに角柱の道標が立っています。道標が刻む文字は「右かうや大ミ祢」「左たきたに金剛山」。「かうや」は高野山、「大ミ祢」は大峰山、「たきたに」は滝谷不動(富田林市内)のこと。

道標の通り、分岐点で右へ分かれる西高野街道の路面にはカラー舗装が続いており、ここからしばらくは中区を歩きます。すぐ右手にあるのが興源寺(真言宗)。最初に寺院を開いたのは奈良時代の僧、行基(668～749年)と伝えられています。

本堂内にある不動明王立像(木造)は堺市指定有形文化財。堺市教育委員会の説明板(1998年)によると、近年の修理で頭部の接合面を外したところ、内面に墨書が発見され、像が作られたのは鎌倉時代の弘安2(1279)年であることなどが判明しました。堺市内の鎌倉期以前の仏像で制作時期が分かるものは珍しく貴重だとのことです。

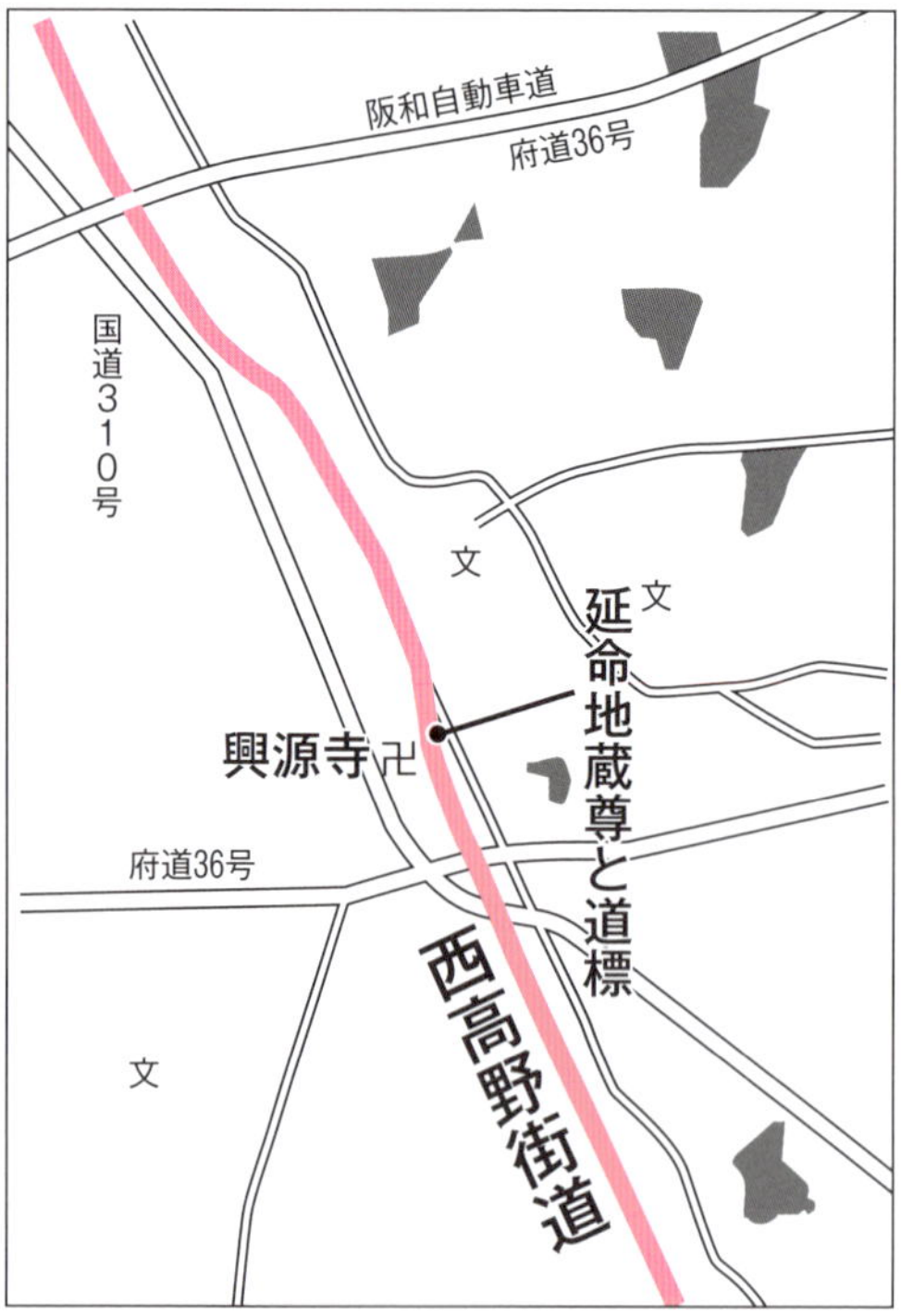

堺市中区福田1の分岐点。右が西高野街道

西高野街道（5）　堺市・大阪狭山市

十一里石を過ぎて

堺市東区と中区の境に通じる街道は、緩やかな上りのまま、やがて大阪狭山市と堺市の境に続きます。道の左手（東側）が大阪狭山市山本北、右手（西側）が堺市中区福田。両市の境に入ってすぐ堺市側には農地があります。

堺市中区福田132の地点に「西高野街道」と刻む堺市の道標があり、そばの小堂に3体の石仏が安置されています。そのすぐ先、大阪狭山市側に街道から東へ入る細道があり、それをたどると小さな稲荷神社とクスノキの大木があります。神社の境内にある手水鉢は江戸時代後期の文化8（1811）年に奉納されたものです。

街道に戻って進むと、道の左手が大阪狭山市山本中、山本南から岩室、右手は堺市中区陶器北から南区岩室へ。この間、堺側の道端の3カ所に堺市が建てた「西高野街道」の道標があります。

大阪狭山市岩室2丁目で北から続いてきた道が街道に合流する地点に「是ヨリ高野山女人堂江十一里」と刻んだ里程石（十一里石）が立っています。

ここから先の路面は薄茶色にカラー舗装され、府道34号堺狭山線に出ます。府道を渡る歩道橋の上り口付近には、大阪狭山市が2013年に建てた「西高野街道」の道標があり、「直進　天野山　高野山」「左折　狭山池」と刻んでいます。陸橋の上からは金剛山、葛城山、二上山が遠望できます。

大阪狭山市岩室2丁目に立つ十一里石。左が街道（北向き）

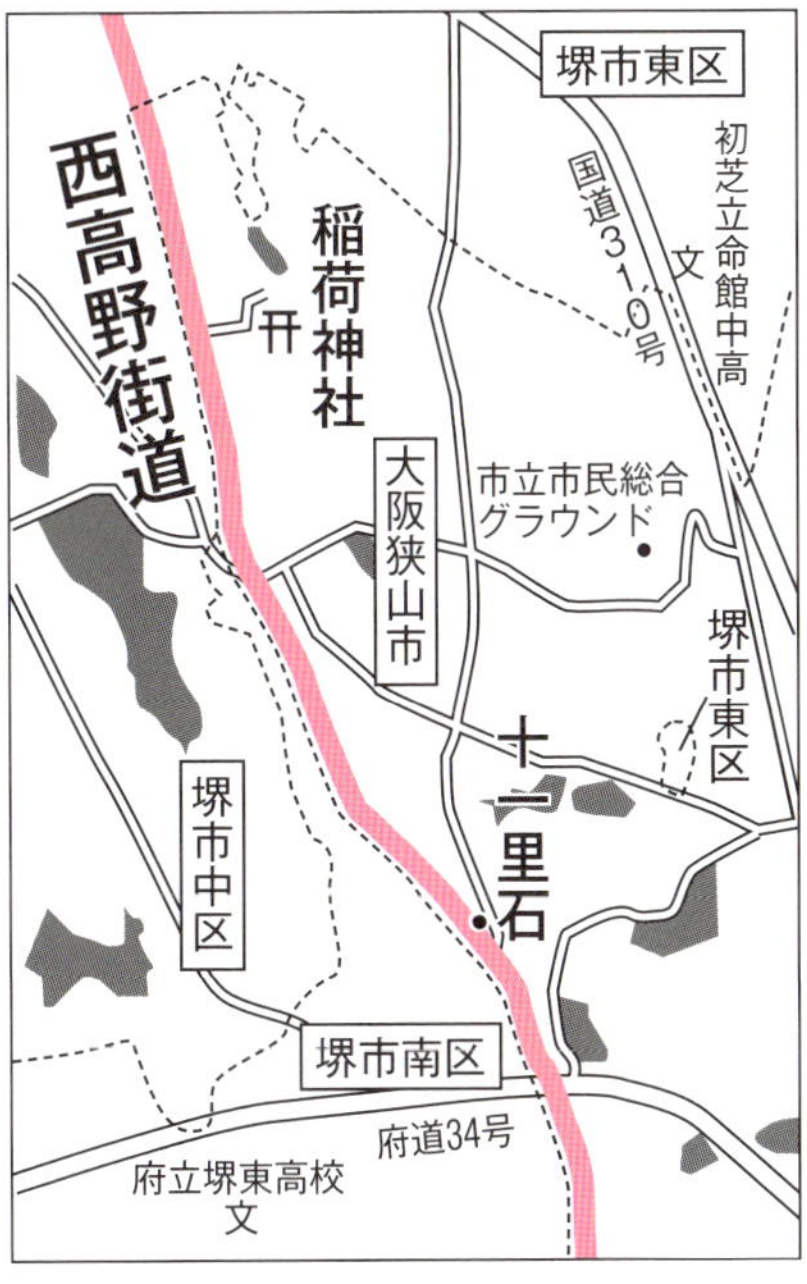

歩道橋上り口付近の道標

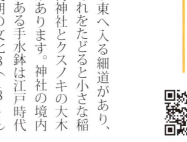

西高野街道(6)

大阪狭山市

上りが続いた後は急坂に

府道34号堺狭山線を陸橋で越えると、大阪狭山市岩室と堺市南区岩室の境に街道が復活。薄茶色に舗装された急な上り坂を歩いていくと、道が二又に。分岐点には地蔵堂と道標(天保13＝1842年)があります。

天野街道(右)と西高野街道(左)の分岐点

道標は「右あまの山　左かうや山」と刻んでいます。右に分かれるのが天野街道、左が西高野街道。天野街道は、天野山金剛寺(河内長野市)への参詣路として整備された街道で、薄茶色のカラー舗装はこちらに続きます。

民家などが軒を連ねる道を進んで行くと、視界が開けます。これまで堺と大阪狭山の市境の街道はおおむね緩やかな上り道を歩いてきましたが、ここから一挙に急な下り坂に。この坂が「尾張坂」。名前の由来には、狭山池の改修工事にも従事したという尾張(現在の愛知県西部)出身の技術者集団「尾張衆」にちなむなど、諸説あります。

坂を下り切ると、いちょう通り(狭山河内長野線)に出て、いったん街道は途切れます。「おわり坂」の信号を渡り、狭山池に注ぐ三津屋川(西除川の支流)を渡ると街道が復活し、今熊から茱萸木(くみのき)へ。沿道には三津屋地蔵や三津屋大師堂があります。

茱萸木4丁目の住宅地内で、直進する細い道から右へ分かれてから左折。最初の信号がある辻の北東角に地域の集会所と弘法大師堂があります。

大阪狭山市今熊1丁目(左)と7丁目(右)の間に続く「尾張坂」

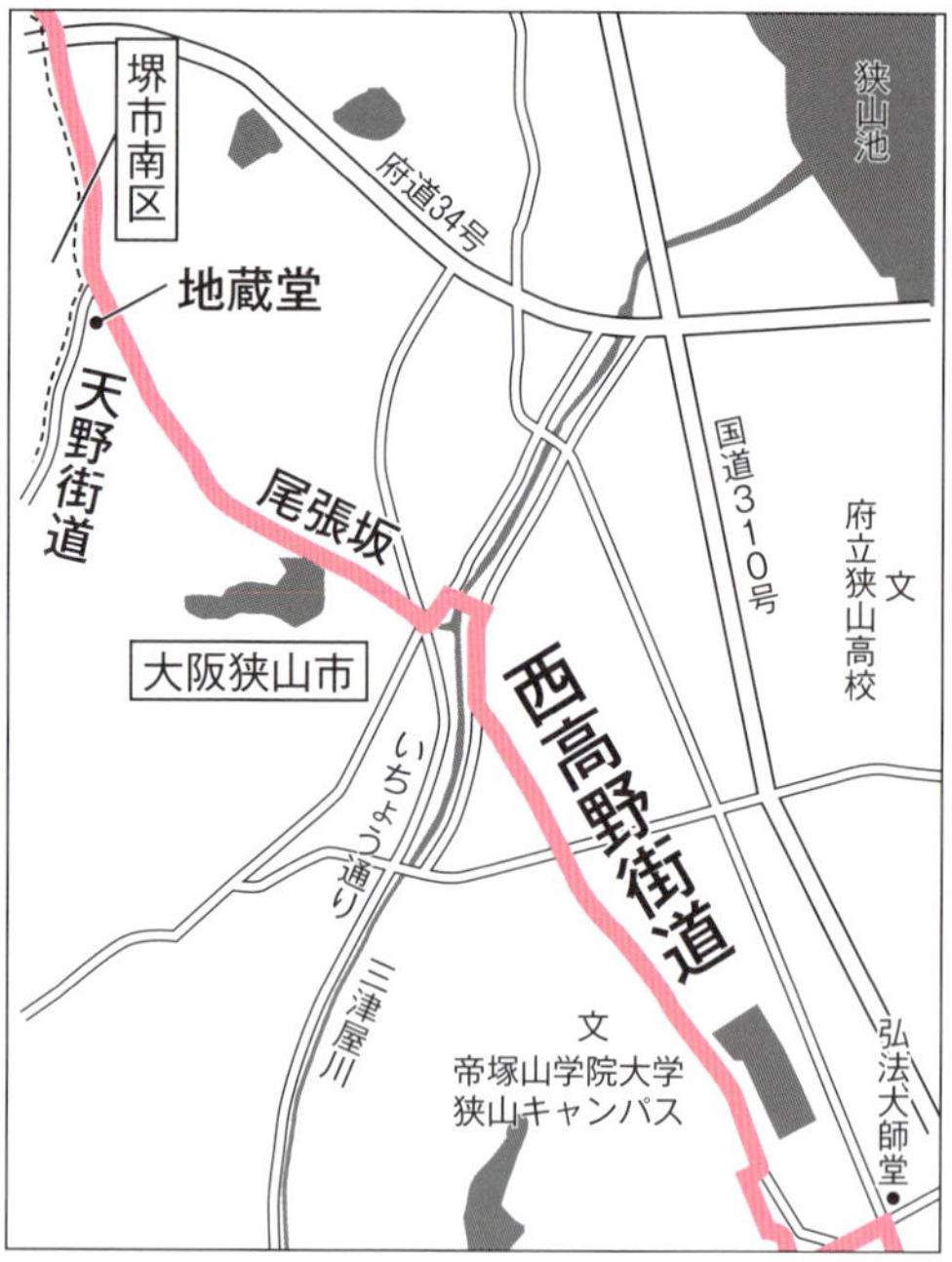

西高野街道(7)

大阪狭山市から河内長野市へ

里程石の発起人たちの村

弘法大師堂のある辻から、街道は大阪狭山市茱萸木（くみのき）5丁目から6丁目、7丁目へと、ほぼ真っすぐに南下していきます。

西高野街道には、ほぼ1里（約4キロメートル）ごとに建てられた里程石が現存しますが、建立の発起人となったのが、まさにこの地、茱萸木村の住人の小左衛門と五兵衛。それぞれの里程石は、沿道各村の有志が施主となって建てられました。

先に出会った大阪狭山市岩室2丁目に立つ「十一里石」には、2人の発起人の名と共に、「岩室村　中林喜兵衛」と施主が刻まれています。

「茱萸木公民館前」の信号で陶器山通りを越えて茱萸木6丁目。同7丁目に入り、街道から左手（東側）に細い道が通じる角に「是より高野山女人堂江十里」と刻む十里石が建ち、施主は地元の「茱萸木村中」となっています。

この先すぐ、道は急な下り坂となり、信号のある地点で右折。府道38号富田林泉大津線を進んで天野川を渡り、河内長野市に入ります。

大阪狭山市茱萸木4丁目の弘法大師堂

大阪狭山市茱萸木7丁目に立つ「十里石」

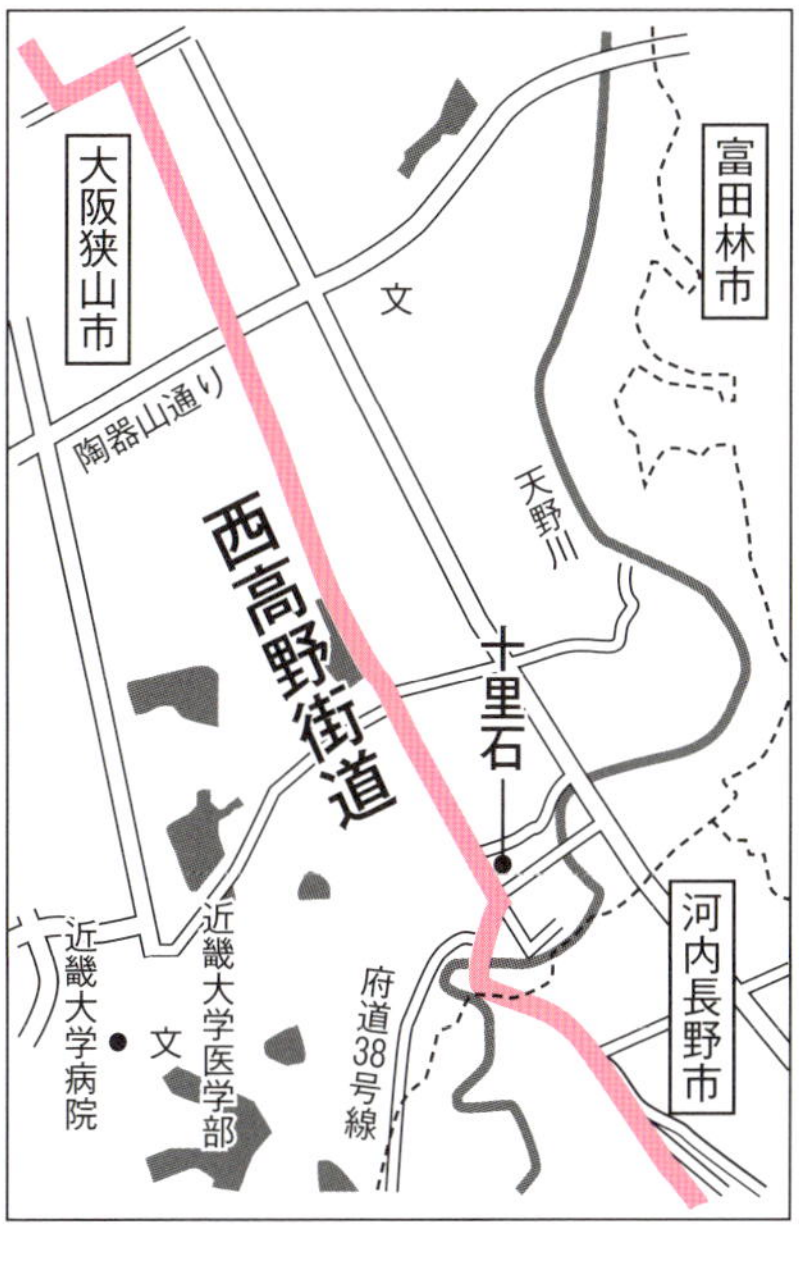

西高野街道⑧

河内長野市（その1）

与津ノ辻で中高野街道が合流

河内長野市に入ると、街道は松ヶ丘中町（東側）と松ヶ丘西町（西側）の境を南下。河内長野市域に入ってすぐ、十字路の松ヶ丘中町側の一角に、地蔵堂と道標、宝篋印塔（ほうきょういんとう）があります。宝篋印塔は、供養塔・墓碑塔として建てられた石塔の一種です。

やがて道は二又に分かれますが、右（西側）が西高野街道。「北坂」と呼ばれる緩やかな坂を登っていくと、松林寺（真言宗）と春日神社があります。楠町東と楠町西の境を進むと、北から続いてきた中高野街道と合流。合流点には地蔵堂、大神宮灯籠、道標があります。

この地は「与津（よつ）ノ辻」とも呼ばれ、西高野街道から天野山に向かう道が西側に分岐します。その分岐点には「四国八十八カ所遥拝道」と刻む石柱（天保8＝1837年）のほか、西高野街道と中高野街道の合流点について記した河内長野市の説明板（2009年）が立っています。

道は緩やかな下り坂となり、河内長野市立楠小学校の西を抜けて、南海高野線千代田駅前から続く「千代田あいあい通り」と交差し、木戸西町から原町へ。原町3丁目の道沿いに「晴明塚」があります。陰陽師の安倍晴明（921～1005年）が天皇に同行して高野山に参詣した際、天候の占いが外れて大雨になったのを恥じ、この地に天文学などの書物を埋めたとの伝承があります。

西高野街道（左）と中高野街道（右）との合流点（北向き）

合流点についての河内長野市の説明板

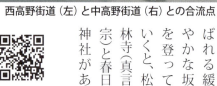

西高野街道（９）　河内長野市（その２）

東高野街道と合流

街道は河内長野市原町１丁目から国道170号（大阪外環状線）を越えて原町６丁目へ。道の左手（東側）に石造物群を納めた小堂があります。「旧阿弥陀寺石造物群」と呼ばれるもの。

初七日から三十三回忌まで13回の法要に割り当てた13体の仏・菩薩を刻む十三仏板碑２基、地蔵菩薩像１体、観音菩薩像１体からなります。

これらの石造物群は、この地の南側にあった阿弥陀寺内にまつられていましたが、同寺が廃寺となり、現在地に移されました。河内長野市指定文化財です。

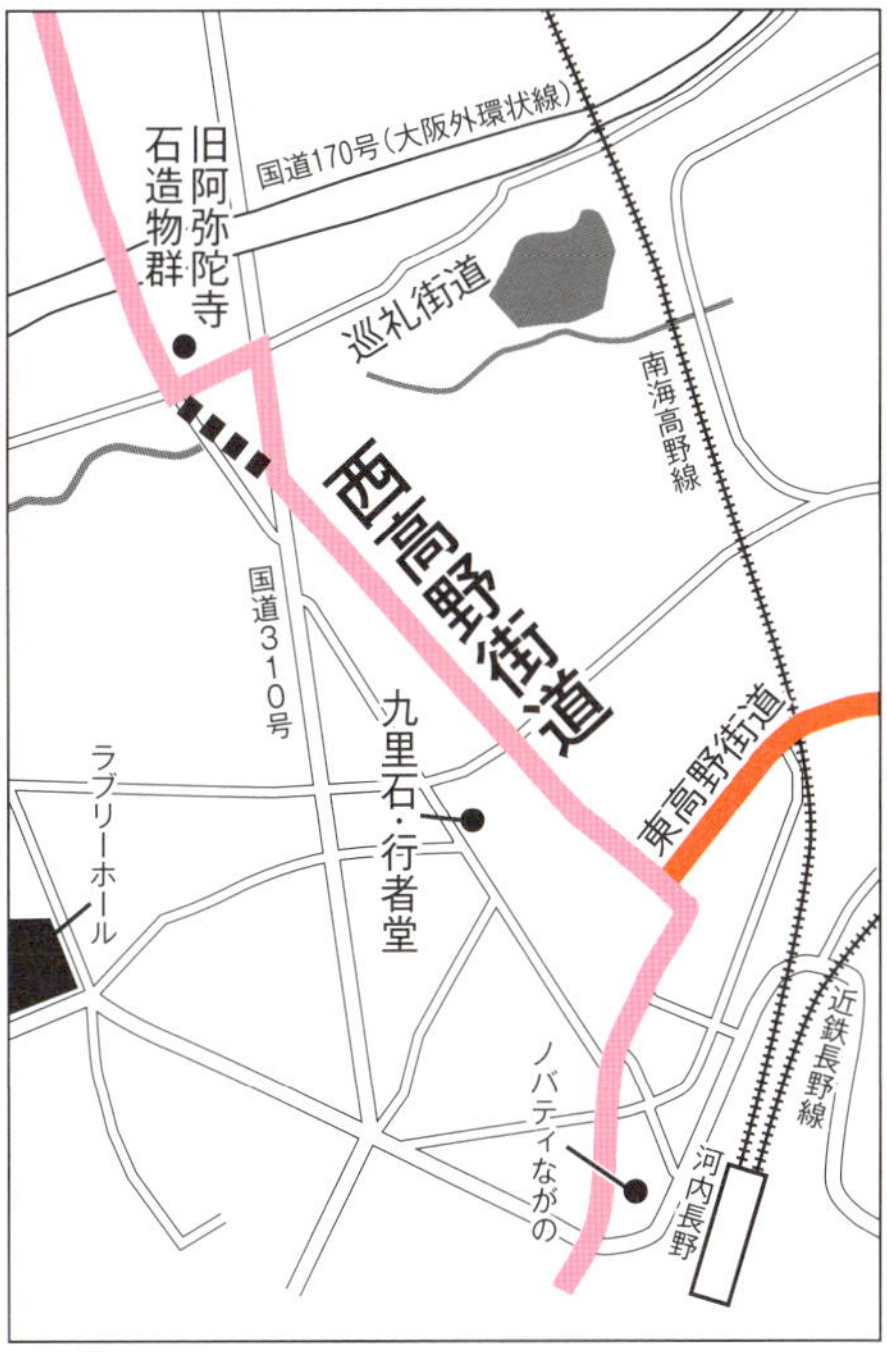

この先で西国三十三カ所を巡る巡礼街道と交差しますが、宅地造成のため街道は消失します。左折して巡礼街道を進んでから国道３１０号を南下し、古野町４丁目で国道から左へ街道が復活。そのまま直進します。

街道近くの古野町２丁目に「是より高野山女人堂江九里」と刻む里程石（九里石）と行者堂があります。里程石はもともと街道沿いにあったものを移したとされます。

旧阿弥陀寺石造物群

街道は、本町で東高野街道と合流し右（南）へ折れ、商業施設「ノバティながの」に接する長野商店街のアーケードに入ります。東高野街道の経路では、近鉄長野線の東側を経て、河内長野駅の西側で合流する説もあり、商店街の南に東西両高野街道の合流点を示す石柱が立っています。

河内長野市古野町２丁目、街道から離れた場所に立つ九里石

西高野街道⑩

河内長野市（その3）

沿道には史跡や有形文化財が

西高野街道と東高野街道が合流し、これから先は一本の道筋となった「高野街道」を歩いて大阪と和歌山の府県境・紀見峠を目指します。

河内長野駅の西で府道20号枚方富田林泉佐野線を渡ると、河内長野市長野町。道の左手（東側）に「高野街道」と刻む石塔が建ち、その奥に立派な旧家（吉年邸）とクスノキの巨木（市指定天然記念物）が見えます。その奥にあるのが長野神社。街道の道筋は薄茶色に舗装され、神社の前で右へ分かれて道幅の狭い下り坂となります。

坂を下りて突き当りを右折すると街道をはさんで西條合資会社。江戸時代の享保３（１７１８）年創業の造り酒屋で、地酒「天野酒」で知られます。旧店舗の主屋と土蔵は国登録有形文化財です。

旧西條橋で石川を渡ると喜多町。上り坂を進むと国道３７１号に出ます。街道は国道の向こう、「別久宮（びっく）坂」と呼ばれる坂道に復活。烏帽子形山の東山麓を蛇行しながら進みます。

この山の山頂付近には烏帽子形古墳があります。中世から戦国時代にかけて山城にもなり、烏帽子形城跡（国指定史跡）には土塁や空壕も。山腹にある烏帽子形八幡神社の本殿は室町時代の文明12（１４８０）年の建立で、国の重要文化財です。

神社の鳥居を過ぎたところに立つ古い道標は「右さかい大坂」「左いづみ」と刻んでいます。

街道沿いに立つ造り酒屋の西條合資会社

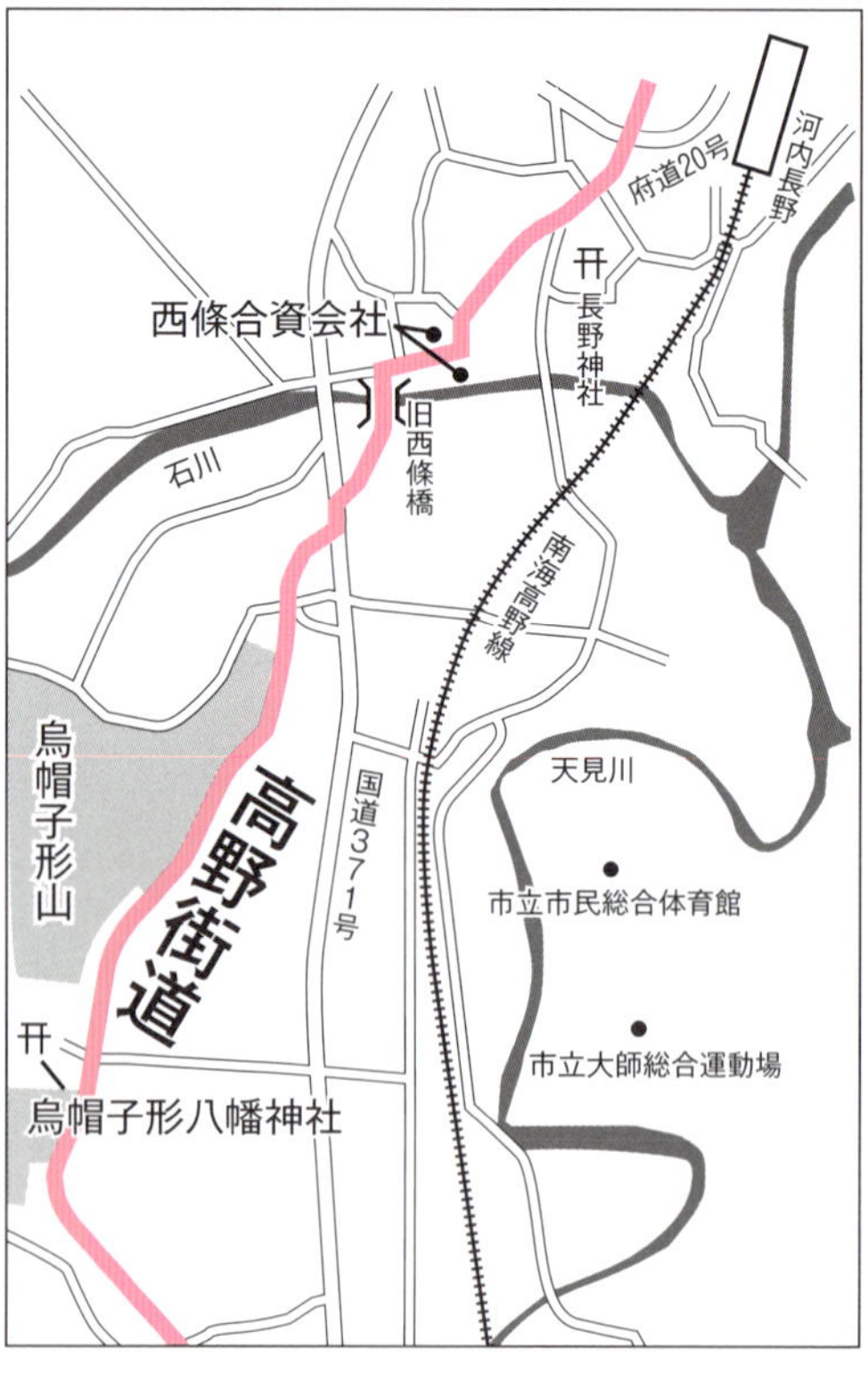

烏帽子形山の東山麓に続く街道

西高野街道⑪

河内長野市（その4）

宿場町の面影をとどめ

河内長野市喜多町から上田町に入ります。十字路からすぐ二又に分かれる道を右（西）にとり、突き当りを左折。一角にある増福寺（真言宗）の境内は、これから向かう地域にかつてあった宿場町「三日市宿」の北の入り口で、江戸幕府が高札場を設けました。幕府の法令や宿場を利用する際の規定などを知らせたのが高札。実際に使われた2枚の高札が、烏帽子形八幡神社に保存されています。

旧三日市宿の北の入り口（河内長野市上田町）

「松屋坂」と呼ばれる坂を進み、国道371号を陸橋で渡ると三日市町で、突き当りを右折。すぐ左手（東側）にある旧三日市交番は1952年に建てられた木造建築です（河内長野市指定文化財）。道の右手（西側）には月輪寺（がちりんじ、真言宗）があります。

天見川に架かる三日市橋を渡ると右手にあるのが江戸時代以降、高野山御用宿として栄えた油屋跡。しばらく直進すると道筋は緩やかに蛇行する上り坂となり、古民家が軒を連ねています。道の左側にある八木家住宅は木綿問屋を経て、酒屋を営み、屋号は「東家屋（とうげや）」と称しました。建築年代は母屋が18世紀後半、土蔵が19世紀後半と推定され、国登録有形文化財です。

道を上り切ると、府道214号河内長野千早城跡線が東西に走り、南海高野線三日市町駅の西側に出ます。

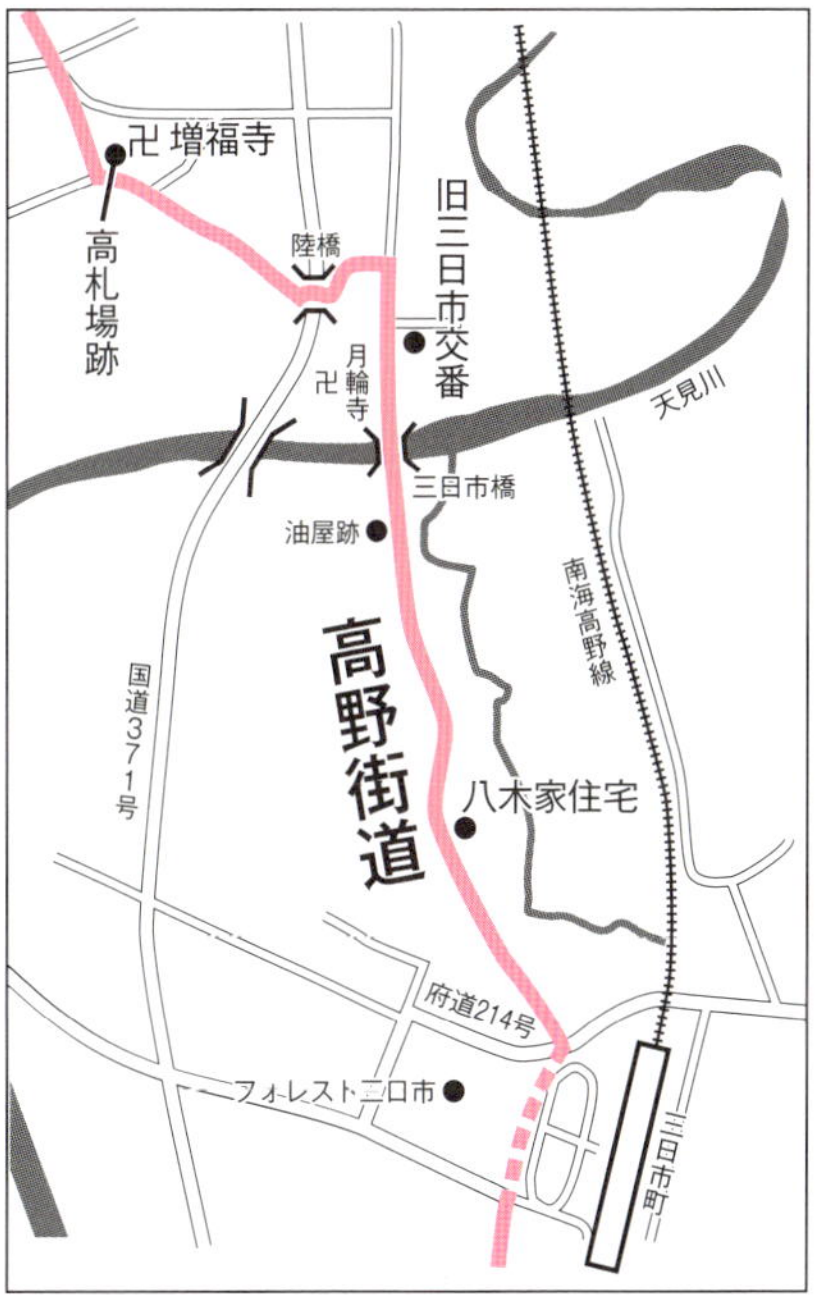

多くの古民家が残る旧三日市宿

西高野街道⑫

河内長野市（その5）

八里石を過ぎて庚申堂へ

新天野橋の北詰にある八里石（左）と街道

南海高野線の三日市町駅の西側にあるバスロータリーで街道はいったん消滅しますが、駅の東南部からすぐに復活します。前回歩いた河内長野市上田町内の高札場跡付近からの道筋は薄茶色に舗装。ロータリーから先の道は再び薄茶色のカラー舗装です。

150メートルほど歩くと、石見川に架かる新天野橋。その北詰、道の左手（東側）に「是ヨリ高野山女人堂江八里」と刻む里程石（八里石）が立っています。西高野街道を歩き始めた堺市東区榎元町に立っていたのが十三里石ですから、これまでの距離は約20キロメートル。八里石の右面には「従是北（これよりきた）三日市宿」の文字が。道のカラー舗装は新天野橋の手前で終わります。

石見川を渡ると西片添町。やがて街道は南海高野線の線路の西側に続くようになり、国道371号に出て失われます。国道の東側、ところどころで途切れる歩道部分を歩いていくと、石仏（いしぼとけ）の地域に入ります。

天見川に架かる新町橋を渡り、「新町橋」の信号のある交差点から国道を直進すると、道の右手（西側）に庚申堂があります。江戸時代の寛文9（1669）年に四天王寺から勧請されたもので、「青面金剛（しょうめんこんごう）」と刻む灯籠は安永9（1780年）のもの。庚申堂を過ぎると、国道から分かれて右手（西側）に街道が復活します。（続く）

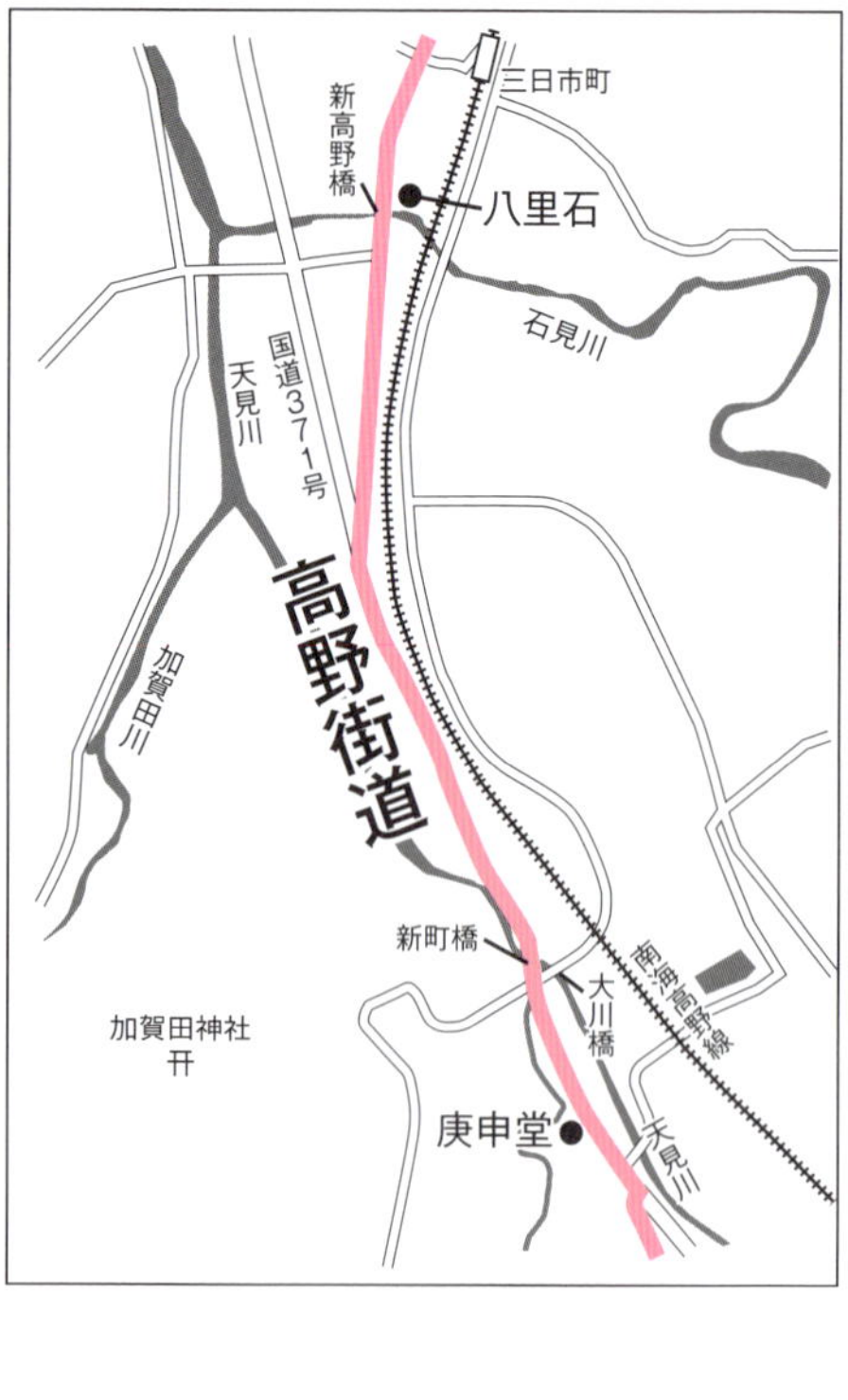

庚申堂

西高野街道⑬

河内長野市（その６）

少しずつ山に分け入る

国道371号から分岐して続く街道

国道３７１号から分岐した街道は上り坂となります。道の右手（西側）に竹林や森が迫り、緩やかに蛇行しながら進みます。周辺は静かで、時折、南海高野線を行く電車の音が聞こえるくらいです。

二又に分かれる道を右へとると、北西から通じる国道３７１号に架かる、つちはし橋に出ます。橋を渡り切ると、道は左（東）に曲がりながら上り坂となり、右手は谷のように低くなっていきます。これまでは、おおむね市街地や住宅地の中を歩いてきましたが、ここ河内長野市石仏の集落では景色は一転し、少しずつ山に分け入っていきます。

途中、２カ所で右へ道筋が分岐する上り坂を進むと、沿道には農地や民家、長屋門のある大きな屋敷も。坂を上り切る辺り、街道から右へ分かれる細い上り坂が。その坂の上にあるのが石仏寺です。

江戸時代に融通念仏宗の寺院として栄えましたが、明治８（１８７５）年に廃寺に。弘法大師が彫ったとされる石造りの阿弥陀如来が本尊。享保９（１７２４）年銘の宝篋印塔（ほうきょういんとう）、元文４（１７３９）年銘の弘法大師像などが残り、管理していた地元の人々によって２００５年に新しいお堂ができました。

石仏寺を過ぎると、道は国道３７１号に下りる急坂に。かつては「鳥居坂」と呼ばれる街道の難所でした。

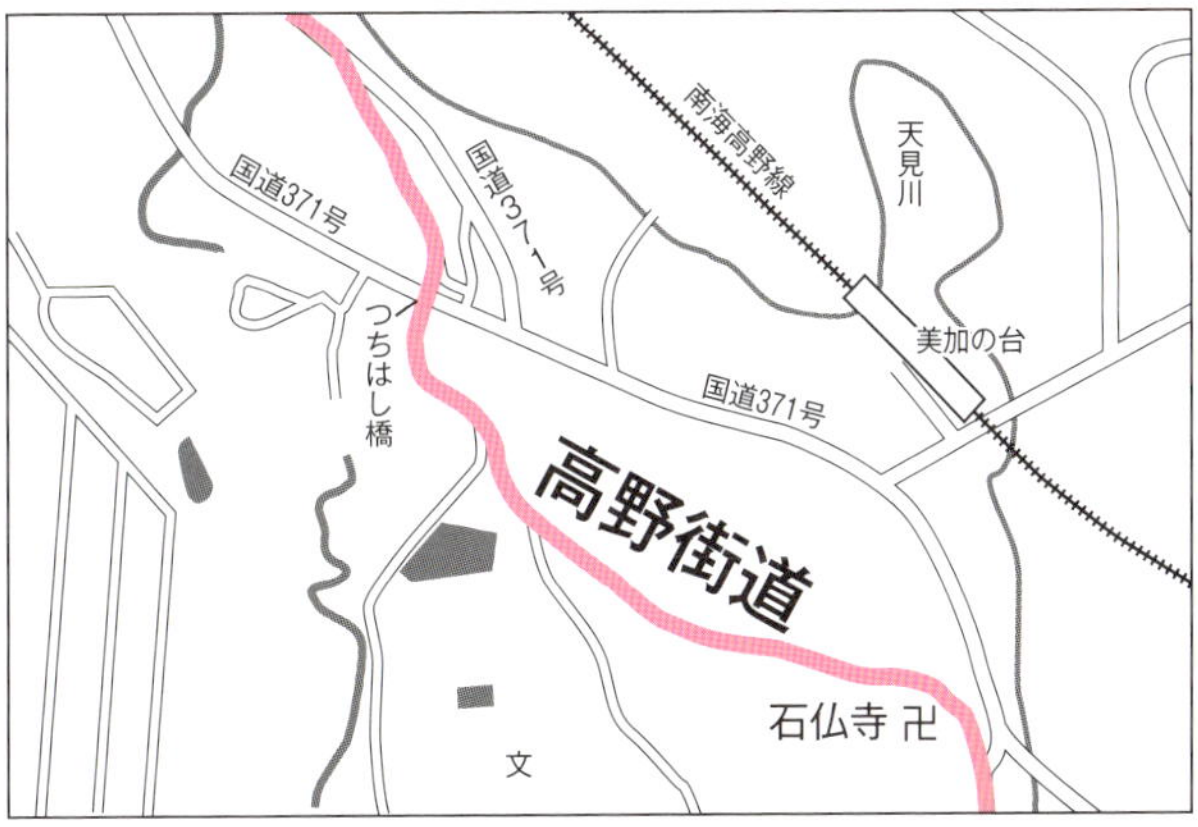

街道から右に分岐する坂道の上に石仏寺があります

西高野街道⑭

河内長野市（その7）

清水井戸から御所の辻へ

石仏寺から「鳥居坂」を下りると国道371号です。同国道はすぐそばの「石仏南」の信号がある地点で二筋に分岐。ここからしばらく、街道は天見川の左岸に沿って通じる方の国道に吸収されています。

右手（西側）に山が迫る国道を歩き、河内長野市石仏から清水の地域へ。途中、山肌には土石流防止のためのコンクリートの擁壁があります。その一角、国道の右手の地面に近いところに欠き取った部分があり、「清水井戸」の標石が立っています。

天見川に沿って続く街道

高野山へ往来する弘法大師がこの地で休憩した際、村人に水を所望しました。山の向こうまで水を汲みに行った村人のために、弘法大師が杖で地面を突くと、水が湧き出たという伝承があり、地名の「清水」の由来になったとも。

「清水井戸」の先、天見簡易郵便局と清水自治会館がある地点から、国道より左（東）へ街道の道筋が復活します。天見川に架かる高橋を渡ると岩瀬の地域。左へ曲がりつつ進んで行くと、「御所の辻」と呼ばれる三叉路に出ます。

御所の辻にある地蔵堂（左）、大神宮灯籠と道標（奥）

道の左手、地蔵堂の前には地蔵形の道標（元文6＝1741年）があり、「右かうやくまのミち（高野熊野道）」と刻んでいます。三叉路の分岐点には大神宮灯籠もあり、そのそばの古い道標が刻む文字は、「右かうや（高野）左ハかうんこうセ（金剛山）ミち」。分岐点から右へ続くのが高野街道です。

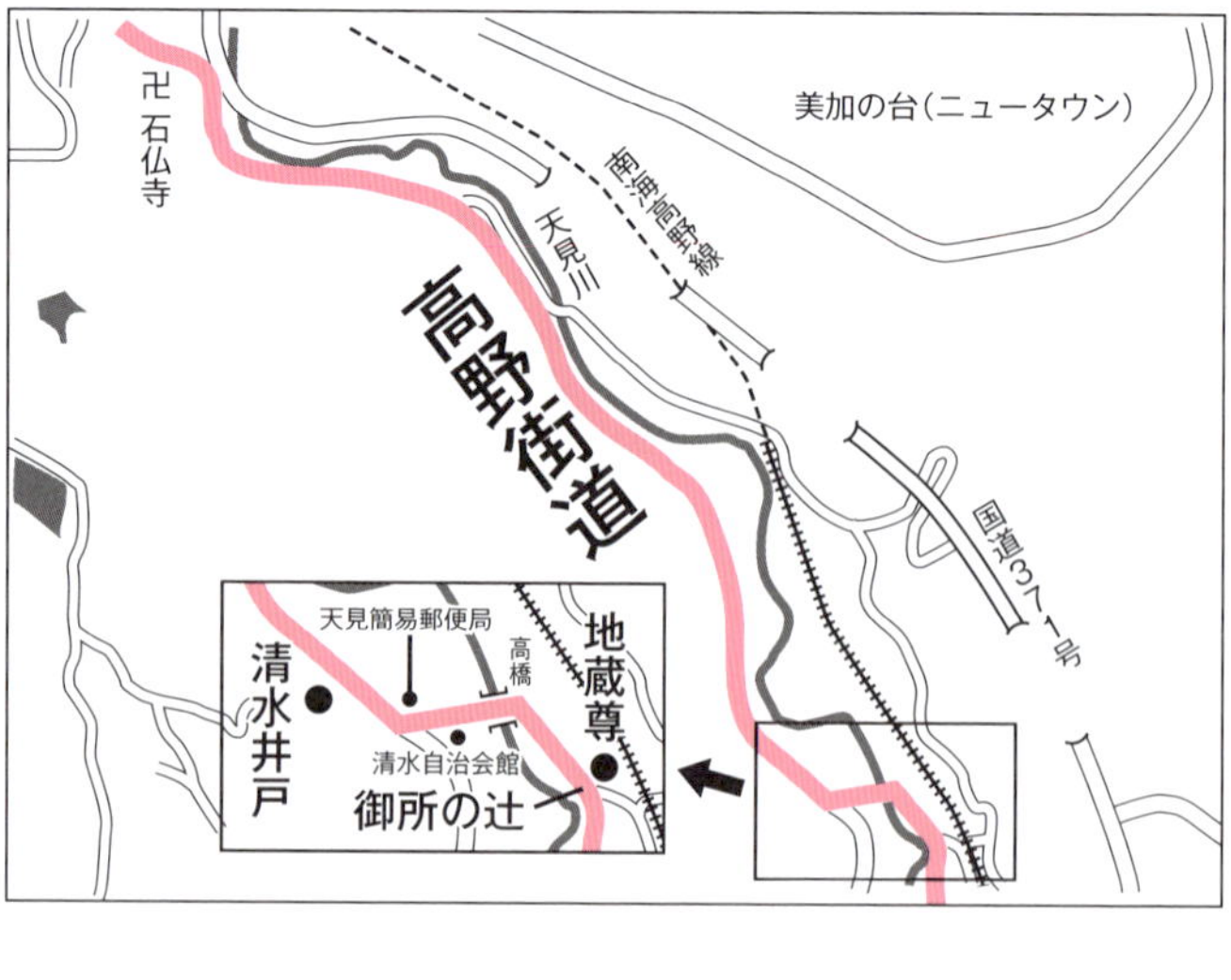

西高野街道⑮ 河内長野市（その８）

ここにも弘法大師伝説が

御所の辻から街道は、南海高野線の千早口駅の西に、蛇行しながら続き、広域農道「南河内グリーンロード」の高架をくぐります。広域農道は、農産物流の効率化や都市と農村の交流促進などを目的に、農村地域の農空間を広域的につなぐもの。南河内グリーンロードもその一環です。

高架をくぐると河内長野市岩瀬から天見に入り、緩やかな上り坂に。道の右手（西側）は森林、左手（東側）には水田の奥に山が迫ります。土の匂いがする中、聞こえてくるのは天見川の水音と鳥の鳴き声くらいです。

やがて道の右手、掲示板が立つ林の中に、小堂が見えてきます。これが「松明屋（たいまつや）」。先に触れた「清水井戸」と同じく、弘法大師伝説が残る場所です。

街道沿いにある「松明屋」（右）

松明屋の建物

弘法大師が旅の途中、この地で夜を明かした時、松明を地面に突き立てたところ、松明から根が生えて巨木になったのが「松明屋」の由来だという言い伝えがあります。

別の説では、松明屋の住人が弘法大師をもてなした礼に、大師がちまきの製法を教えたとか。松明屋は大師直伝のちまきを、高野山参詣の人々に売るようになったといいます。小堂には「松明屋」と記す額と、「粽（ちまき）大師松明堂」と書いた表札があります。

松明屋を過ぎると道は下り坂となり、天見川に架かる大豊橋を渡って再び国道３７１号に出ます。

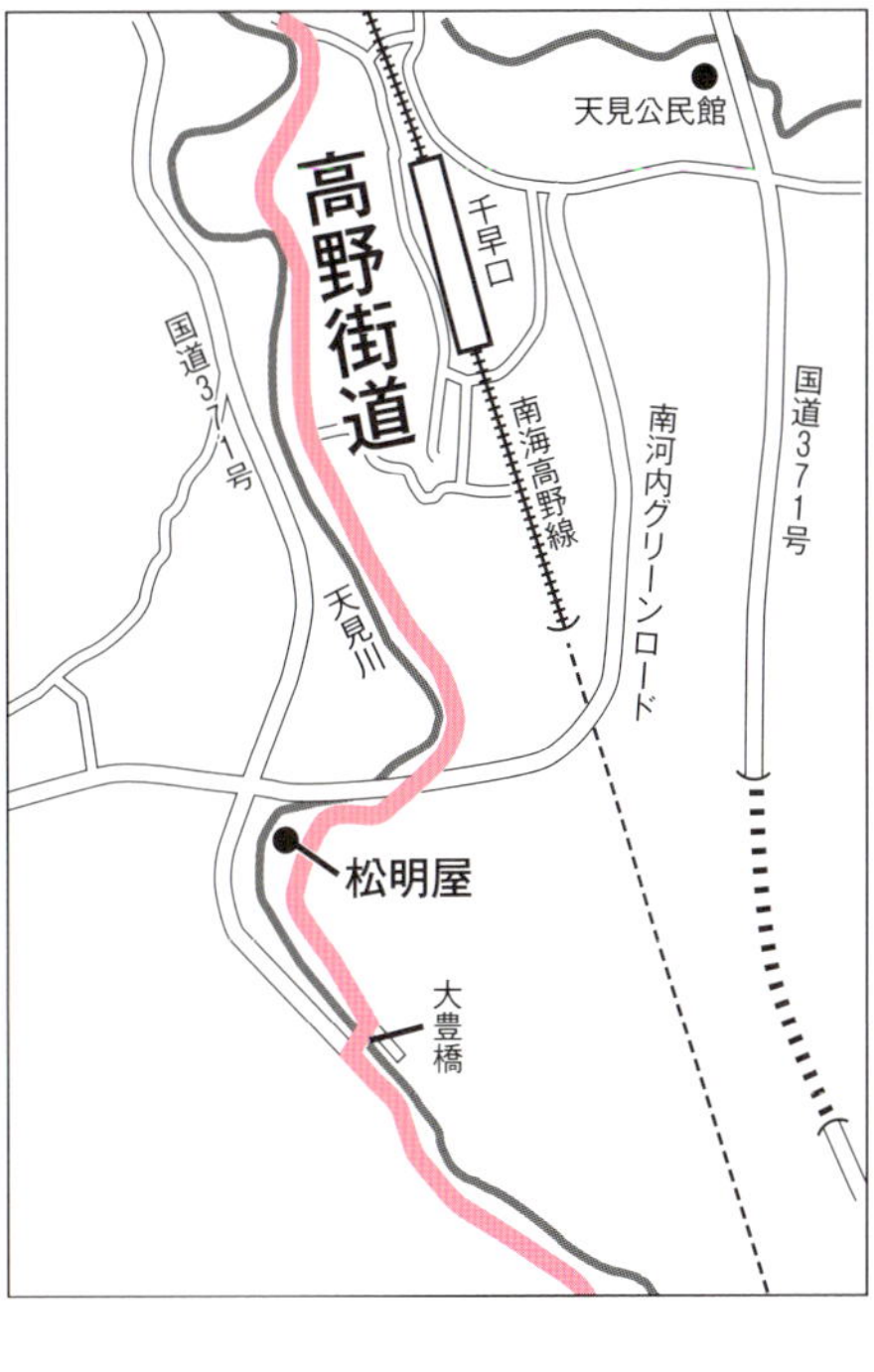

西高野街道⑯

七里石から出合の辻へ

河内長野市（その9）

大豊橋から国道371号に出て200メートルほど歩くと、右手（西側）の道沿いに「高野山女人堂江七里」と刻む里程石（七里石）が立っています。西高野街道を堺市堺区榎元町の十三里石から歩き始め、各地で里程石を確認してきましたが、大阪府域内のものはこの七里石が最後。ざっと約24キロメートルの道のりを歩いてきたことになります。

山間に通じる国道に面して七里石が立っています

道の両側には山が迫り、国道にはたまに自動車が行き来するものの、人影はありません。

大阪と和歌山の府県境、紀見峠を目指しますが、六里石が立つのは峠の和歌山県橋本市側です。

天見川に架かる小手谷橋を渡るところで、国道から右手へ街道の細い道筋が復活。再び国道に戻ってすぐ、道の左手（東側）にあるのが河内長野市立天見小学校で、市内全域から児童が通学する小規模特認校です。

国道と南海高野線の天見駅の間には、河内長野で最古の温泉とされる天見温泉、南天苑（温泉旅館）があります。その本館は、1913年に堺市の大浜公園に開設された娯楽施設内の建物を、1935年に移築。大阪市の中央公会堂や東京駅を手掛けた「辰野片岡設計事務所」によるもので、国登録有形文化財です。

国道から分岐して残る街道の道筋を進み、流谷川（天見川の支流）を流谷3号橋で渡って国道へ戻ります。その合流点が「出合ノ辻」です。

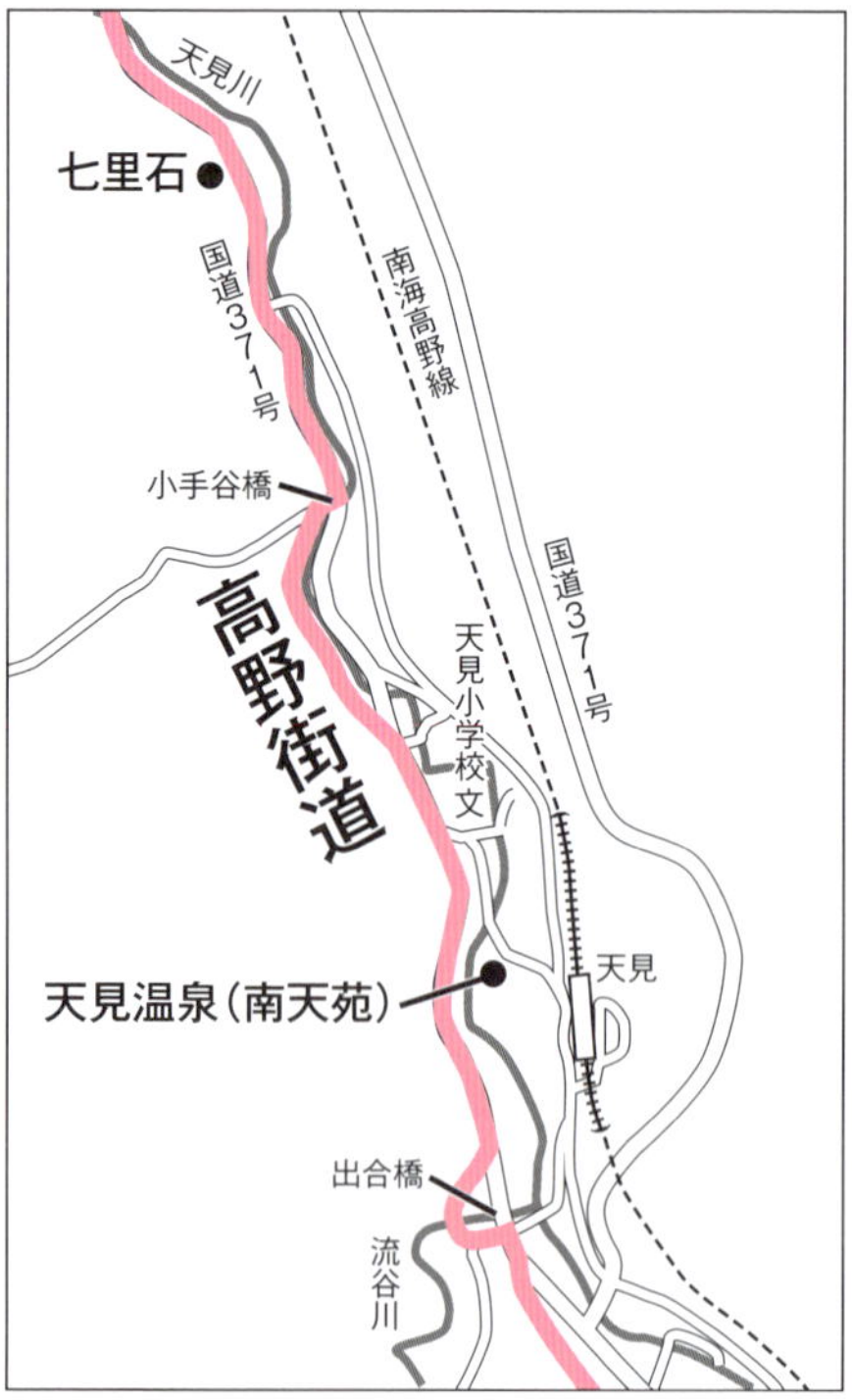

国道371号沿いにある河内長野市立天見小学校

西高野街道⑰　河内長野市（その10）

紀見峠に立つ六里石

「出合ノ辻」で国道371号に出てすぐ南、国道の右（西側）へ分岐する細い坂道があります。これが高野街道で、沿道に石垣や土塀のある民家があります。

街道がまた国道に出た先に「島の谷」の信号があり、左（東側）に街道が残ります。蟹井神社の前を過ぎて国道に戻りますが、これより大阪と和歌山の府県境である紀見峠に至る街道の経路は不明。国道371号が紀見トンネルに隠れる手前で右に分岐する旧国道371号が峠に通じており、この道を歩きます。

静かな山の中に、それほど急ではない上り坂となってくねるように続く道を進むと、林に囲まれた公衆トイレの前に出ます。金剛葛城山系の稜線を縦走する長距離自然歩道「ダイヤモンドトレール」を歩く人々のためのトイレです。

さらに歩くと紀見峠（標高400㍍）です。和歌山県橋本市側に、旧国道から分岐して高野街道が残り、「高野山女人堂江六里」と刻む里程石（六里石）が立っています。

その隣には「岡潔（おか・きよし）生誕の地」の碑も。世界的な数学者の岡（1901～78年）は大阪市で生まれましたが、父親の実家がある紀見村（現橋本市）で育ったことにちなみます。

紀見峠の和歌山県橋本市側に立つ六里石（左）

紀見峠

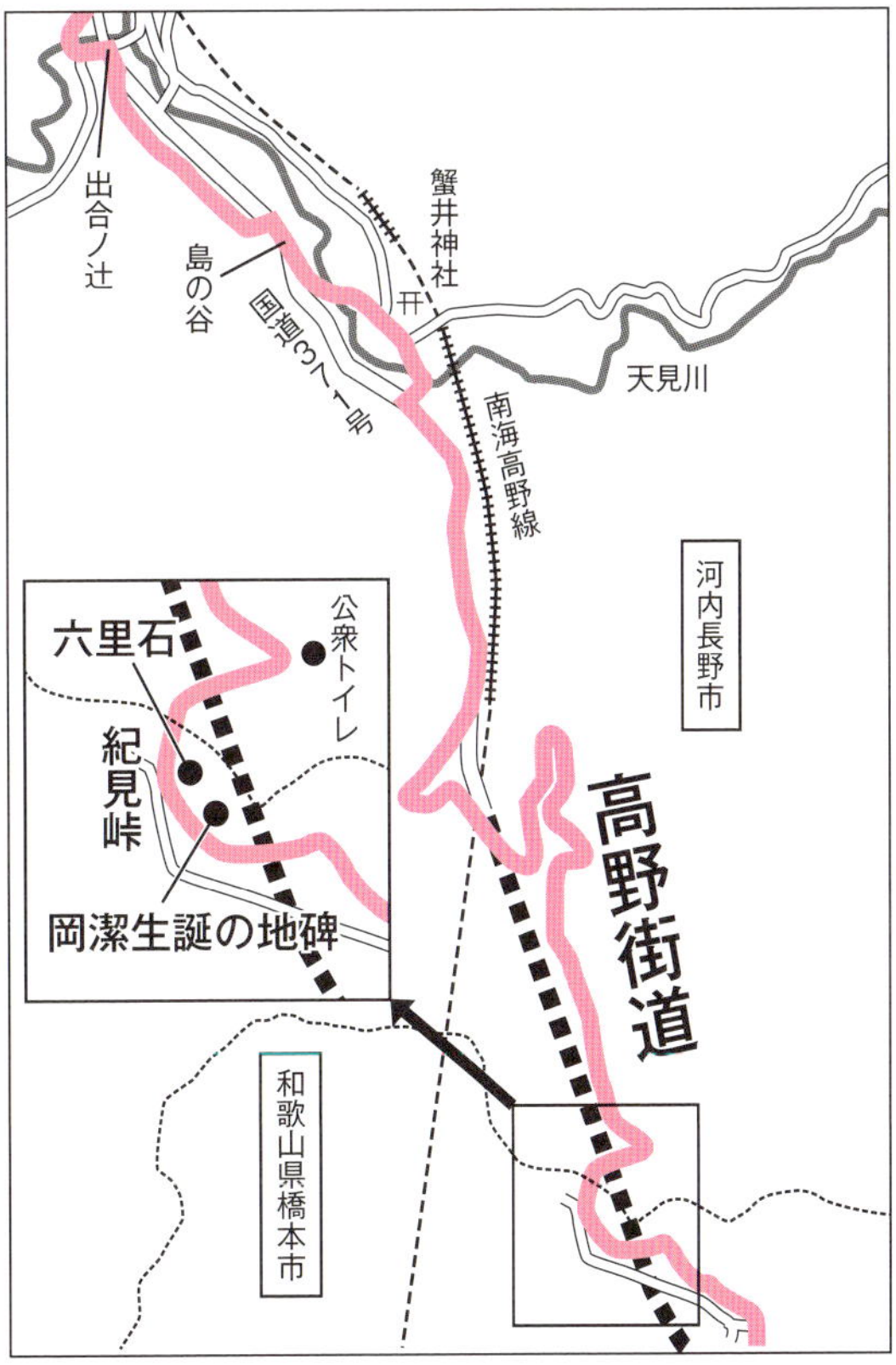

第7章　竹内街道

大阪と奈良を東西に結ぶ街道。堺市を起点に、松原・羽曳野両市、太子町を抜け二上山の南で奈良県との府県境の竹内峠を越えて奈良県葛城市の長尾神社へつながる。

竹内街道（1）概観

大阪と奈良を東西に結ぶ

竹内（たけのうち）街道は、大阪と奈良を東西に結ぶ街道です。堺市堺区の大小路（おおしょうじ）を起点に、松原・羽曳野両市を通り、太子町へ。二上山の南で奈良県との府県境の竹内峠を越え、終点は奈良県葛城市の長尾神社。全長は約30キロメートル、大阪府域は約23キロメートルです。

大阪側の街道の起点、堺市堺区の大小路にある説明板

「竹内街道」と呼ばれるようになったのは江戸時代からで、時代により経路や役割に違いがありますが、起源は古代国家時代の官道（国道）である丹比道（たじひみち）とされています。「日本書記」の推古天皇21（613）年11月の条は「難波（なにわ）より京（みやこ）に至る大道を置く」と記述。この「大道」と、竹内街道と葛城市から桜井市に通じる「横大路」の経路の大部分が、重なるという説です。

2013年は「大道」の敷設から1400年に節目に当たるとして、沿道の自治体などが「竹内街道・横大路（大道）活性化実行委員会」を結成。道しるべなどの整備や、各種の行事などに取り組んでいます。

街道の経路は大阪府都市整備部「街道ウォーキングマップ・竹内街道」によりました。

街道敷設1400年を記念する道標

竹内街道(2)　堺市堺区

西高野街道と分かれて

堺市堺区内で南北に走る大道筋（だいどうすじ、「紀州街道」）と、東西に通じる大小路筋（おおしょうじすじ）が交わる地点から歩き始めます。交差点の南西、大小路筋に面して「泉摂両国／堺南北両庄／の界／大小路」の石碑があります。

大小路筋にある石碑

大小路筋は、中世には堺を「北庄」と「南庄」に分け、近世では「和泉国」と「摂津国」の国境。「堺」という地名は、「摂津」「和泉」「河内」の三国の「境（さかい）」の街として発展したことに由来するとされています。

竹内街道（左）と西高野街道（右）の分岐点

その大小路筋を東へ進み、阪神高速15号堺線の高架をくぐって歩道橋を渡り、堺市役所や裁判所などが並ぶ中心市街地へ。南海堺東駅の南で、府道30号大阪和泉泉南線に突き当って南下、「新町」の信号で左（東）に折れて、南海線の踏切を越え、榎元町に入ります。

蛇行する道を進んでいくと、榎元町２丁の道の左手奥に、地域の人々や旅人の信仰を集めたという「榎宝篋印塔（えのきのほうきょういんとう）」（1648年建立）があります。

榎宝篋印塔

ここまでの竹内街道の道筋は西高野街道と重なっていますが、榎元町４丁で分岐。近くの地蔵堂の横に「高野山女人堂江十三里」と刻む里程石があります。

分岐点から左が竹内街道で、沿道には街道を示す堺市の道標も。住宅地の中を歩き、「向陵西町」の信号で府道２号大阪中央環状線に出ます。

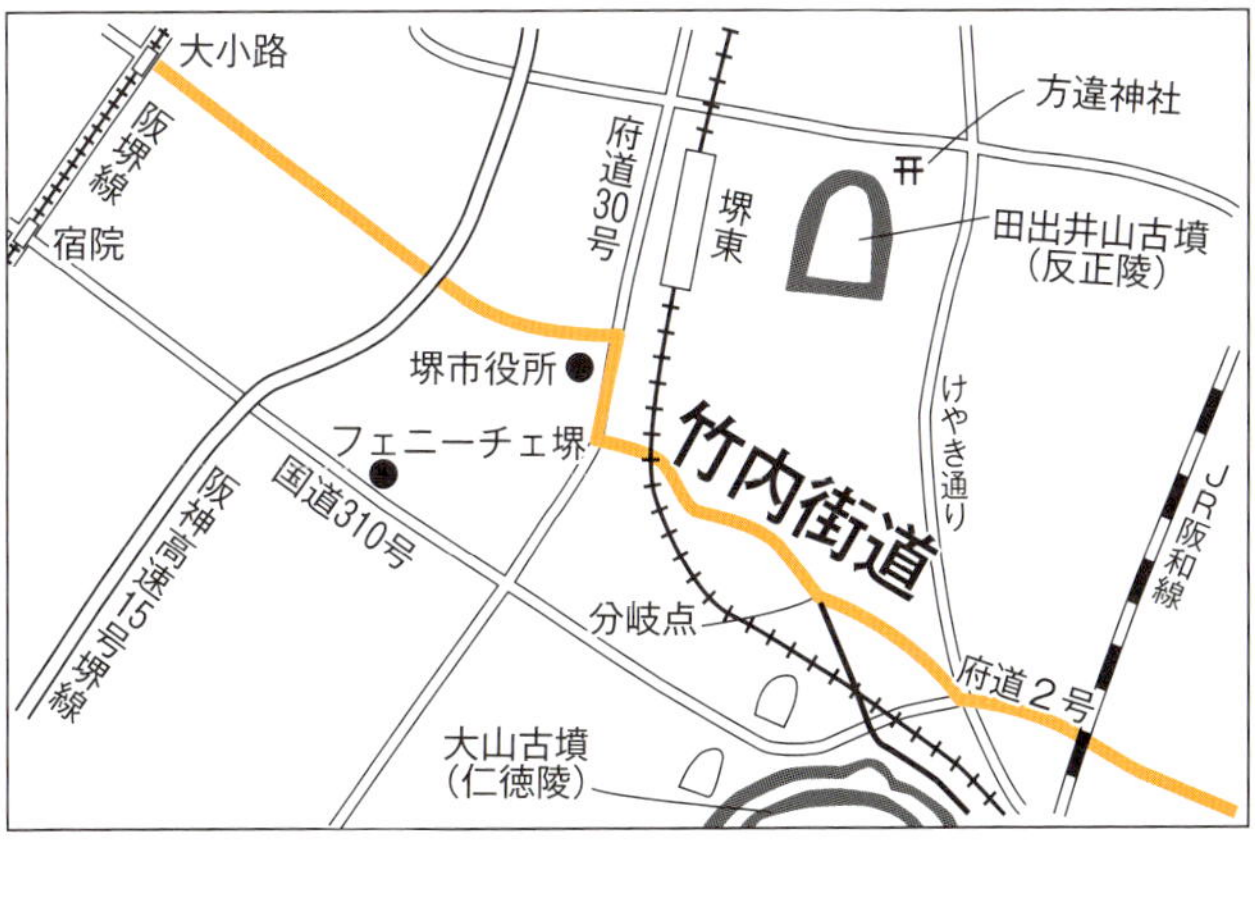

竹内街道（3）

堺市堺区から北区へ

黒土から長曽根、金岡

「向陵西町」の信号で府道2号大阪中央環状線に出て、交差点の南西方向を望むと、マンション群の間に森のようなものが見えます。ユネスコの世界文化遺産に登録された百舌鳥古墳群の一つ、大山古墳（仁徳陵）の後円部の墳丘です。

府道２号を東進して、阪和線を越えると向陵中町の交差点。府道2号と35号堺富田林線にはさまれた道へ進み、堺市北区黒土町に入ります。途中、道の左手（北側）には黒土西地蔵尊があり、そばに堺市の「竹内街道」の道標があります。

黒土西地蔵尊と「竹内街道」の道標

長曽根町を抜けて、府道28号大阪高石線（ときはま線）を越えて金岡町へ。屈曲する道を歩いて行くと、道の右手（南側）に堺市立金岡小学校、その向かいに金岡公民館とJA堺金岡支所の建物があります。

堺市立金岡小学校の塀にあるタイル壁画

金岡小学校の塀には「竹内街道に沿う家並　金田（かなた）・長曽根」と銘打った横長のタイル壁画があります

1889年に金田村と長曽根村が合併して金岡村（1937年に堺市に合併）が成立するまで、この地域は「金田」と呼ばれる村落でした。

壁画には1930年ごろの地域の様子や点在するため池、奈良時代から江戸時代の集落である長曽根遺跡の位置などが描かれています。当時、街道沿いに金岡小学校（現在地）、金岡村役場や魚屋や散髪屋、豆腐屋などの商店が並んでいたことが分かります。

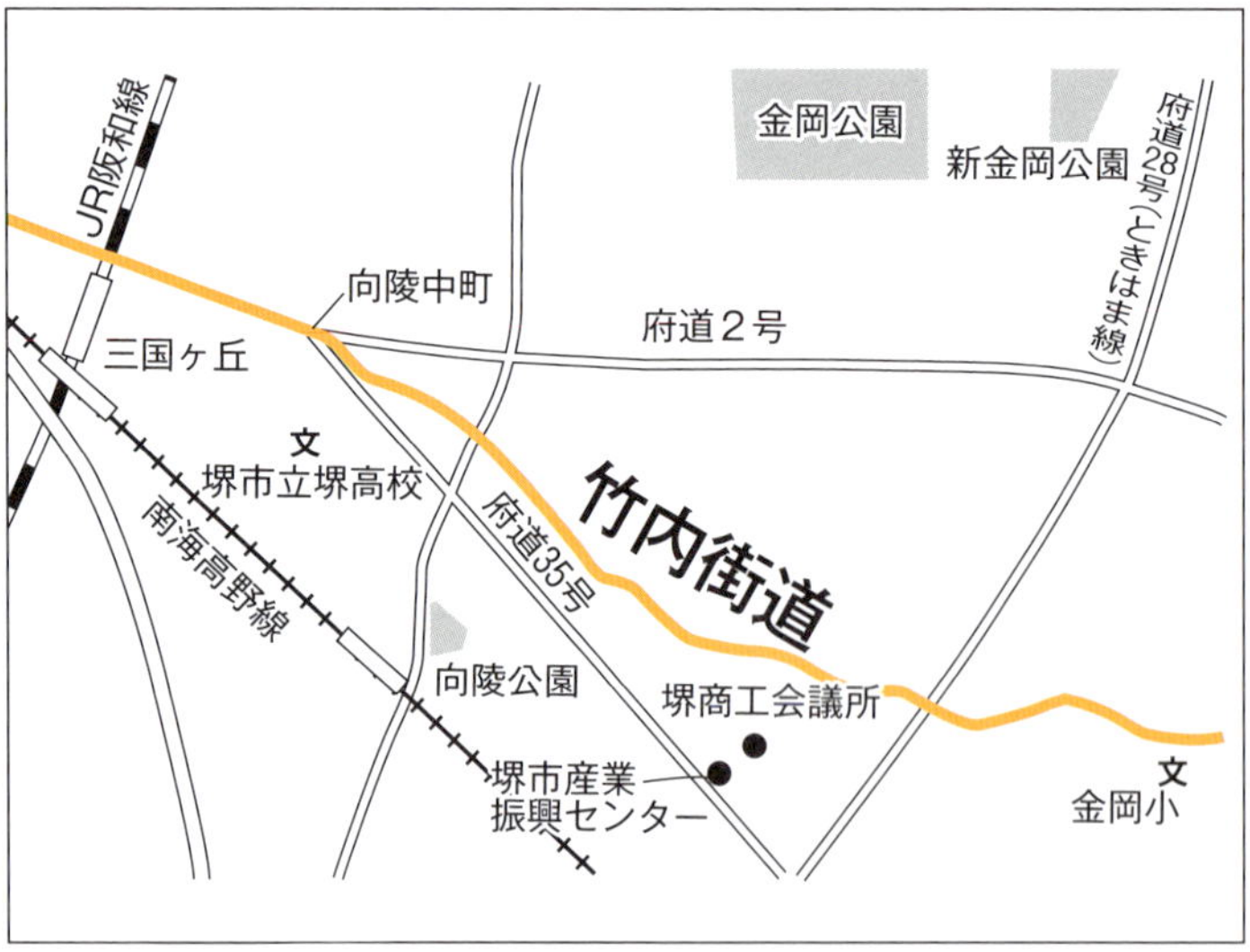

竹内街道（４）　堺市北区

金岡神社は街道沿いに

竹内街道沿いの金岡神社にはクスノキの大木が

　金岡小学校前を過ぎると街道はいったん大きく屈曲。真っ直ぐになった先に、金岡神社の朱の鳥居が見えます。府道192号我堂金岡線との交差点の北西に金岡自治連合会館があり、街道の経路や神社仏閣を紹介した案内図が立っています。

　金岡神社は、平安時代の仁和年間（885～889年）の創建とされ、この地に住んだという平安前期の宮廷絵師、巨勢金岡（こせのかなおか・生没年不詳）を祭っています。

　金岡は、中国風の風景・風俗画を日本流にする上で功績があったとされる人物です。作品は現存しませんが、鎌倉時代の説話集「古今著聞集」は、金岡が描いた馬の絵にまつわる話を伝えています。その馬は夜になると動き出し、襖絵の萩の花を食べるので、馬がつながれているように描き直したところ、そういう不思議なことはなくなったと。神社の南側に通じる部分の街道は石畳。その先の沿道には古民家や土蔵などが続きます。集落の一角にある「金岡淵跡」は、かつて清水が湧き、巨勢金岡が絵筆を洗った地とされています。

　南北に通じる府道192号を超え、東西に走る府道２号を渡ると、府営大泉緑地。公園の南側に沿って中村町内を東へ歩き、大池というため池の北岸を回り込み、野遠町（のとうちょう）と八下北（やしもきた）の間に通じる道をさらに東へ進みます。

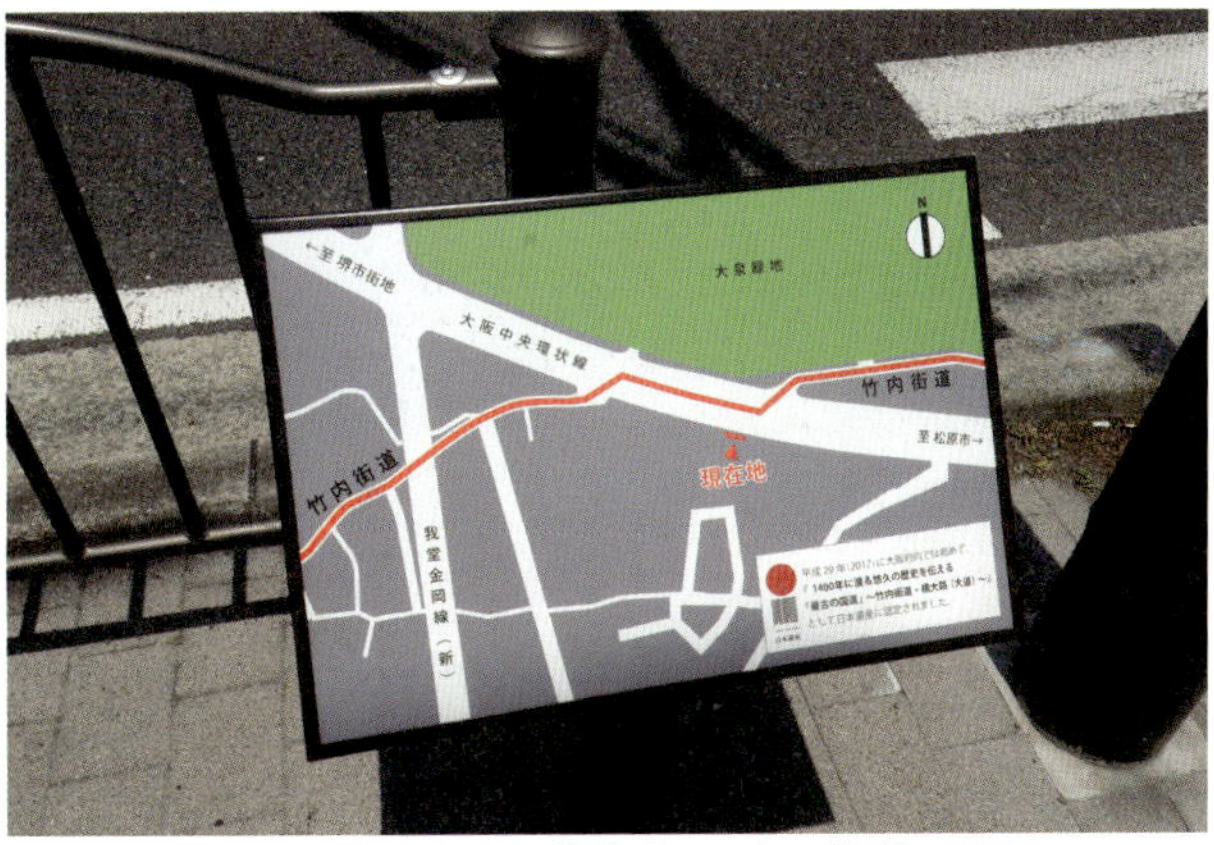

府道２号大阪中央環状線沿いにある街道の略図

竹内街道(5)

松原市南部を東西に

堺市から松原市へ

街道は大池の東で屈曲した後、野遠町と八下北との間に、ほぼ真っ直ぐ続いています。沿道に工場や倉庫、住宅などが混在するほか、水田や水路も残り、堺北八下郵便局のある辻で、下高野街道と交差します。その先の道の右手(南側)、八下北5丁目に「竹内街道」の道標(1992年9月)。街道を顕彰する道標は、堺市域ではこれが最後です。

道はやがて左(北)へ曲がり、わずかな上り坂となって西除川を西除橋で渡ります。堺市と別れ、松原市内へ。岡7丁目内を東へ進み、「丹南北(たんなんきた)」の信号で国道309号を渡ると、道の左手が岡1丁目で右手が岡6丁目。岡橋で小さな川を渡ります。

道の左手、岡5丁目にある岡公園の前には「日本遺産・竹内街道のあるまち・松原市」と記したのぼりがはためき、街道について記した立派な説明板もあります。

松原市南部を通過する竹内街道は東西約1・5キロメートルと短い区間。説明板は、この先で中高野街道と交差する付近は、かつて「茶屋筋」と呼ばれ、伊勢参りの人々のための宿屋や料理旅館が立ち並び、多くの人が行き交う場所だったと紹介。「近代まで河内と大和を結ぶ物資運搬のための経済道であるほか、伊勢参りや大峯参詣などの信仰の道でもあり、現在は生活道路として人々の生活にとけ込んでいます」と記します。

松原市の岡地域に続く竹内街道

岡公園前にある説明板

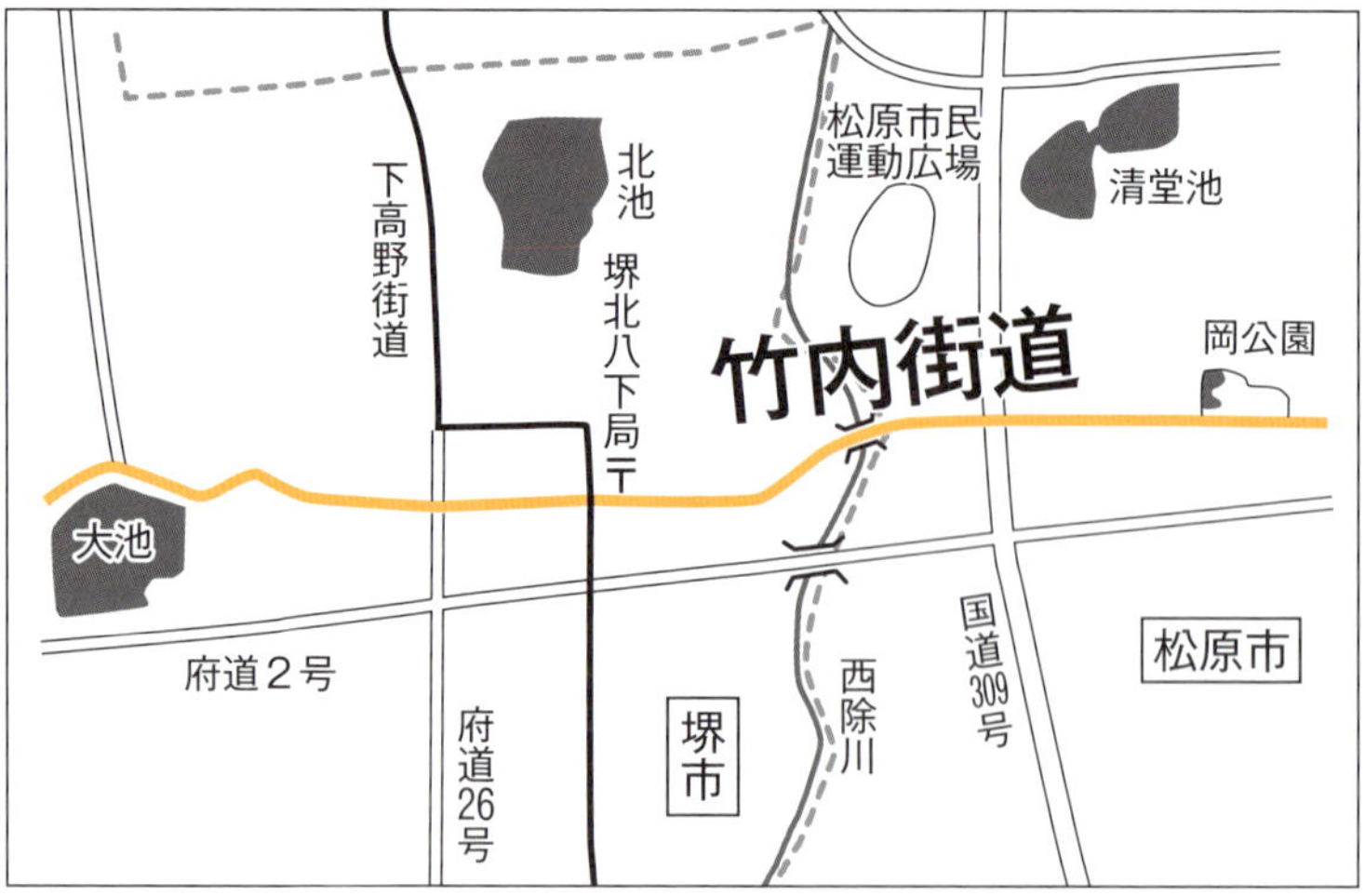

竹内街道（6）　松原市

中高野街道と交差

竹内街道（右奥）と中高野街道（左から）の交差点にある道標

松原市岡5丁目の岡公園前を過ぎると、間もなく南北に通じる中高野街道と交差。交差点の北西に松原南コミュニティーセンターがあり、その前に竹内街道の説明板と、古い角柱の道標が立っています。

道標は寛政9（1797）年、伊勢神宮を信仰する人々の団体「伊勢講」が建てたもの。「右／ひらの／大坂／道」「左／さやま／三日市／かうや／道」「左／さかい」と刻まれています。

この交差点から南へ向かう道は、1923年に設けられた新道。それまで中高野街道は、交差点からいったん東へ100メートルほど竹内街道と重なってから、南へと分かれて続いていました。その分岐点である岡4丁目の一角にも道標があります。伊勢講が寛政9年に建てた道標を、2013年に復元したもの。松原市の説明板によると、竹内街道で確認されている56基の道標のうち、太子町内の元文4（1739）年の道標などに次いで、3番目に古いものだとのことです。

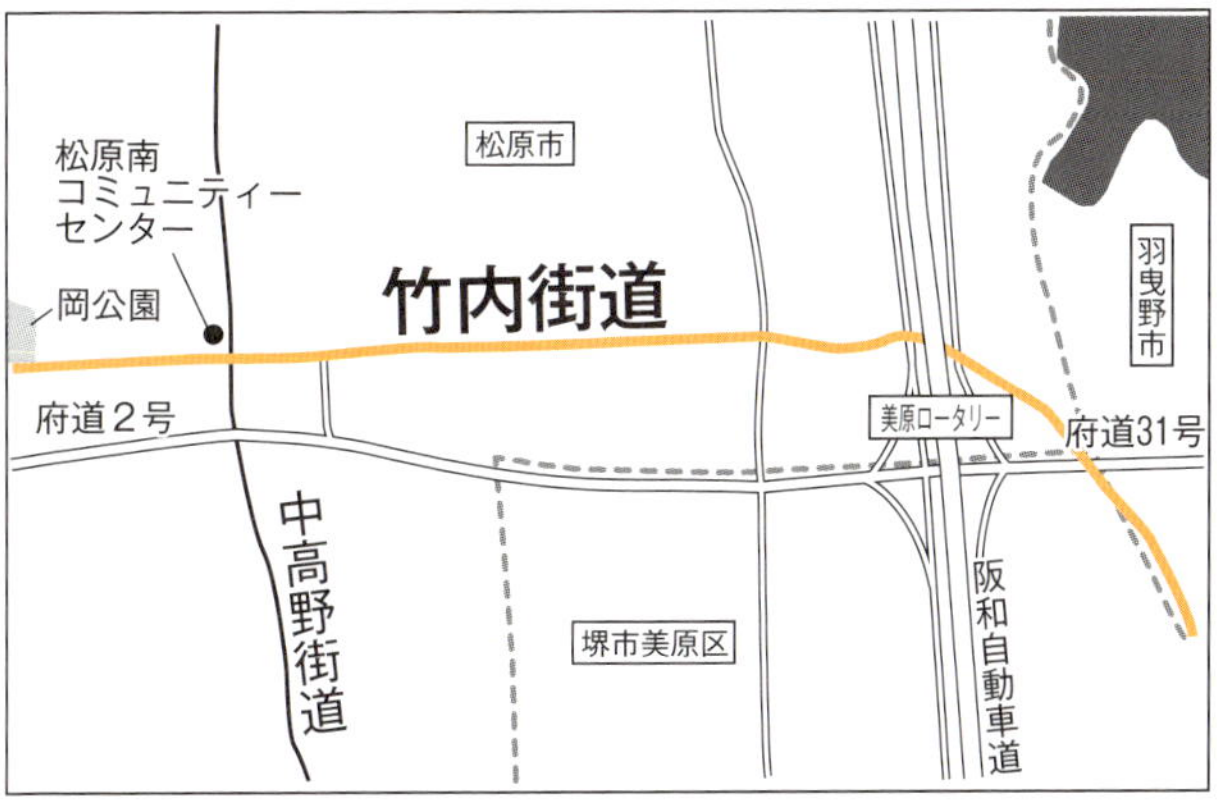

街道は続いて松原市立部（たつべ）地域へ。「立部西」の信号に出る手前、道の右手（南側）の松原市宮柏木住宅の前にも、竹内街道の説明板（松原市）などがあります。阪和自動車道の高架をくぐり、美原ロータリーの東へ。府道31号堺羽曳野線を渡って松原市を離れ、堺市美原区と羽曳野市の境界に通じる街道を進みます。

岡４丁目の道標と街道

竹内街道（7）

東除川を渡って丘陵地へ

羽曳野市（その1）

羽曳野市域に入った街道は、一文字の町名「野（の）」の地域を東へ向かいます。「新ケ池」の北側を過ぎ、府道188号郡戸大堀（こおずおおぼり）線に突き当たって左折。野公民館の前には「日本遺産・竹内街道」ののぼりが立ち、近くに日吉神社があります。ここから府道と分かれて東へ進む道が街道。進行方向に二上山、葛城山、金剛山の山並みを望んで歩いて行きます。

道の右手（南側）、「樫山池」の隣にあるのが、羽曳野市立丹比（たんぴ）コミュニティセンター。街道に面して立つ標柱には、同センターの愛称「丹治（たじ）はやプラザ」と共に、「官道第一号・竹内街道」の文字が記されています。

「竹内街道」は近世の呼び名。その経路の起源とされるのが古代の官道「丹比道（たじひみち）」です。現在の羽曳野市はかつて河内国の中の「丹比郡（たじひのこおり）」の一部でした。明治時代には羽曳野市西部一帯は「丹比（たんぴ）村」に。コミュニティセンターや羽曳野市立丹比（たんぴ）小学校に、その名が残っています。

緩やかな下り坂を進み、「伊勢橋」で東除川を渡ります。現在の橋は1987年に完成したもので、東詰には1931年に架けられた旧橋の親柱が保存されています。橋を渡って羽曳野市伊賀地域に続く通称「五軒屋の坂」と呼ばれる坂を進み、羽曳野丘陵へと上がります。

丹比コミュニティセンター前に立つ「官道第一号・竹内街道」の道標

東除川に架かる伊勢橋

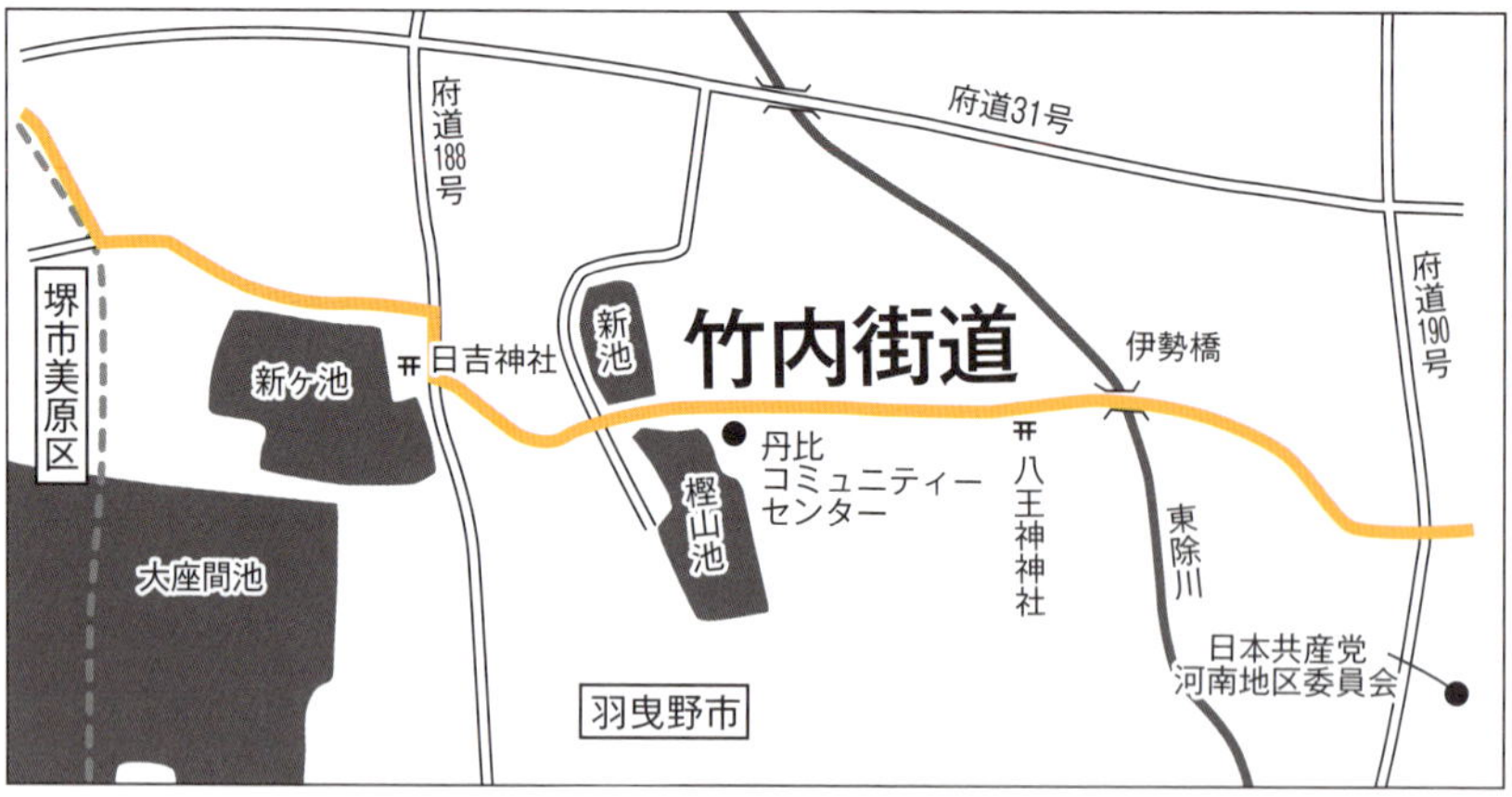

竹内街道（8）

聖徳太子ゆかりの寺院

羽曳野市（その2）

羽曳野丘陵に上がると、街道は伊賀４丁目と、はびきの５丁目の間に通じています。しばらく道は平坦になって落ケ池の北を通過。伊賀地域から野々上（ののうえ）地域に入ると、道は再び上り坂となり、左（北）へ屈曲しながら進んで、野々上４丁目の東端でバス通りとの交差点に出ます。

「中の太子」として知られる野中寺の本堂

交差点の北西角には、羽曳野市民（個人）が寄贈した高灯籠が建ち、そのそばに竹内街道について説明した羽曳野市の石碑（２０００年）も。街道から離れて交差点から北へ進むと、東西に走る府道31号堺羽曳野線に面した高野山真言宗の寺院、野中寺（やちゅうじ）に着きます。

街道が通じる交差点に建つ高灯籠

聖徳太子の命で蘇我馬子が建てたと伝えられる野中寺。叡福寺（太子町）の「上の太子」、大聖勝軍寺（八尾市）の「下の太子」とともに、「中の太子」として呼ばれる、聖徳太子ゆかりの寺です。

７世紀の中ごろ、飛鳥時代に創建された当時は、南門は丹比道（後の竹内街道）に沿っていたと推定されています。

14世紀の南北朝時代の戦乱で焼失しましたが、江戸時代に再興。境内には飛鳥時代の金堂跡や塔跡などが残されており、国指定史跡となっています。また弥勒菩薩像（飛鳥時代）と地蔵菩薩像（平安時代）と国の重要文化財に指定。境内奥の墓地には、人形浄瑠璃や歌舞伎にも描かれた「お染・久松」の墓もあります。

竹内街道（9）

羽曳野市（その3）

古市古墳群と出会いながら

　野中寺から街道に戻って東へ向かいます。「大神宮」の文字が刻まれた伊勢灯籠（1869年）がある地点で右（南）に曲がり、羽曳野丘陵の東縁を南進。途中、道の左手（東側）にボケ山古墳（仁賢陵、藤井寺市内）があり、北東方向には誉田御廟山（こんだごびょうやま）古墳（応神陵）の墳丘も見えます。

街道が南に曲がる地点に建つ伊勢灯籠

　堺市の百舌鳥古墳群とともに世界文化遺産に登録された古市古墳群（羽曳野・藤井寺両市）。古墳時代中期（5世紀）に築造された誉田御廟山古墳は、古市古墳群最大の前方後円墳で、百舌鳥古墳群の大山古墳（仁徳陵）に次いで日本国内第2位の大きさです。

　街道は丘陵から下りて関西電力羽曳野配電営業所の西側に出ます。東西の道路をはさんで向かいにあるのが峰塚公園。園内には峯ケ塚古墳（国指定史跡）と、古墳時代終末期の小口山古墳があります（ボケ山古墳と小口山古墳は世界文化遺産登録外）。

　公園の前の道を東へ進み、大阪外環状線を越えて右（南）へ入ります。道は石畳となり、沿道には軽羽迦（かるはか）神社があり、古い街並みが残ります。その先で道の右手に視界が開け、水をたたえた濠に囲まれた、前の山古墳（白鳥陵）の墳丘が姿を見せます。

　古墳時代各期の古墳と出会ってきた街道は濠の北側堤を通って東へ下りると、いったん消滅。近鉄古市駅前に出ます。

前の山古墳（白鳥陵）の濠の北側堤上に続く街道

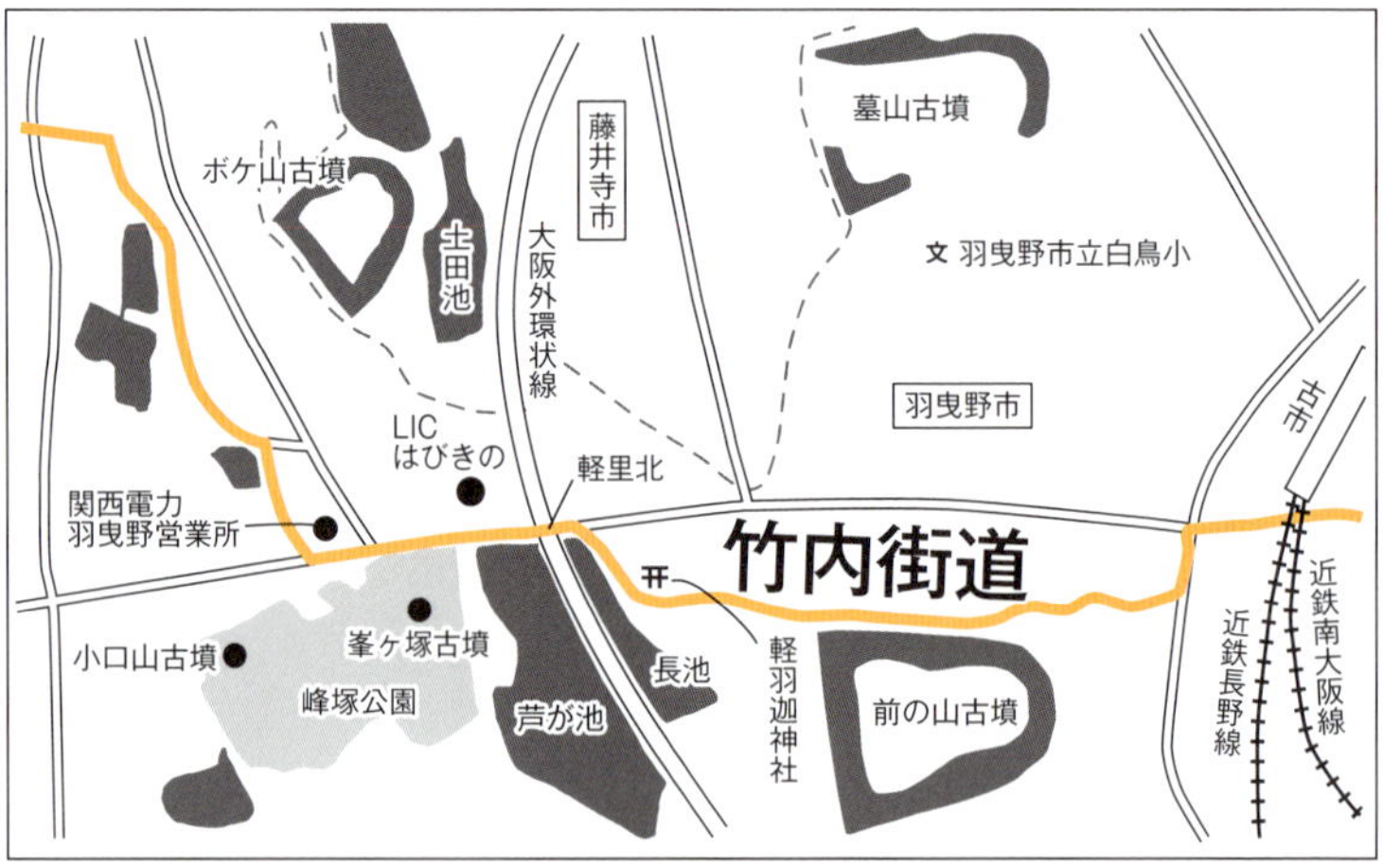

竹内街道⑩　羽曳野市（その4）

石川を渡って駒ヶ谷へ

近鉄古市駅の南で長野線と南大阪線の踏切を越えて、商店や住宅が続く道を東へ進みます。途中で南北に通じる東高野街道と交差。その先の公園のある地点で道はかぎ型に曲がり、やがて石川の堤防に突き当って左へ。先に大乗川（石川の支流）に架かる大乗橋、次に石川に架かる臥龍橋（がりょうばし）を渡ります。橋の上からは金剛山や葛城山が見えます。

川向の道標

石川の東岸沿いを少し右（南）へ行き、東へ折れます。分岐点には「川向（かわむかい）の道標」と呼ばれる2基の古い道標。近鉄南大阪線と並行するように進んで、駒ヶ谷地域に入ります。

駒ヶ谷駅の近くを流れる飛鳥川に架かっているのが「逢坂橋」。これを渡ったところに「竹内街道」の説明板があり、駒ヶ谷の集落に入っていきます。沿道には街道を顕彰する辻行灯（つじあんどん・江戸時代の街灯）も整備されています。

道幅は狭く、虫籠窓（むしこまど）のある古い民家もあって、静かな街並みが続きます。杜本（もりもと）神社を過ぎ、再び飛鳥川を渡る「月読橋」に出ます。橋の北詰には、江戸時代の文政5（1822）年に建てられた伊勢灯籠があります。説明板によると、旅の費用を分担して代表が伊勢神宮に参拝する「伊勢講」が、村内の安全と、竹内街道を往来する旅人の道中の無事への願いを込めたものとされています。

羽曳野市駒ヶ谷の街道。古い街並みが続きます

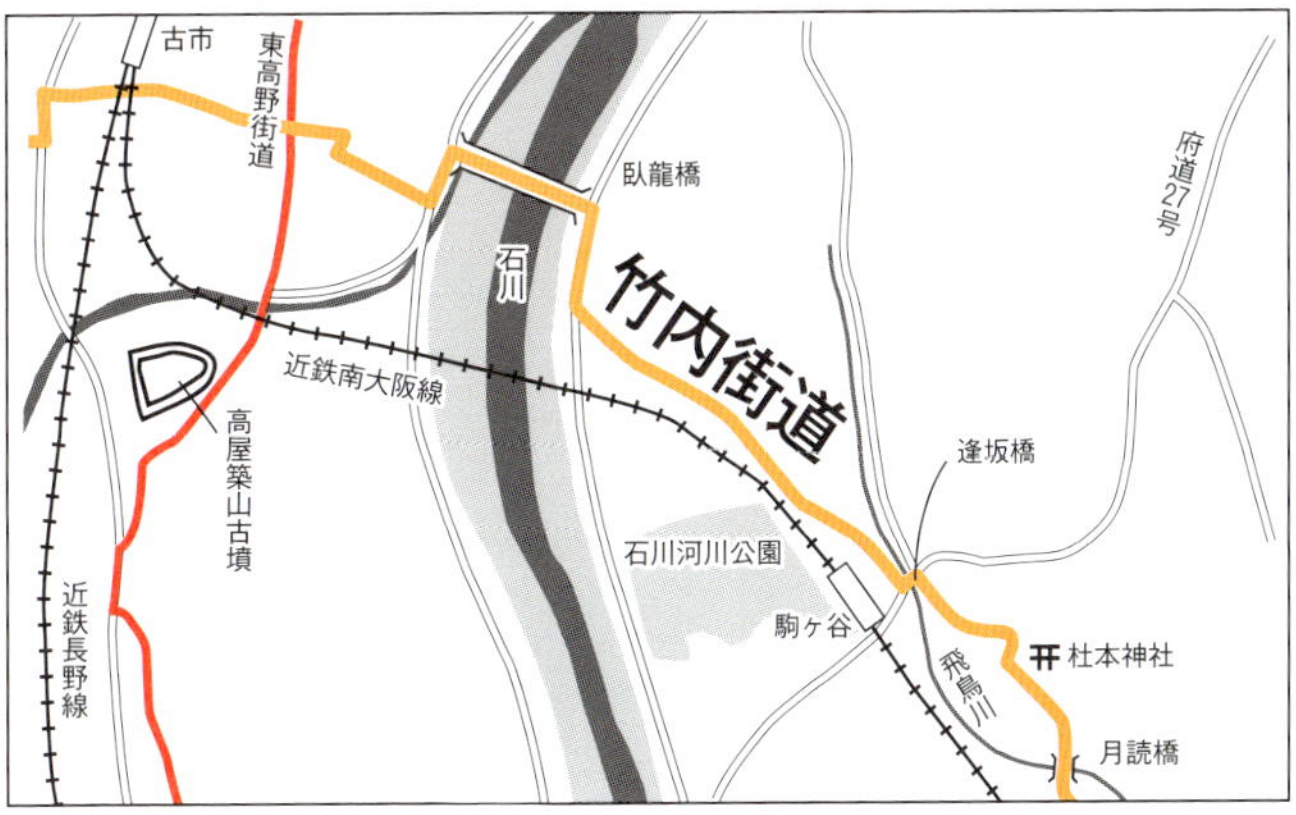

竹内街道⑪

羽曳野市（その5）

飛鳥の集落内に続く街道

「月読橋」で飛鳥川を渡って行くと、道幅は広くなり、近鉄南大阪線と並行して続きます。羽曳野市立駒ヶ谷小学校の前を過ぎると、道の右側の一角にあるのが高さ約2㍍の「八丁地蔵尊」。その隣に「役行者錫杖水（えんのぎょうじゃしゃくじょうすい）」の石碑があります。

八丁地蔵尊と役行者錫杖水の碑

役行者は7世紀後半から8世紀にかけての山岳修行僧。修験道の開祖とされ、吉野の金峰山（きんぷせん）などを開いたといわれる伝説的な人物です。この地にある道標は、役行者が錫杖（修験者などが持つ杖）で掘り当てた水であることを伝えるもの。江戸時代後期、堺の鋳物職人で慈善事業にも尽くした神南辺隆光（かんなべ・りゅうこう）が建立したと伝えられています。

道の両側には、羽曳野特産のぶどう畑が続き、前方には二上山の雄岳と雌岳の2つの山頂が見えます。

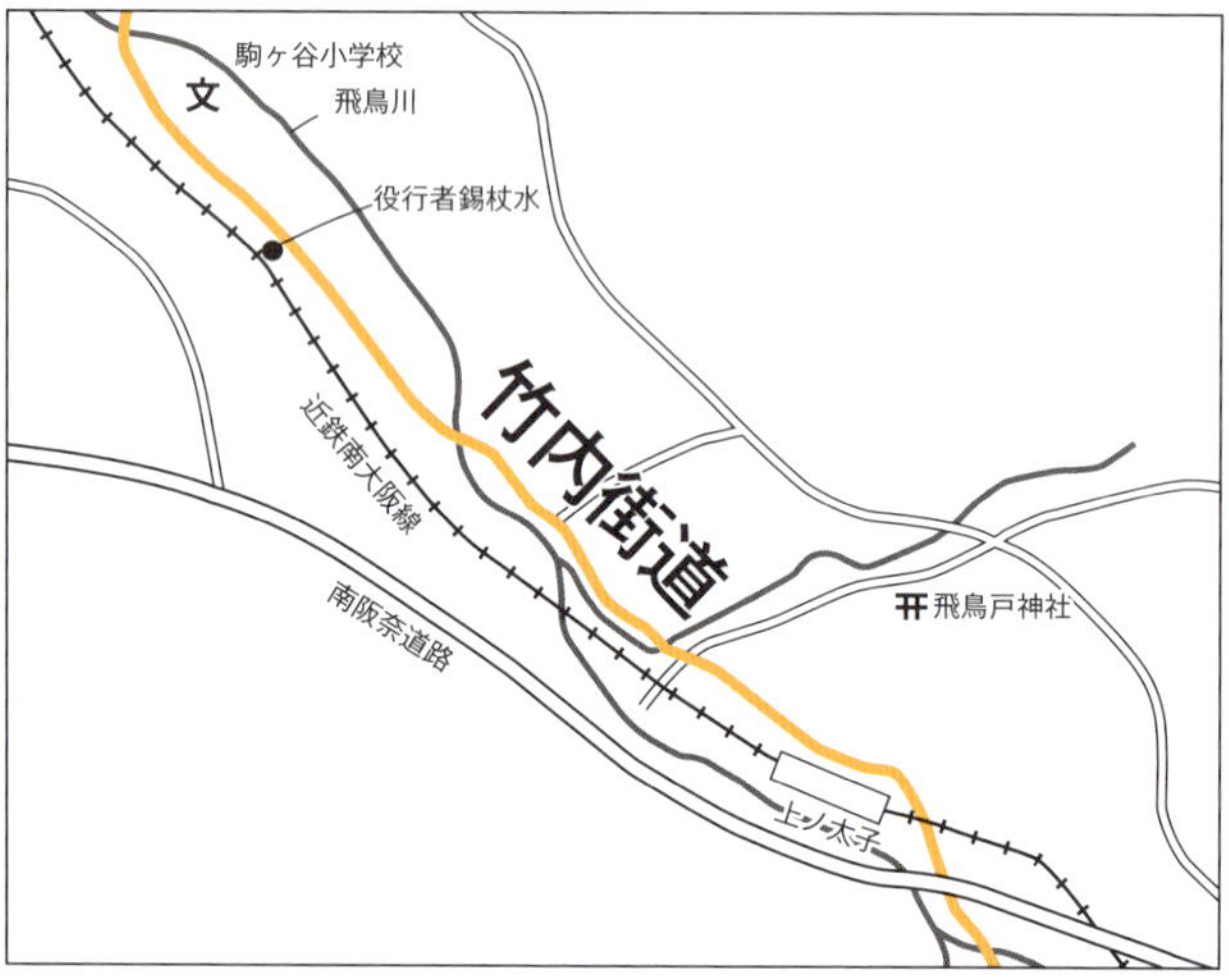

「八丁橋」を渡ってさらに進むと、やがて道は1車線の細い道となり、羽曳野市飛鳥の集落へ。飛鳥川に沿ってゆるやかに蛇行する街道の両側に古民家や土蔵などが残り、飛鳥川に面した民家からは道に出るための石橋も架かっています。

「ワイン工房」の看板も出ている道を抜けると、近鉄南大阪線の上の太子駅前に出ます。駅の東で踏切を渡り、南阪奈道路の高架をくぐった先で、竹内街道で府内最後の太子町に入ります。

羽曳野市飛鳥の集落内。飛鳥川に沿って街道が通じています

竹内街道⑫

太子町（その１）

街道の歴史的景観伝える

街道沿いの旧山本家住宅

太子町内の街道。正面奥に見えるのは二上山

太子町春日の地域に入ると登り坂になり、「春日西」の信号のある辻に出ます。「竹内街道」の説明板のある地点から、白っぽく舗装された道が街道。妙見寺（曹洞宗）を過ぎて突き当りとなります。ここには「竹内街道開設１４００年」を記念して設置された「緑の一里塚」（２０１３年）があります。

突き当りを左折し、真正面に二上山を望みつつ進んで、すぐに右折。春日の集落内に通じる道は、緩やかに蛇行し、やがて東西に通じる道と交差し、太子町山田地域に入ります。

この交差点から西へ行けば叡福寺。「上の太子」として知られる聖徳太子ゆかりの寺院で、太子の墓所とされる叡福寺古墳（磯長墓＝しながのはか）があります。

交差点付近で飛鳥川に架かる２つの橋（六枚橋、新六枚橋）を渡ると山田地域。「六枚橋東」の信号で国道１６６号線を越えて行くと、山の中に分け入るように細い道筋が続いています。

やがて道の右手（南側）に姿を見せるのが、かやぶきの古民家「大道（だいどう）旧山本家住宅」。

主屋は大和棟（やまとむね）と呼ばれる建築様式で、江戸末期のものと推定されています。竹内街道の沿道の歴史的景観を伝えるものとして、国登録有形文化財に指定されており、2004年から一般公開されています。隣接する「太子町竹内街道交流館」は、観光客や街道散策者のための休憩所として土日祝日に開館しています。

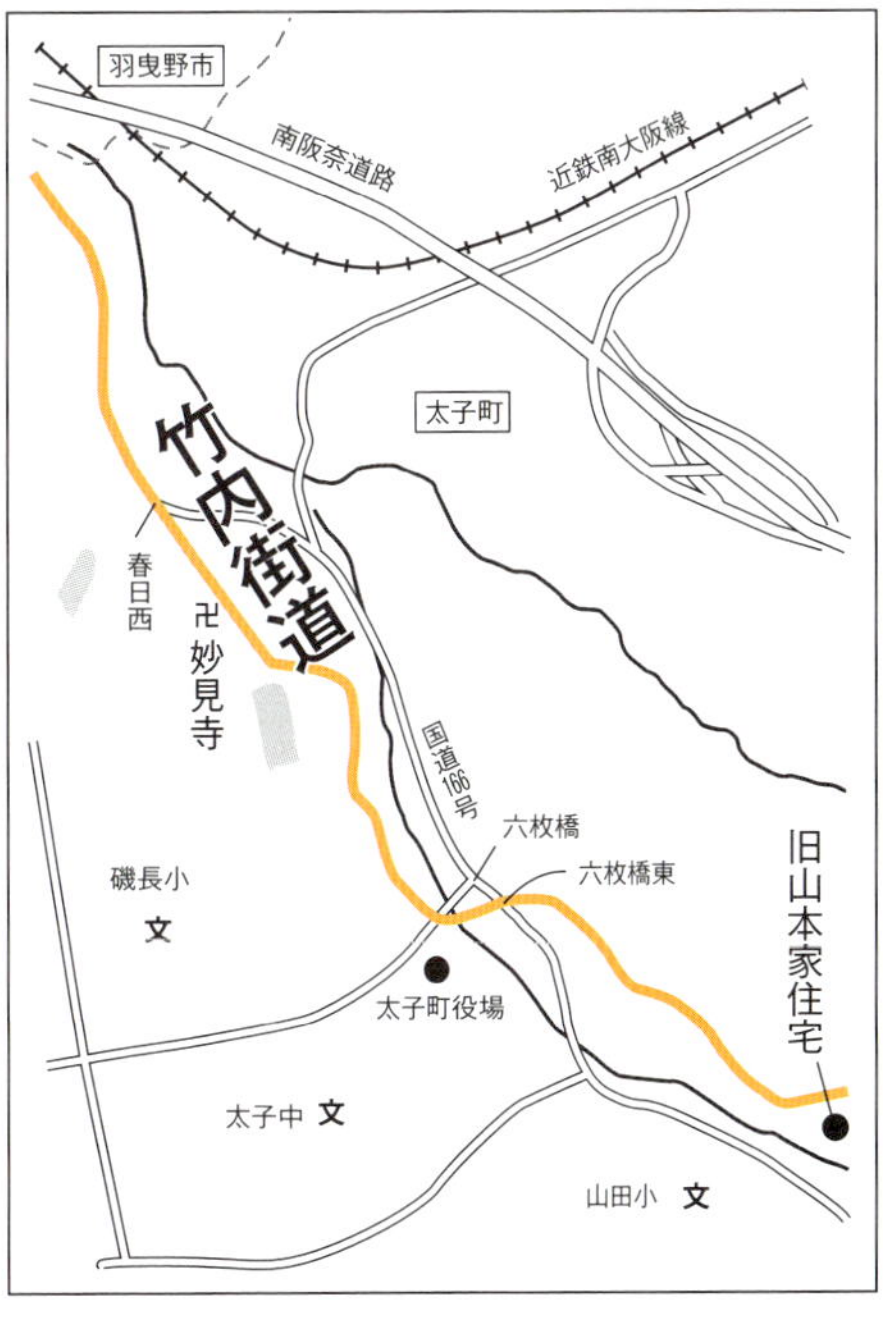

竹内街道⑬

竹内峠を越えて奈良県へ

太子町（その2）

「大道旧山本家住宅」から登り坂を少し行くと、左の脇道を入ったところに、太子町立竹内街道歴史資料館があります。太子町のふるさとづくり事業の一環として、街道の整備と合せて建設されたもので、1993年に開館。竹内街道の歩みや太子町とのかかわり、考古資料などを展示するほか、毎年秋には企画展も開いています。

太子町立竹内街道歴史資料館

資料館から街道に戻って屈曲した道を進むと、道の駅「近つ飛鳥の里・太子」。この付近で街道の道筋はなくなり、「風鼻橋東詰」の信号で国道166号に合流。国道の歩道部分を歩いて大阪と奈良の府県境・竹内峠を目指します。

国道は交通量も多く、歩道部分がなくなる区間も。沿道には「竹内街道　歩行者（街道散策者）多し　走行注意」の看板が出ています。峠に近づくと道の右手に「右・河内国」「左・大和国」と刻んだ道標があり、そこから国道より高い位置に道がついています。それを登り切ると府県境。1875年に奈良県が建てた国境石などが並んでいます。

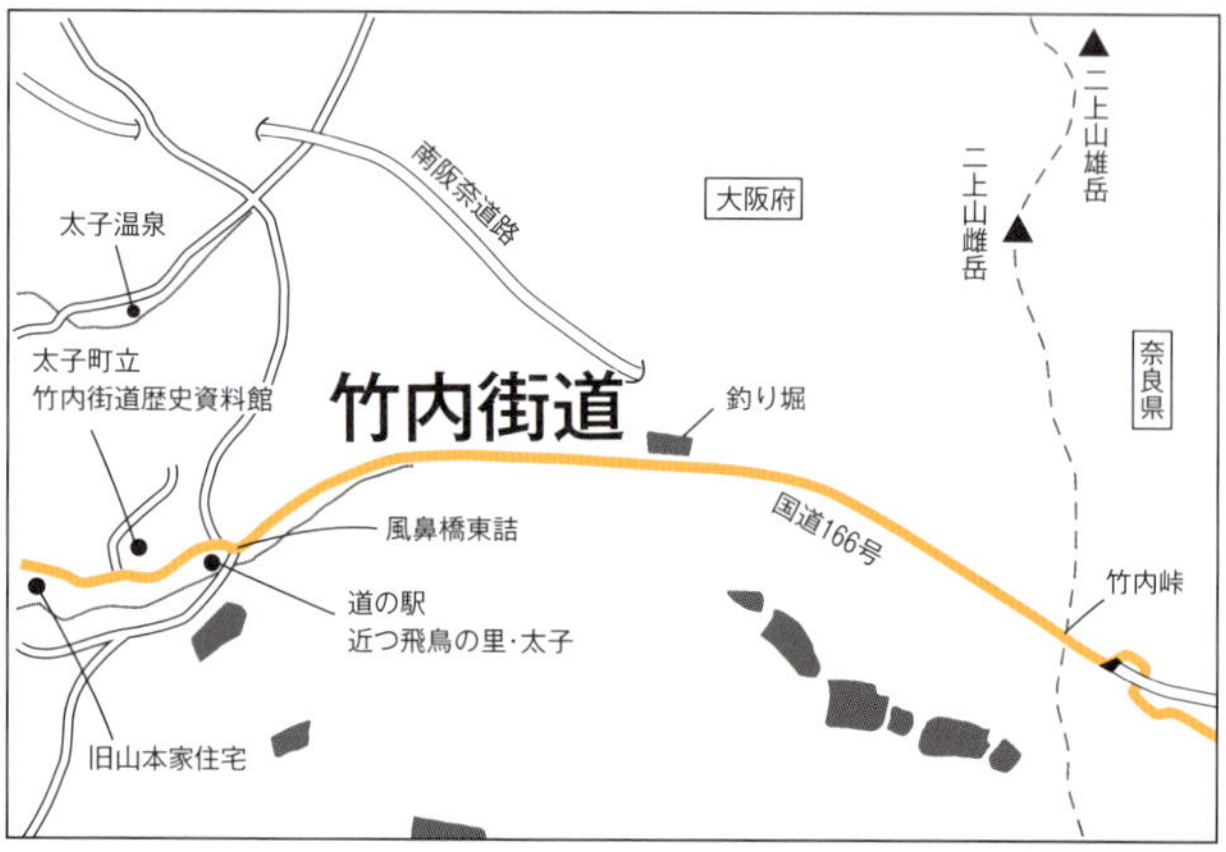

竹内峠は大阪府と奈良県の府県境。国境石などが並んでいます

メモ　竹内街道歴史資料館　開館時間＝午前9時半～午後5時（入館4時半）。休館日＝毎週月曜（祝日の場合は翌日）、年末年始。入館料＝一般200円、高校生・大学生100円、小・中学生50円。0721・98・3266
※2025年3月末まで改修のため休館

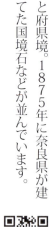

第8章　大阪市内の諸街道

近世から近代にかけ、大阪市域にはさまざまな街道が通じ、都市の発展を支えていた。往時の姿をとどめている道は少ないとはいえ、街道の沿道には大阪市の歴史を伝える顕彰碑や史跡などが多数存在する。

大和田街道（1）

大阪市北区（その1）

中之島・西天満　江戸時代には蔵屋敷が

これまで取り上げた京街道、熊野街道、暗越奈良街道も現在の大阪市域を通りますが、それら以外にも近世から近代にかけ、大阪市域にはさまざまな街道が通じ、都市の発展を支えていました。

「ライオン橋」とも称される難波橋の北詰

近代以降の道路整備や鉄道の発達、大阪大空襲の被害と戦後の復興などにより、往時の姿をとどめている道は少ないとはいえ、街道の沿道には、大阪市の歴史を伝える顕彰碑や史跡などが多数存在します。

大阪市は街道を調査し、整備・顕彰することで「より豊かな文化都市に育てよう」との目的で、1980年代に、歴史学者などでつくる「旧街道等調査委員会」を設置。その成果を「大阪市の旧街道と坂道」（発行＝大阪市土木技術協会、85年）にまとめました。この章では、街道の経路は同書の増補再版（87年）を参考にしました。

まず歩くのが「大和田街道」。この名称は1908年から淀川大橋（国道2号）が開通する1926年までの名称で、大阪と尼崎を最短距離で結んでいました。起点は堂島川と土佐堀川に架かる難波橋の北詰から、少し西に入ったところ。大阪弁護士会館、裁判所の南側の道を西進します。中之島や堂島は、江戸時代に全国の藩から100以上の蔵屋敷があった地。裁判所は、九州佐賀・鍋島藩の蔵屋敷跡です。

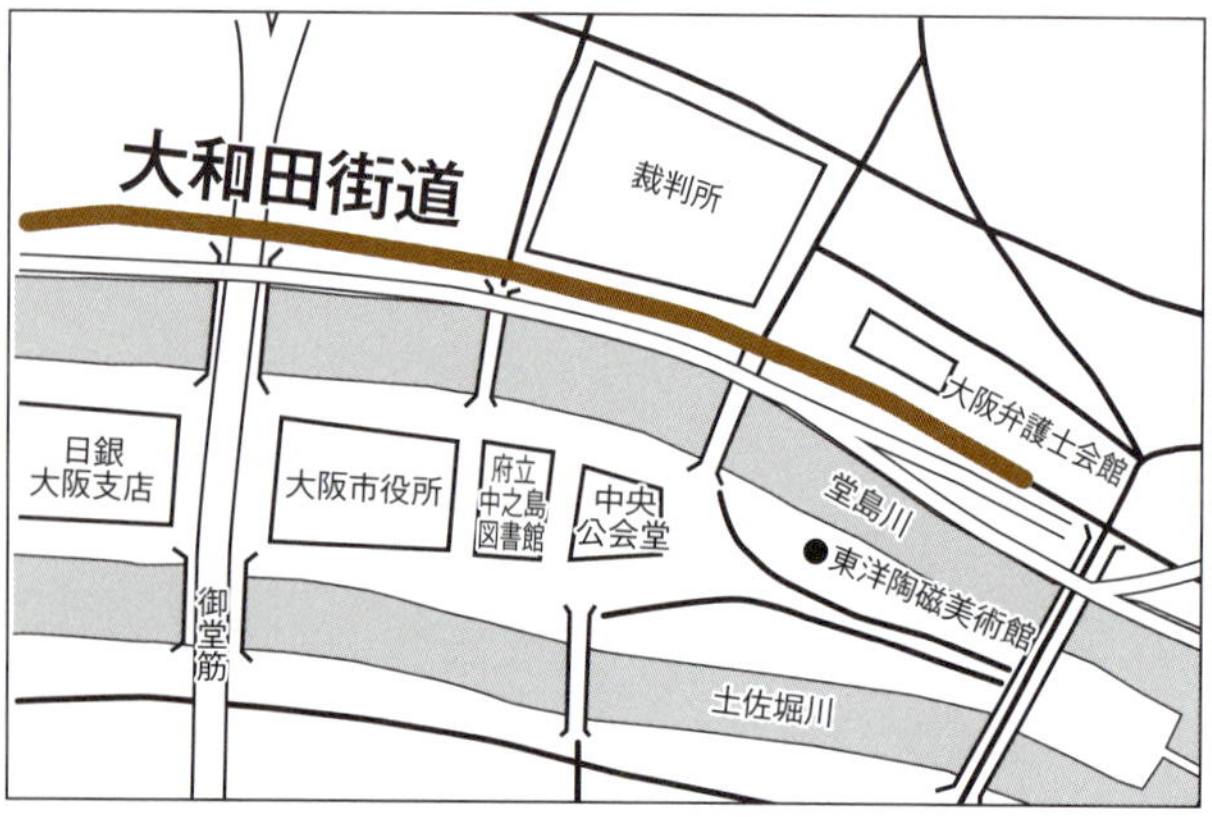

裁判所は鍋島藩の蔵屋敷跡

大和田街道（2）

大阪市北区（その2）

堂島周辺に点在する近世以降の史跡

大江橋北詰で御堂筋を渡って堂島川の北側、堂島浜地域を西へ進みます。大企業のビルやホテルが続き、堂島川の上には高速道路。街道の面影はどこにもありませんが、近世以降の史跡が点在しています。

堂島川に架かる中之島ガーデンブリッジの北詰には「堂島米市場跡記念碑」があります。江戸時代に大坂の豪商が米の取引を始め、幕府は享保15（1730）年にこの地の堂島米市場を公認。記念碑には「先物取引発祥の地とされている」と記されています。

「中之島ガーデンブリッジ」北詰にある
「堂島米市場跡記念碑」

渡辺橋北詰で四ツ橋筋を越えて行くと、NTTテレパーク堂島（NTT各社の情報通信施設）。南側に「五代友厚製藍所・西朝陽館跡」の碑があります。

鹿児島県生まれの五代友厚（1835～85年）は明治維新後、実業家として大阪で近代産業を起こし、大阪商法会議所（のちの大阪商工会議所）の初代会頭に。輸入藍に対抗するために設立した、国産藍の近代的工場が「西朝陽館」です。

大阪市堂島庁舎跡

テレパーク北側には「大阪市堂島庁舎跡」の碑も。大阪市は1889年の市政施行後、99年から江之子島（西区）で独自の庁舎をもつようになりますが、議会は府の議事堂を使用。1912年にようやく議場を備えた堂島庁舎ができました。

庁舎はその後、1921年に中之島に移転。現在の大阪市役所本庁舎（86年に完成）は4代目の庁舎です。

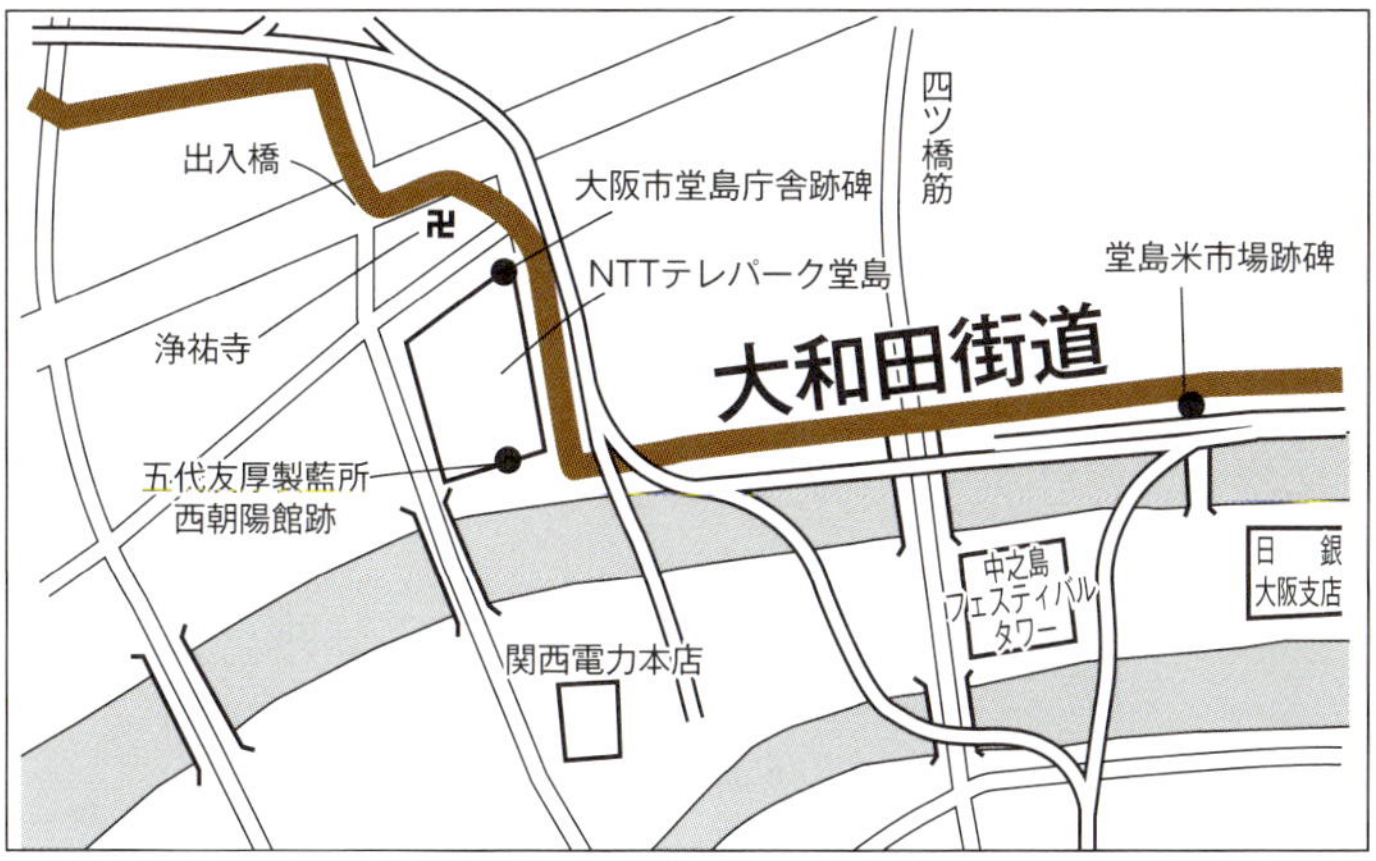

大和田街道（3）

大阪市福島区（その1）

福島聖天商店街「聖天さん」の参拝路

「大阪市堂島庁舎跡」から「出入橋」交差点へ出て、福島区に入ります。「梅田2西」の交差点で左（西）へ折れて進むと、JR大阪環状線「福島」駅前。地上を走る東海道支線の踏切を渡って左（西）の通りへ。この先の街道は、「売れても占い商店街」のキャッチフレーズでメディアでも紹介される「福島聖天商店街」と重なります。

商店街の入口付近に、「大和田街道・梅田街道」の道標。「北区西天満一丁目から2・2キロ」と記されています。少し行くと、大阪市立上福島小学校の裏側に面した道沿いに、2001年に大阪市が設置した街道の顕彰碑。銘板には街道の経路図とともに街道の由来が刻まれています。

小学校敷地内は「上福なかよし畑」と名付けられた学習農園になっています。商店街と同小学校が協力して「田辺大根」はじめ「なにわの伝統野菜」を栽培。月曜から金曜の午前10時から午後2時半までは自由に見学できます（教育活動中を除く）。

あみだ池筋を越えて、「西天満一丁目から2・8キロ」の道標がある交差点を右（北）へ行くと「浦江の聖天さん」の名で親しまれる「聖天了徳院」。

江戸時代はカキツバタの名所としられ、境内にはカキツバタを詠んだ松尾芭蕉の句碑も。商店街は古くから「浦江の聖天さん」への参拝路として発展してきました。

福島聖天商店街と重なる旧大和田街道

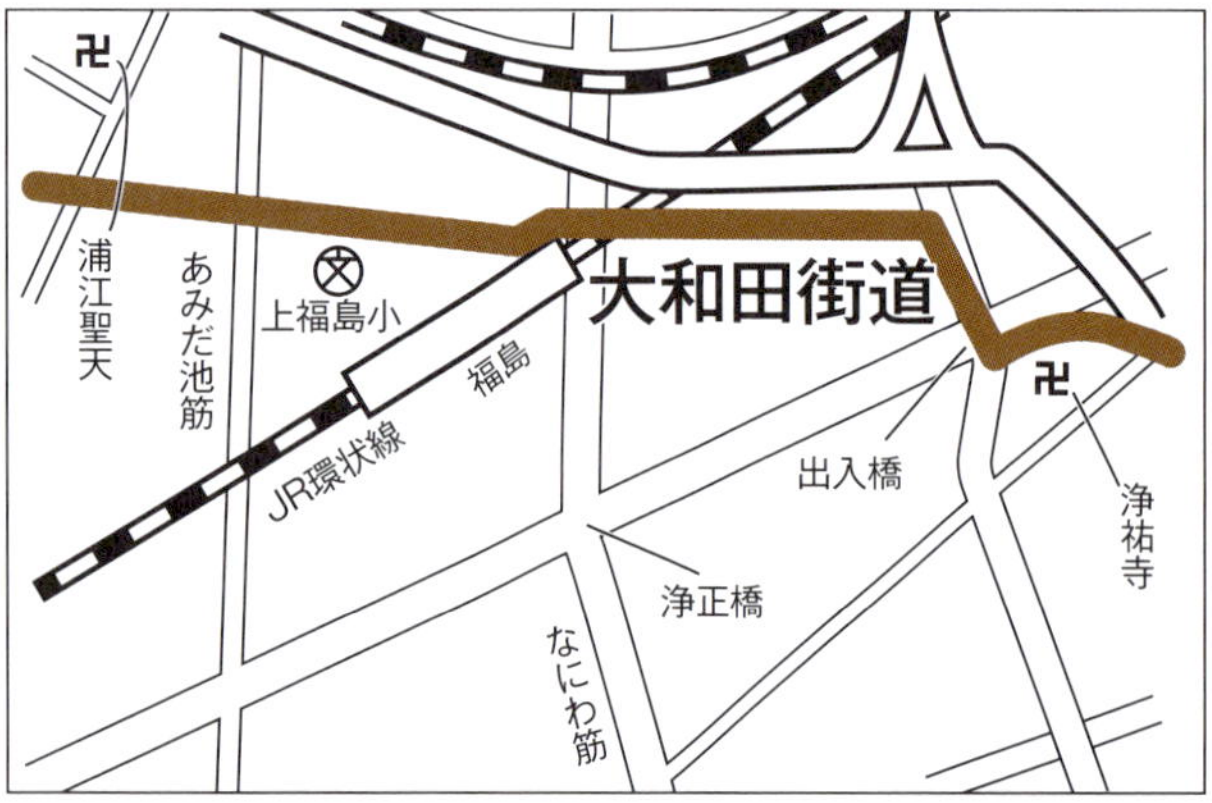

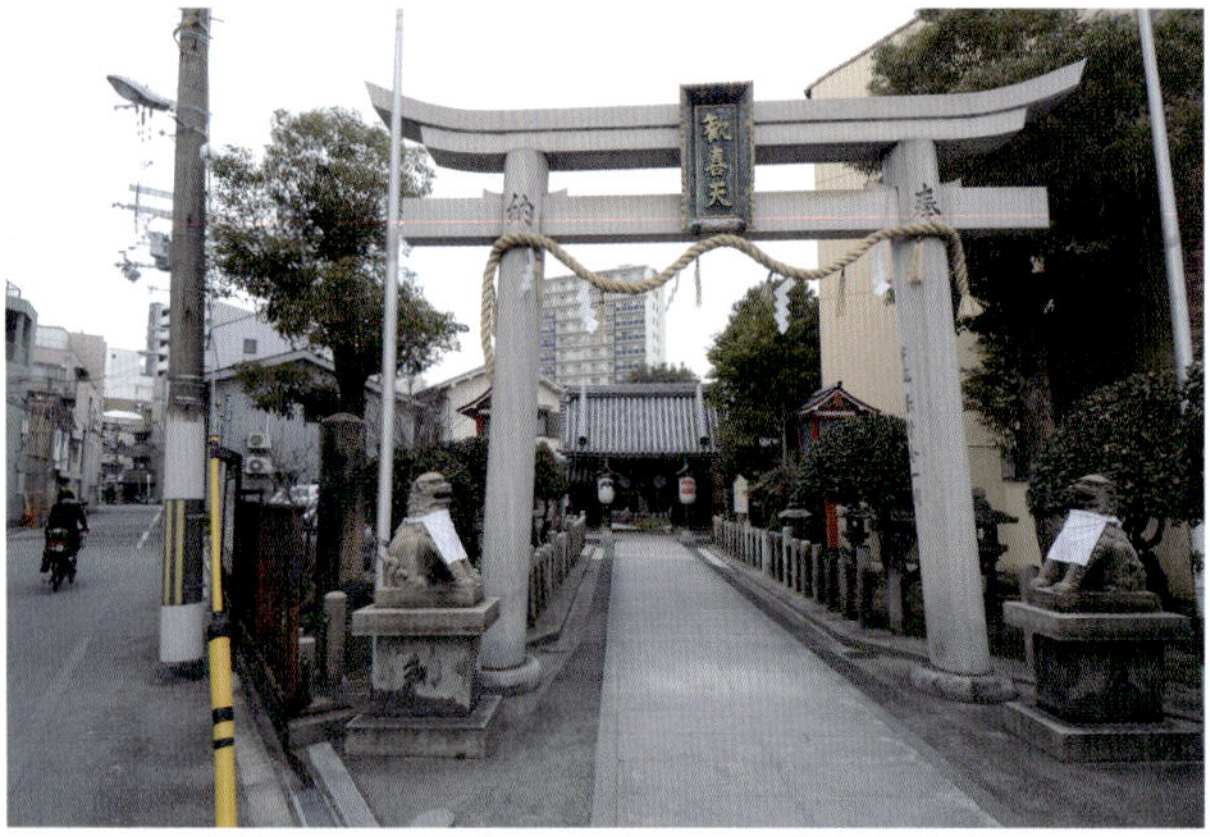
「浦江の聖天さん」と親しまれる「聖天了徳院」

大和田街道（４）

大阪市福島区（その２）

「のだふじ」と街道の面影

聖天了徳院（浦江聖天）から元の道筋に戻り、福島区鷺洲地域の聖天通商店街を西へ。途中、道の右手（北側）の歯科医院の前に「大和田街道・梅田街道／北区西天満一丁目から２・９キロ」の道標があります。「鷺洲」の交差点で片側２車線の大通りに出る手前にも、「北区西天満一丁目から３・０キロ」の道標。福島区内で街道のルートを示す道標は、これが最後です。

福島区の花「のだふじ」（2020年４月筆者撮影）

大通りの歩道を歩いて「鷺洲３」の交差点を越えて海老江地域に入ると、街路樹に「つる」がからみ、「のだふじ（野田藤）」の説明板があります。

かつて福島区周辺は湿地帯で、江戸時代に「野田の藤」は、「吉野（奈良）の桜」「高雄（京都）の紅葉」と並ぶ大坂の名所だったといいます。説明板には、戦前まで残っていた藤の古木は、大阪大空襲により焼失。住民や行政の努力で、よみがえりつつあると記されています。

街道の面影を残す道筋（福島区海老江）

福島区では1995年に「のだふじ」を区の花に制定。区内各地に藤棚があり、見ごろは４月。街道の近くにも先に触れた聖天了徳院や鷺洲中公園、鷺洲上公園などで楽しめます。

「海老江」交差点の先で大通に接する細長い公園があります。その左（南）側に通じる細い筋に入り、公園を回り込むように進んで行くと、再び大通りの歩道に戻ります。この道筋に、わずかに街道の面影が残されています。

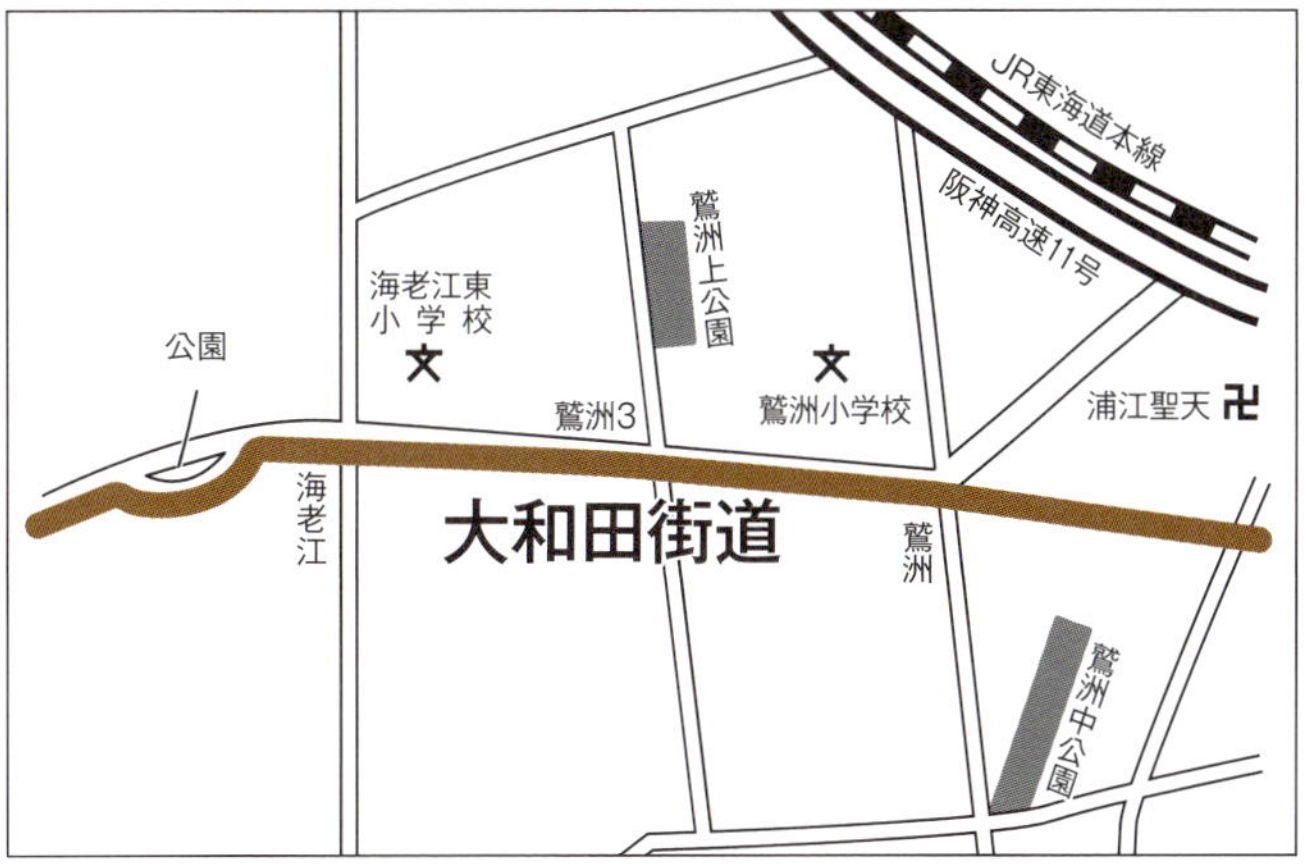

大和田街道（5）

淀川大橋を渡る

大阪市福島区から淀川区へ

阪神間を結ぶ淀川大橋には歩行者専用道も

「中海老江」の交差点から国道2号を左へ。淀川大橋の歩行者専用道を歩いて、淀川左岸の福島区から右岸の西淀川区に向かいます。橋の長さは724・5メートル。右手には北区・梅田の高層ビル群が見えます。

淀川大橋は1926年に竣工。関東大震災（1923年）を受けて耐震設計が見直され、橋桁は鋼製。大阪大空襲（1945年）、阪神淡路大震災（1995年）を乗り越えましたが、老朽化のため2017年から3年をかけて大規模修繕工事が行なわれました。

守口市から大阪湾にいたる淀川流域は、1896～1910年の改良工事により現在の流路に改修されました（新淀川）。改良工事のきっかけとなった1885年の淀川大洪水では、枚方などで堤防が相次いで決壊。当時の大阪市街は、上町台地の一部を除くほとんどの低地部が水害を受け、約27万人が被災しました。

改良工事に伴い1908年に新淀川に西成大橋が架けられ、大和田街道が通っていました。阪神間の交通量増で拡張の必要性が高まる中、架け替えられたのが淀川大橋で、「大和田街道」は淀川大橋の竣工で西成大橋が廃止されるまでの間の街道の名称。なお、福島区の八坂神社（海老江6丁目）と、対岸の西淀川区にある鼻川神社（花川2丁目）の境内には、西成大橋の石製の親柱が残されています。

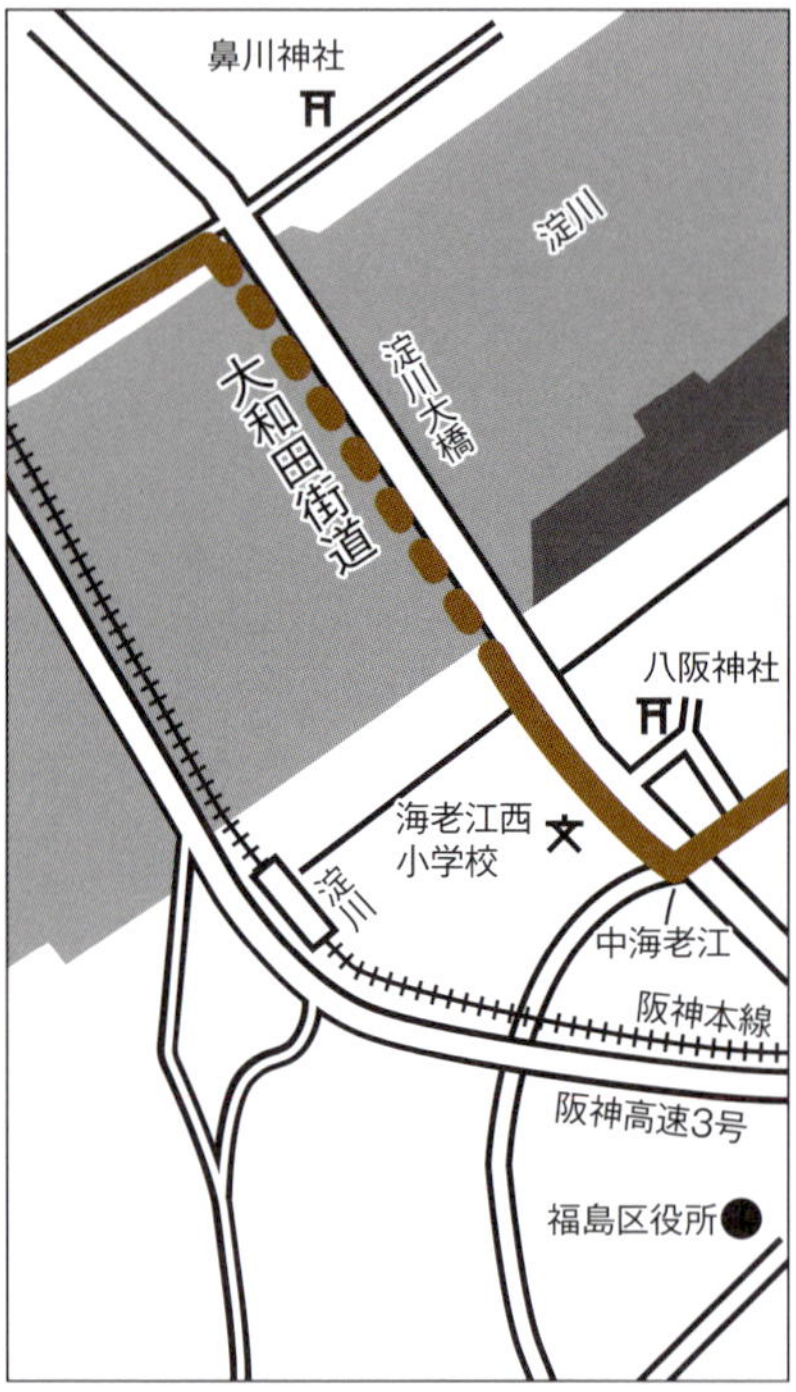

西成大橋の親柱（大阪市西淀川区・鼻川神社）

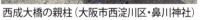

大和田街道⑹

大阪市西淀川区（その1）

大阪大空襲の傷跡が今も

淀川大橋の北詰から淀川右岸の堤防下の道に降り、西淀川区姫里1丁目の道を河口方面へ。沿道には「ここの地盤は海抜およそマイナス0・4m（ﾒｰﾄﾙ）」の表示があります。

阪神本線と阪神高速3号神戸線の高架をくぐって姫島1丁目に入ると、「大和田街道・中之島（旧難波橋）から5・1ｷﾛ」の道標があり、「海抜マイナス0・6m」の表示も。堤防から離れて右へ折れると、街道を顕彰する「つたい石」が整備された道筋が続いていきます。

淀川右岸の堤防下

「中之島から5・5ｷﾛ」の道標がある「姫島」の交差点を直進、「つたい石」をたどって行くと、右手が姫嶋神社。本殿に近い境内の一角に、樹齢900年といわれる御神木の大クスノキがあり、しめ縄が張られています。

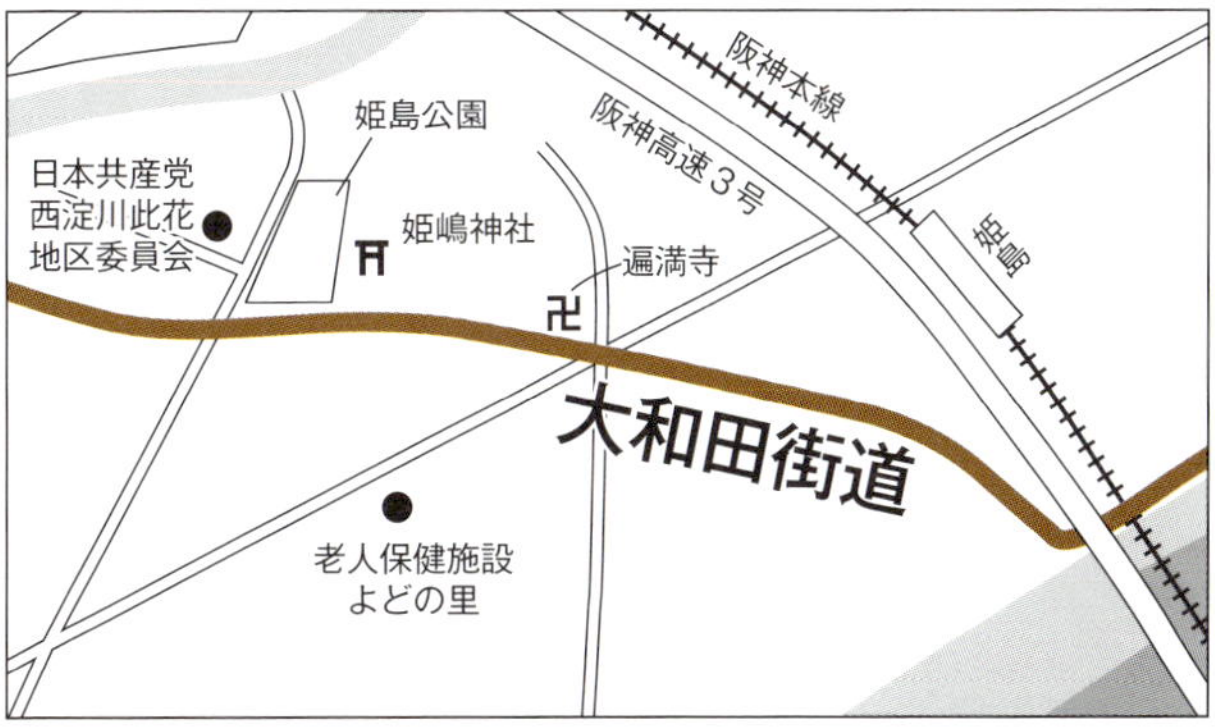

根元部分しかないのは、1945年6月15日の第4次大阪大空襲で炎に焼かれたためです。この空襲はB29、444機による昼間焼夷弾攻撃で、大阪・尼崎の市街地が標的に。罹災者が最も多かったのは西淀川区署管内の2万9717人（『新修大阪市史』第7巻）。神社の由緒書は社殿・宝物・地車10基以上が焼失したと記します。

戦後、何もない状態から再出発したことから、「やりなおし神社」とも呼ばれる姫嶋神社。大クスノキの周りには、氏子らによって植えられた若いクスノキが3本、寄り添うように立っています。

第４次大阪大空襲の戦火で焼かれた姫嶋神社の大クスノキ

大和田街道（7）

大阪市西淀川区（その2）

住民運動が実った大野川緑陰道路

姫嶋神社から街道に戻り、西淀川区姫島地域を歩いて行くと、大島橋に出ます。橋の下に続いているのが「大野川緑陰道路」です。

大和田街道と交差する大野川緑陰道路。歩行者と自転車それぞれの専用道が

かつては神崎川と新淀川を結ぶ延長6・2キロの大野川が流れていましたが、戦後、水質悪化やごみの投棄で汚染され、「死の川」とも呼ばれるように。大阪市は1968年、埋め立てた跡地に高速道路を建設する計画を発表しました。

西淀川区では当時、すでに大気汚染が深刻な状況で、「公害の街に高速道路はいらない」と緑地公園化を求めて、住民や日本共産党が運動を展開しました。市は道路計画を撤回し、79年に歌島2丁目から百島2丁目に至る全長約3・8キロの緑陰道路が完成。高木約1万本、低木約12万本の樹木があり、区民の憩いの場となっています。

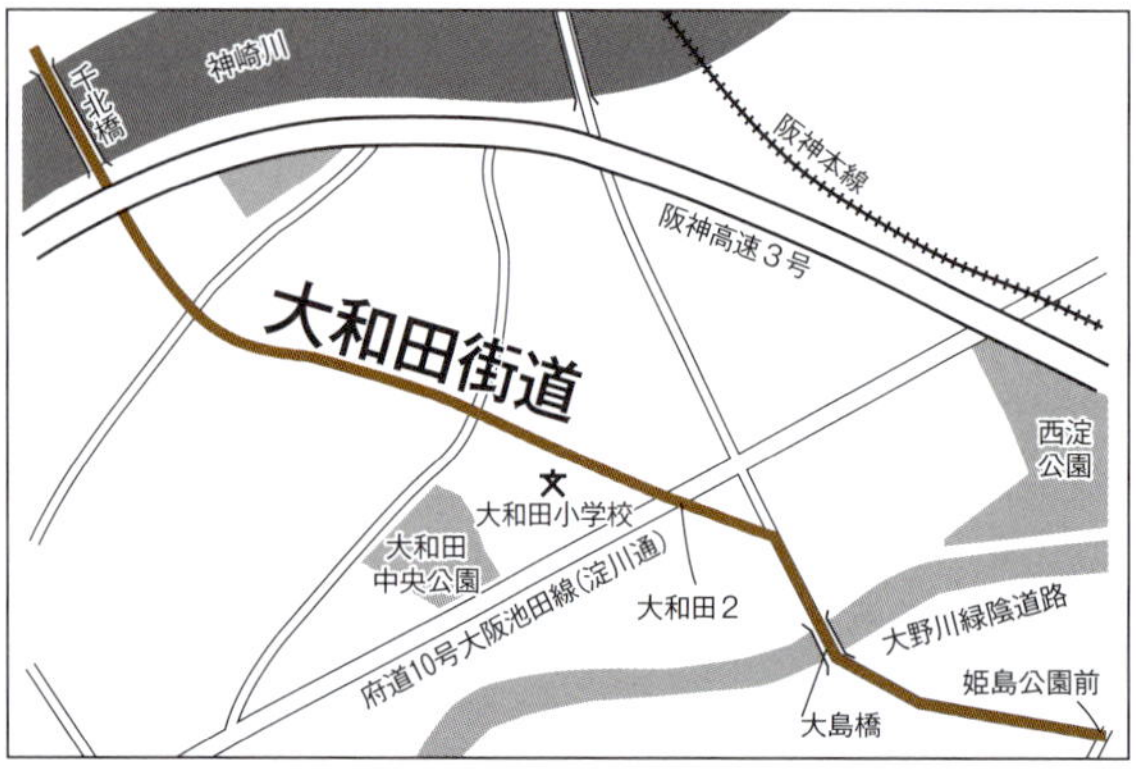

神崎川左岸には自転車道ルートも

大島橋を渡ると、街道名でもある大和田の地域です。戦国時代にはこの地に石山本願寺の支城があり、本願寺と織田信長との石山合戦（1570～80年）の後、信長が家臣に大和田城の築城を命じたとされていますが、正確な位置などは不明。街道に面した大阪市立大和田小学校内に、大和田城跡の石碑があります。

さらに歩くと「大和田街道・中之島（旧難波橋）から6・8キロ」の道標。その先で神崎川に架かる千北（せんぼく）橋を渡ると、大阪市域最後の佃地域です。

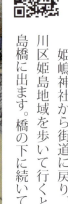

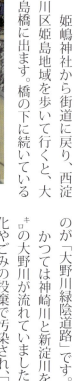

大和田街道（８）大阪市西淀川区（その３）

佃漁民ゆかりの地

田蓑神社（大阪市西淀川区佃１丁目）

神崎川を渡り、西淀川区佃４丁目と５丁目の間の道に入ります。佃地域は、神崎川と左門殿（さもんど）川に挟まれた島。かつての大和田街道は弧を描くように続き、辰巳橋を渡って尼崎側に通じていました。

現在は「佃４」の交差点の手前で街道の道筋は消失。街道が通じていた佃５丁目、６丁目一帯は、板金加工や鋳物などの町工場、倉庫が集積し、辰巳橋を渡る道は国道43号となっています。

街道の道筋を離れて、「佃４」の交差点から佃中央通を歩き、佃１丁目方面へ足を伸ばします。阪神本線の高架下を過ぎて歩いて行くと、国道２号線に突き当たります。信号を渡って佃小学校の北にあるのが田蓑神社。境内の一角に「佃漁民ゆかりの地」の碑があります。

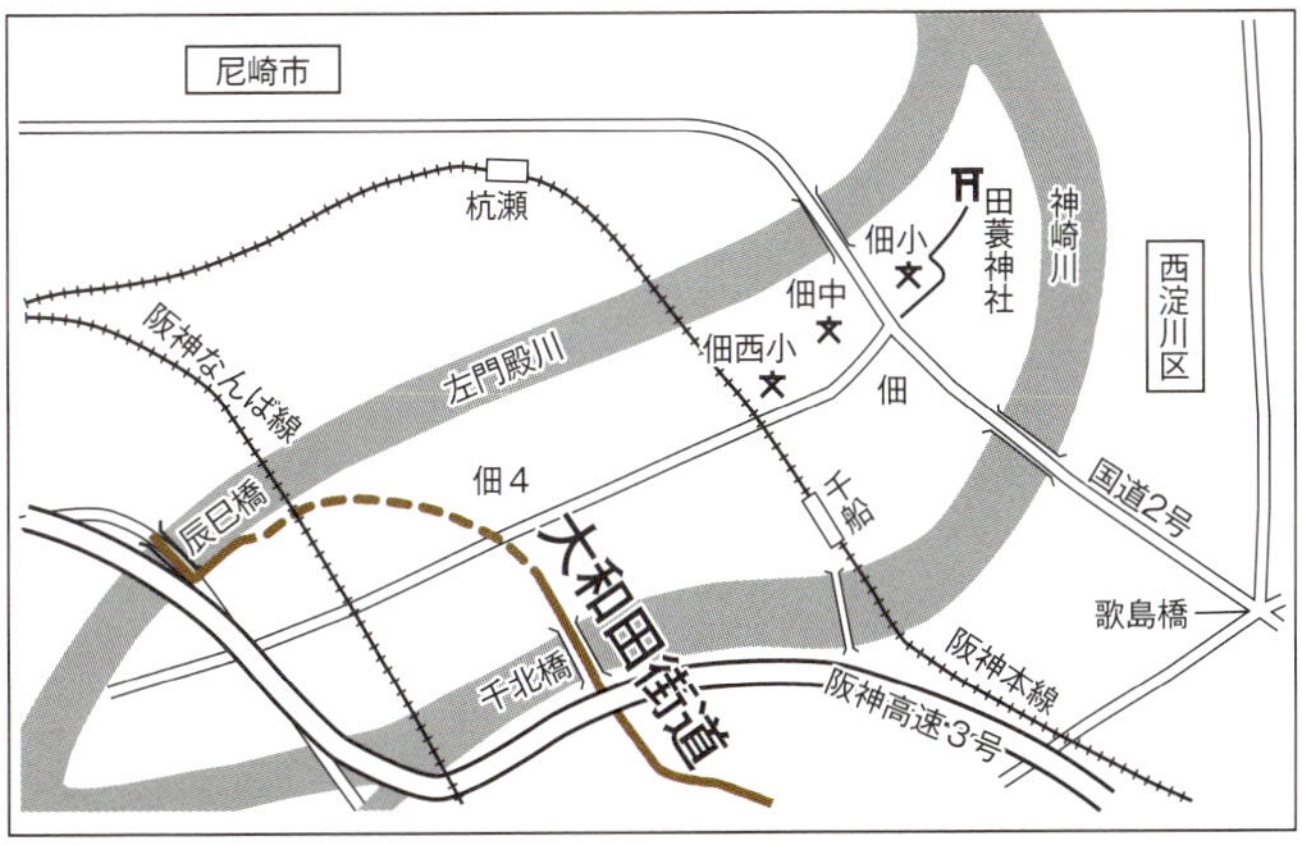

古代から漁業地として栄えた佃。徳川家康がこの地を訪れた時、神崎川の渡船を務めた漁民に、各種の特権が与えられました。後に一部の漁民が江戸の鉄砲洲（てっぽうず）に移住。故郷の佃にちなんで「佃島」と名付けたのが、東京・佃島（東京都中央区）の起こりです。境内の碑は「未来に残したい漁業漁村の歴史文化財百選」（水産庁・06年）に府内で唯一認定されています。

田蓑神社境内の一角にある「佃漁民ゆかりの地」碑

古堤街道

京橋を基点に奈良生駒へ

大阪市都島区、城東区、鶴見区

古堤（ふるつづみ）街道は、大阪と奈良北部を結ぶ街道です。起点は現在の大阪市都島区内。大阪市内から寝屋川北岸を進んで東大阪市に入り、大東市、四條畷市を経て奈良県生駒市に通じています。「古堤街道」と呼ばれたのは明治期のことで、近世には「大和街道」「大和道」とも呼ばれました。大阪市域では都島、城東、鶴見の3区を歩きます。

大坂七墓の一つ

もともと古堤街道の起点だったところは、現在の京阪京橋駅構内。今回は同駅の東南部、JR大阪環状線京橋駅の西側の道から東へ歩き始めます。JR京橋駅の高架下を抜けて進んでいくと、街道の左手（北側）に「大坂七墓」の一つ、「蒲生墓地」（都島区東野田町3丁目）があります。

JR京橋駅の東、都島区東野田町に続く古堤街道。道の奥の左側に「蒲生墓地」があります

大坂の冬の陣（1614年）と夏の陣（15年）で荒廃した大坂が復興される中で、各地にあった墓地が市街地の周辺部の7カ所に集約されたのが「大坂七墓」。

近代の市域拡張や区画整理でその7墓のほとんどが失われた中で、一部現存しているのが大阪市北区の「南浜墓地」（現大阪市設南浜霊園）で、「蒲生墓地」は江戸時代の旧態を唯一とどめている墓地です。

江戸時代中期から、お盆の夜に先祖供養や極楽往生を願って7カ所の墓地を巡る「大坂七墓巡り」が流行したとか。今、「蒲生墓地」と街道の間の空き地には、露天の立ち飲み居酒

JR京橋駅南口近くにある京橋空襲の慰霊碑。毎年8月14日に慰霊祭が行われています

屋があり、営業日の夕刻からは多くの客でにぎわっています。

終戦前日の空襲

その先の信号を渡ると城東区内に入りますが、ここで少し街道から離れます。信号の手前で右折し、JR京橋駅の南口へ。高架際の一角に京橋空襲の犠牲者慰霊碑があります（城東区新喜多1丁目）。

かつて堤道だったことを物語る高低差（城東区今福南２丁目）

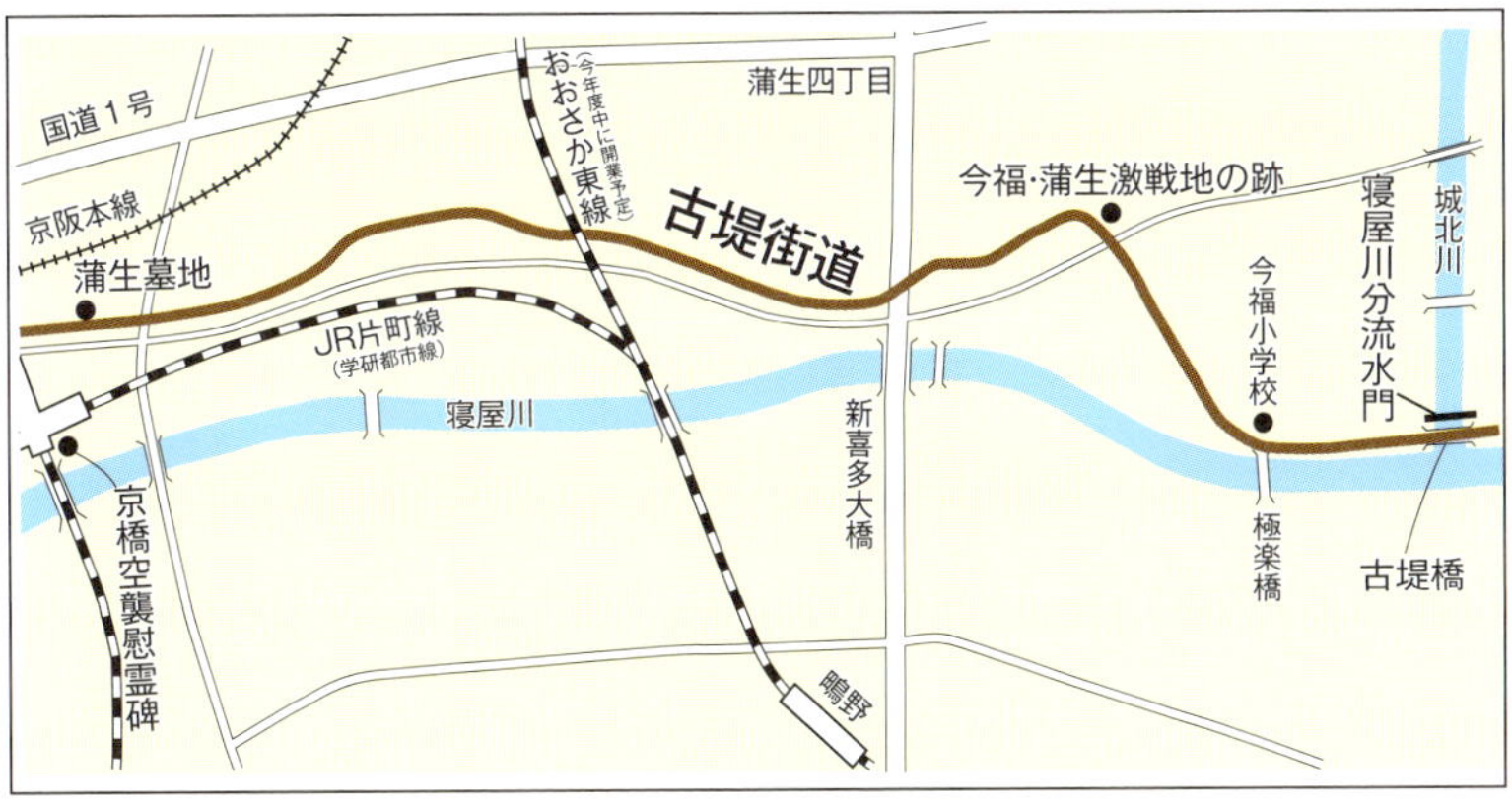

　1945年8月14日、終戦の前日。東洋一と呼ばれた巨大な軍事工場「大阪砲兵工廠（大阪陸軍造兵廠）」を標的に、米軍が最後の猛爆撃を行いました（第8次大阪大空襲）。白昼、145機のB29が約700トンの爆弾を投下。砲兵工廠は壊滅しました。

　このとき当時の京橋駅に1トン爆弾4個が命中。1個が城東線（現大阪環状線）を突き抜けて片町線に落下し、停車中だった電車が破壊される大惨事になりました。判明しているだけでも二百数十人が死亡。500人以上が犠牲になったといわれています。

　向かって右、「南無阿弥陀仏」と彫られた慰霊碑は、惨状の目撃者が47年8月14日に自費で建立。37回忌に左の納経塔、50回忌に中央の仏像が建てられました。この前で55年から毎年8月14日に、世話人会の主催で慰霊祭が行われています。

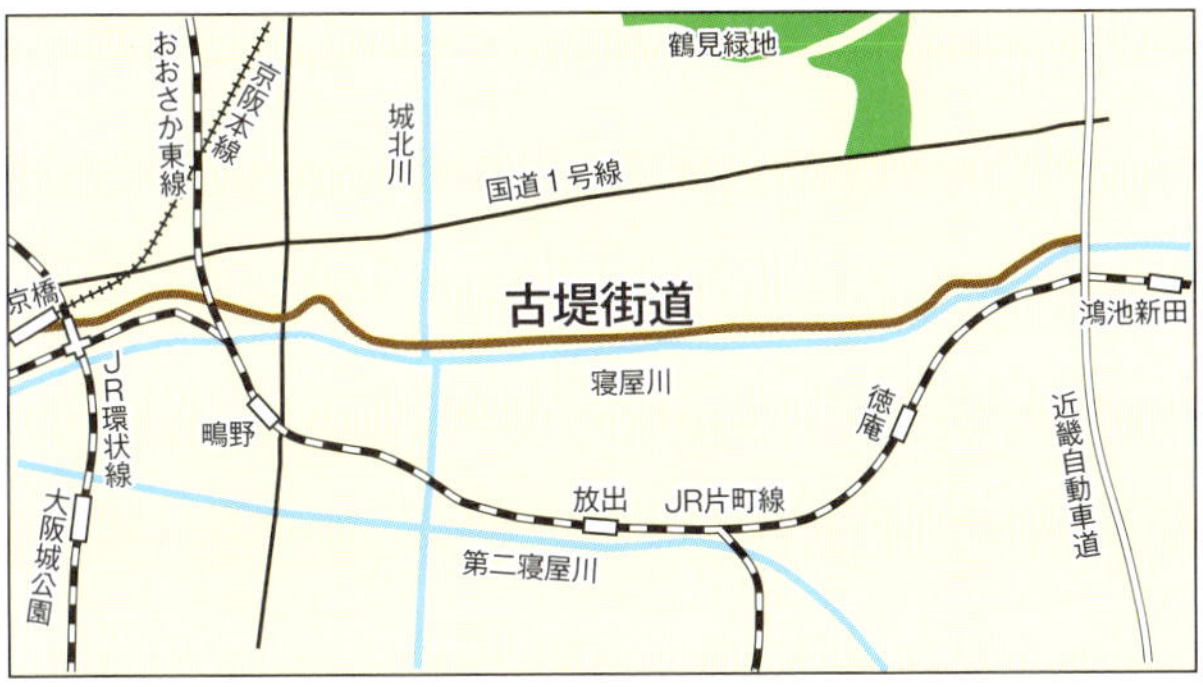

鯰江川の右岸を

　街道に戻って、城東区蒲生1丁目から4丁目を歩いて行きます。1丁目から2丁目にかけて道筋はゆるやかに蛇行。住宅や商店などがある道の両側の土地は、路面よりも低くなっています。かつて街道の右（南）側には、鯰江（なまずえ）川が流れており、その右岸堤防（蒲生堤、今福堤）に街道が通っていました。土地の高低差は、堤道だったことを物語っています。

　JRおおさか東線の踏切を

超えた先の蒲生4丁目の沿道には、格子などのある古い民家も残っています。南北に走る今里筋を渡ると今福西福地域。城東今福郵便局のある辻で街道は右（南）へ大きく曲り、城東診療所のある角に出ます。

街道を挟んで同診療所の向かいが三郷橋稲荷神社。その前に「今福の丸木舟出土跡」の説明板（城東区役所、2015年3月）があります。1917年、鯰江川の工事中に川底から大きな丸木舟が出土。古墳時代から奈良時代のものと推定され、発掘後に大阪城内に展示されましたが、大阪大空襲で焼失したと記されています。

大坂冬の陣の古戦場だったことを示す石碑と、丸木舟の出土跡の説明板（城東区今福西1丁目）

冬の陣激戦地跡

丸木舟跡の説明板の隣には「大坂冬の陣古戦場　今福・蒲生の戦い跡」の石碑（三郷橋稲荷神社、2015年）、合戦について解説した銘板（城東ロータリークラブ寄贈、同年）も立っています。

大坂冬の陣で、徳川方の佐竹義宣の軍が今福・蒲生方面を攻撃し、豊臣方の木村重成、後藤又兵衛の隊が応戦。鴫野方面を攻めていた、徳川方の上杉景勝の軍も合流しての激戦となりました。銘板には「当時、今福・蒲生一帯は水田や沼地で、戦いは堤や街道沿いで行われたと考えられる」と記されています。

その先の信号を渡ると城東区今福南。まっすぐ進んで寝屋川に架かる極楽橋の北詰に出ます。ここからは、寝屋川北岸の道路の歩道を東へ進みます。経路は街道と同じですが、道路は拡張され、街道の面影はありません。

街道名とどめる

極楽橋北詰めからすぐ、「寝屋川分流水門」があり、そこから寝屋川から分かれた城北川が北へ流れています。

水門のすぐそばに架かる橋が「古堤橋」。京街道や熊野街道、大和田街道には街道を顕彰する石碑や銘板、道標が整備されていましたが、古堤街道にはそうしたものはありません。わずかに街道名をとどめているのが、この橋です。

ここから先は、城東区から鶴見区に入って直進。徳庵橋から東は、蛇行する寝屋川北岸の道を進み、近畿自動車道の西側で東大阪市内に入ります。

寝屋川から分かれる城北川の河口部分に架かる古堤橋と寝屋川分流水門

俊徳街道（1）　概観

伝説に彩られた街道

俊徳（しゅんとく）街道は、四天王寺南門前と八尾市の高安（たかやす）とを結ぶ道。大阪市域では天王寺、生野両区を通り、東大阪市内で暗越奈良街道から分岐してきた十三（じゅうさん）街道と合流。十三街道は十三峠を越えて奈良（生駒郡斑鳩町竜田）に通じており、合流点から西を俊徳街道、東を十三街道と呼ぶこともあります。

街道名の由来は、中世の伝説。河内国高安に住む信吉（のぶよし）長者という金持ちの子、俊徳丸（しゅんとくまる）は、継母に呪われて難病となり、四天王寺に捨てられました。その以前に、四天王寺で舞楽を務めた俊徳丸を見初めた女性が、再会して彼を励まし、神仏に祈って全快するという物語。俊徳丸が舞楽修業のために四天王寺に通った道が、俊徳街道だとされています。

俊徳丸の物語は、説教節や謡曲、人形浄瑠璃・歌舞伎の素材となって受け継がれてきました。

大阪市域の俊徳街道を歩く前に、八尾市・高安山の山裾にある伝説の地に、「俊徳丸鏡塚」を訪ねました。横穴式石室をもつ6世紀の古墳（2015年に国史跡指定）で、近代上方歌舞伎の名優、二代目實川延若（じつかわ・えんじゃく1877～1951年）が寄進した焼香台などもあります。

俊徳丸鏡塚への道と八尾市の道標

高安山の山裾にある俊徳丸鏡塚（八尾市内）。石碑に刻まれた「俊徳」の文字が見えます

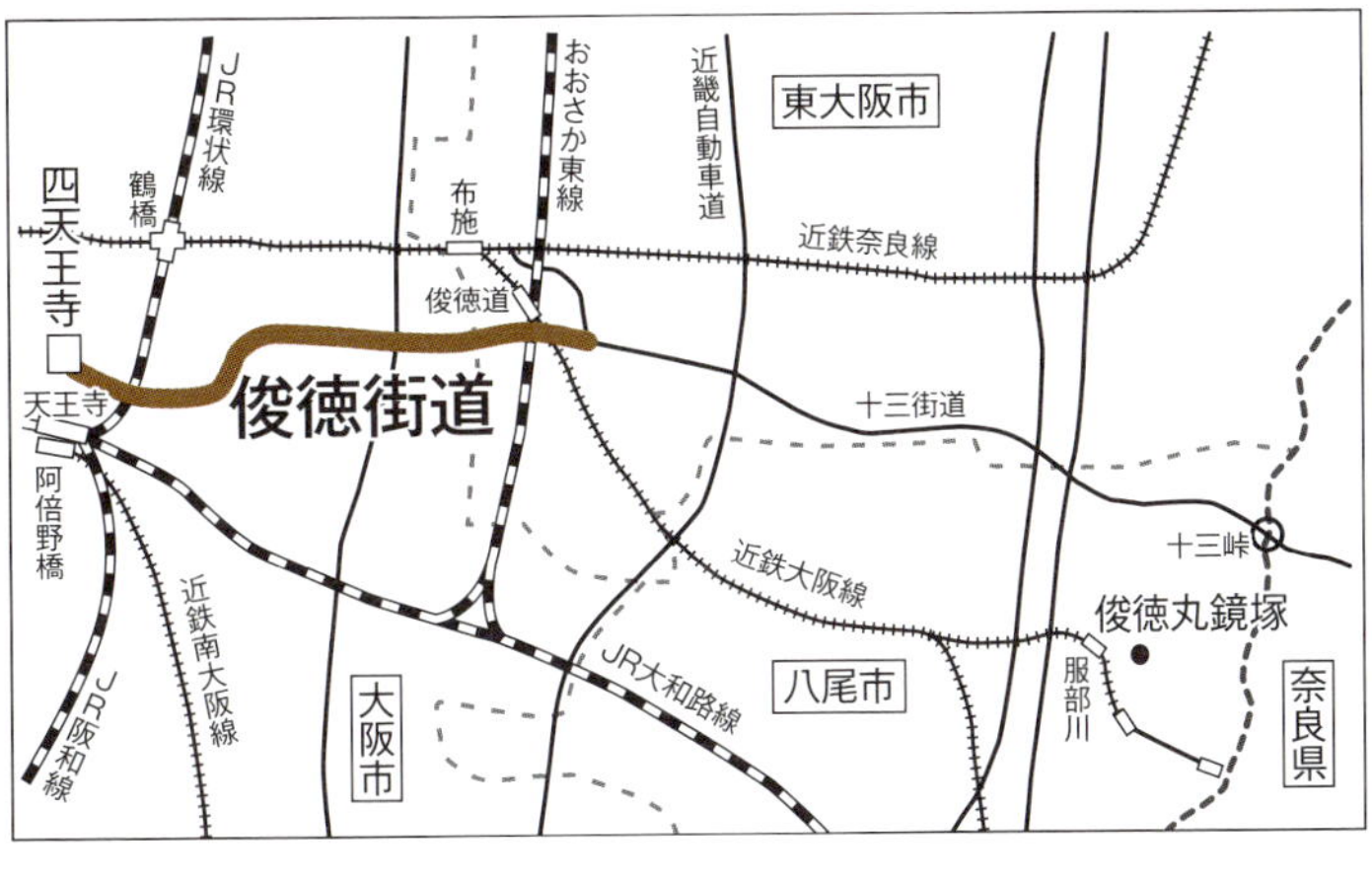

俊徳街道（2）

東大阪市から大阪市生野区へ

「俊徳」の名を今に残す

近鉄俊徳道駅に近い府道24号。「俊徳」の名が地名に残っています

大阪市域の諸街道として取り上げてきた大和田街道、古堤街道は、いずれも大阪市内を起点に、市外に向けて歩いてきましたが、今回の俊徳街道は四天王寺南大門を目指して、東大阪市から西に向かって歩き始めます。

まず近鉄大阪線の駅で下車しますが、駅名は「俊徳道」。高架駅から地上に下り、「俊徳道駅前」の交差点から府道24号大阪東大阪線を西へ直進します。現代の車道と歩道が続き、街道の面影をしのぶべくもありませんが、駅前の一角には俊徳地蔵尊があり、次の信号は「俊徳町1丁目」。府道の左（南）側に続く町名は「俊徳町」で、郵便局や公園にも「俊徳」の名があります。

「三ノ瀬」交差点の南、牧野病院（東大阪市大平寺1丁目）の裏口に、宝暦4（1754）年の道標があります。刻まれているのは「志ゆんとく道（俊徳道）」「西　天王寺（四天王寺）」「東　高やす（高安）」の文字。「俊徳道」の刻銘がある道標としては、街道の道筋に唯一現存するものとされています。

三ノ瀬公園の南で、大阪市生野区小路（しょうじ）東の地域に入り、道は少し左へ曲がります。南北に走る府道172号布施停車場線を渡ると道は狭くなりますが、往来する自動車も多く、歩くには注意が必要。「小路東4」の交差点で国道479号（大阪内環状線）を超え、生野区内をさらに歩いて行きます。

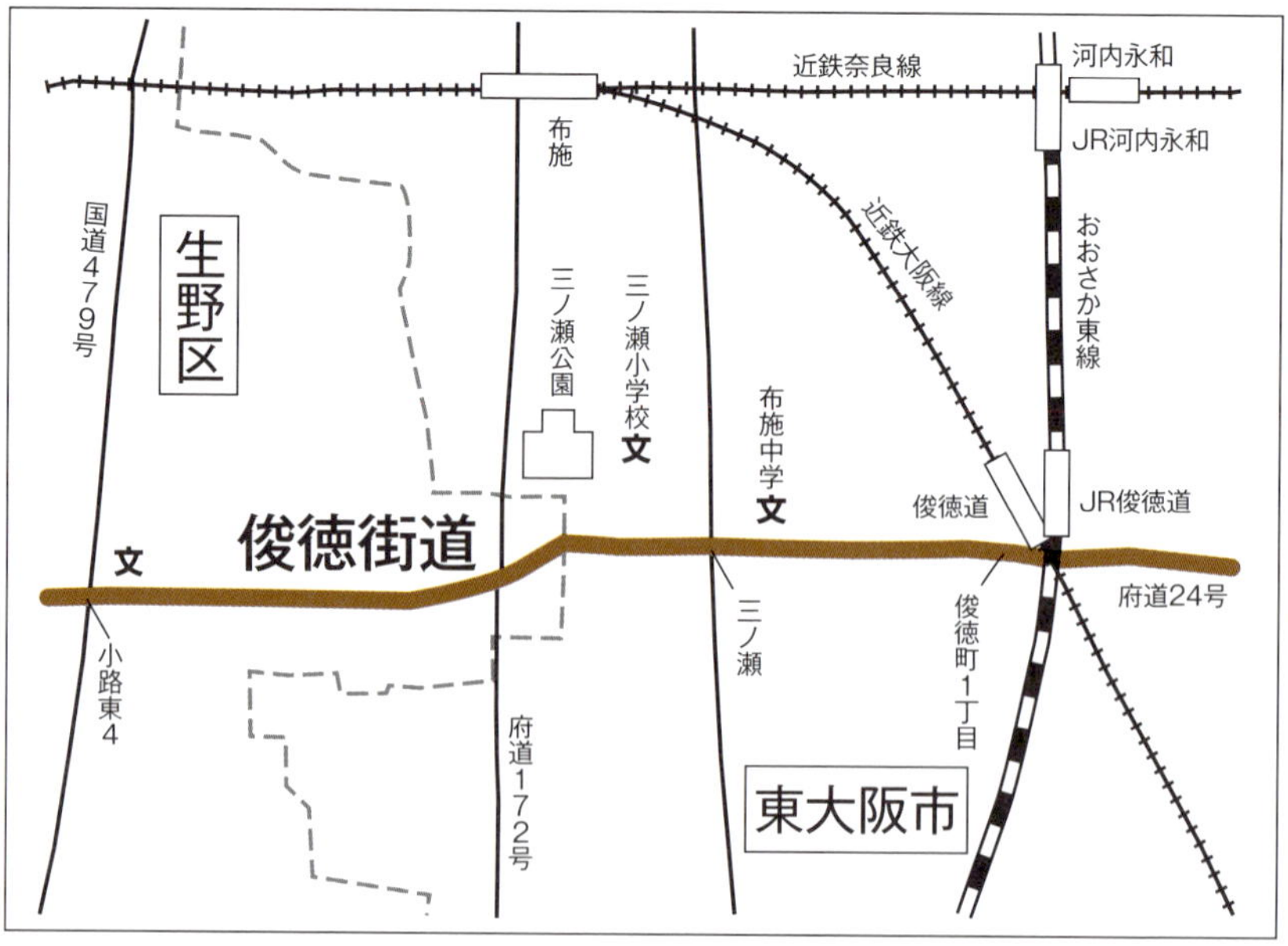

俊徳街道（3）

大阪市生野区（その1）

街道の道筋は失われ

平野川に架かる「俊徳橋」

「小路東4」の交差点で国道479号を越え、生野区小路と巽北の両地域の間の道へ。沿道には韓国食材店や韓国料理店も。その先の巽北地域の街道は、近代以降の区画整理で失われています（地図中の点線が街道の経路）。

やむを得ず、今回は府道159号平野森口線を南下します。この道に続く巽本通商店街を抜け、一つ目の信号で右折。東西に通じる道を真っすぐ西に進みます。この道には、「加美東三丁目（平野区）」と「地下鉄今里（東成区）」を結ぶ大阪シティバス（市バス民営化後の新会社）の19号系統が走っています。交差点の近くに「巽北三丁目」のバス停がありますが、時刻表を見ると1時間に1本しかありません。

生野区では維新市政による赤バス廃止や市バス路線の削減・減便で、通院や買い物などが困難な交通不便地域が生まれています。その取材で同区東南部の巽東地域を訪ねたとき、ある高齢者は「以前は四天王寺へのバス1本で行けたが、今は乗り継ぎしないといけない。それが苦で、出掛けなくなった」。四天王寺に向かう俊徳街道を歩きながら、その嘆きの声を思い出しました。

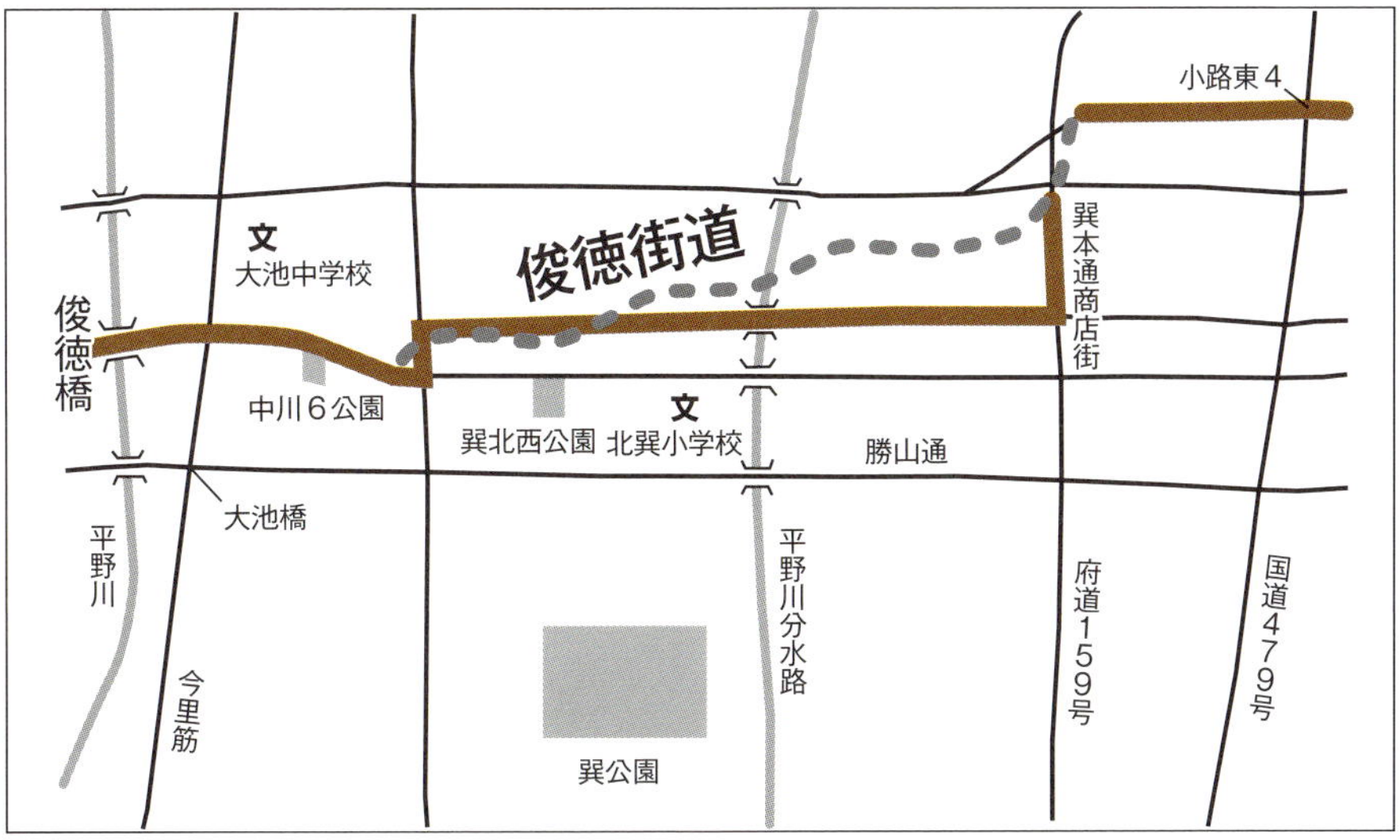

さて、中川地域に入ると、小さな中川6公園の北側に細い街道が残り、今里筋の向こうに通じています。歩道橋で今里筋を渡って進むと、平野川に架かる「俊徳橋」に出ます。

俊徳街道（4）

大阪市生野区（その2）

東西2つの俊徳地蔵尊

街道に面して立つ東俊徳地蔵尊（生野区勝山北5丁目）

平野川に架かる「俊徳橋」を渡って、生野区勝山北の地域を西へ進みます。勝山北5丁目に入るとすぐ、街道の右手（北側）の民家にはさまれて「東俊徳地蔵尊」があります。

地蔵堂に掲げられた由緒書によると、室町時代末期の作と見られるとのこと。昔この地の庄屋の当主が山歩きの際に見つけて持ち帰ってまつったのが始まりだと記されています。

この先、細い道が続き、沿道には土蔵もある古い屋敷も。ここからほど近いところには、交通量の多い勝山通が東西に通じていますが、街道の周辺はとても静かな街並みです。

勝山北4丁目に出たところの辻に立つのが「西俊徳地蔵尊」です。由緒書が伝えるところでは、江戸時代の宝暦年間（1751～1764年）にまつられた地蔵尊。「お堂の前の道は俊徳街道」「俊徳丸が四天王寺へお参りの際にはお休憩なされたものと古老より言伝へられております」との説明もあり、地蔵尊の名前とともに、俊徳丸伝説が街道筋で語られていたことがうかがえます。

東西2つの俊徳地蔵尊は、この地域の守り仏となっており、仏花が供えられるなど、大切にされています。地蔵堂に向かって左に立つ道標は宝暦2年（1752年）の建立。「大峯山上三十三遍」などの文字が刻まれています。

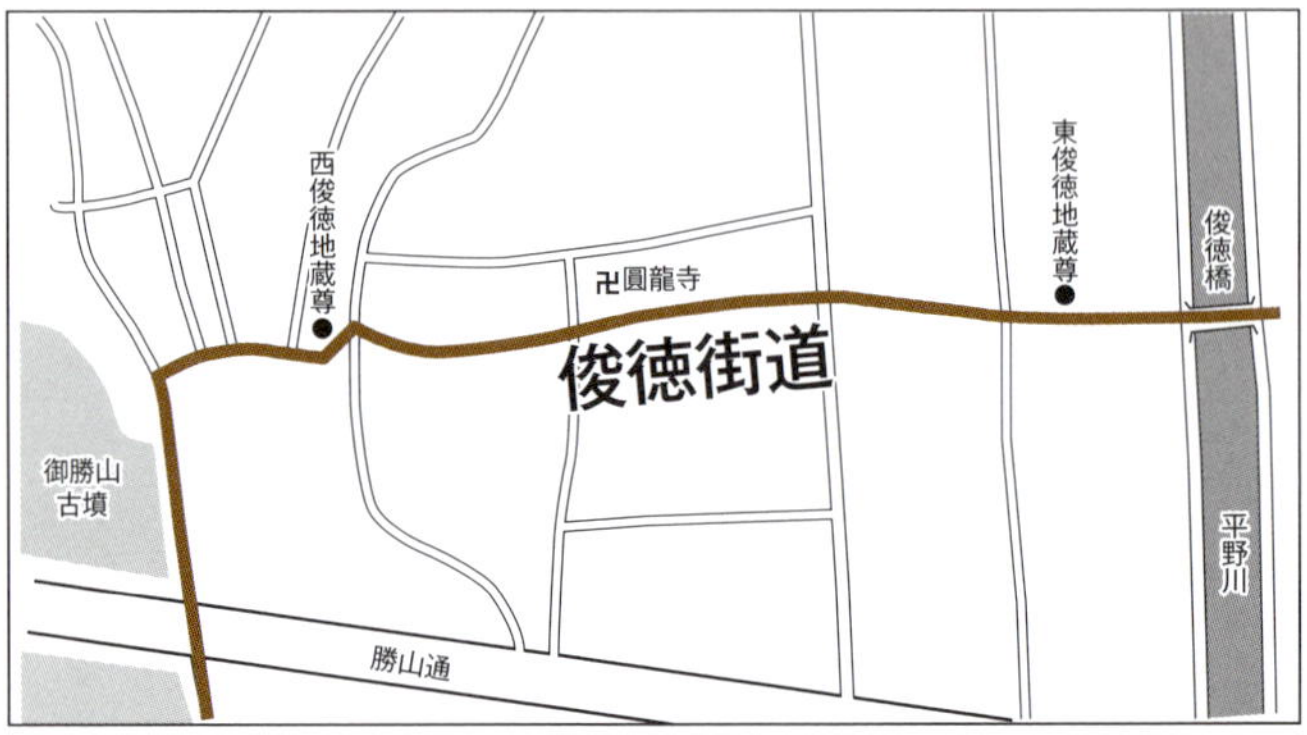

西俊徳地蔵尊

俊徳街道（５）

大阪市生野区（その３）

街道から少し離れて「つるのはし跡」へ

小公園になっている史跡「つるのはし跡」（生野区桃谷３丁目）

西俊徳地蔵尊から西へ進むと、突き当たりとなり、道はT字路に。向こうは御勝山（おかちやま）古墳。左（南）に折れて勝山通に出るのが俊徳街道の道筋ですが、街道から少し離れ、右（北）へ歩いてみます。

この道には、日本庭園の飛び石を模した「つたい石」（路面標示）が整備されています。大阪市は市内各地で史跡をめぐる散策路を「歴史の散歩道」に選定。その道筋を示すのが「つたい石」で、街道の一部区間にも設けられています。

「つたい石」に沿って蛇行する道を歩いていくと、大阪市道上新庄生野線、通称「疎開道路」に出ます。アジア・太平洋戦争末期、空襲による延焼を防ぐ目的で建物を疎開して拡幅された道路で、東成区と生野区の一部は今も「疎開道路」の名で呼ばれているもの。道の西側には桃谷本通東商店街の出入り口があります。

「疎開道路」に出る手前、コンビニエンストアの東側に史跡公園「つるのはし跡」があります。

「つるのはし」は旧平野川に架かっていた橋。1923年に現在の平野川が開削され、旧平野川が埋め立てられた1940年に廃橋に。「日本書紀」に記され、日本最古の橋ともいわれる「猪甘津（いかいつ）の橋」の古跡とされています。1991年に大阪市顕彰史跡に指定。「歴史の散歩道」の敷設と合わせて公園が整備されました。

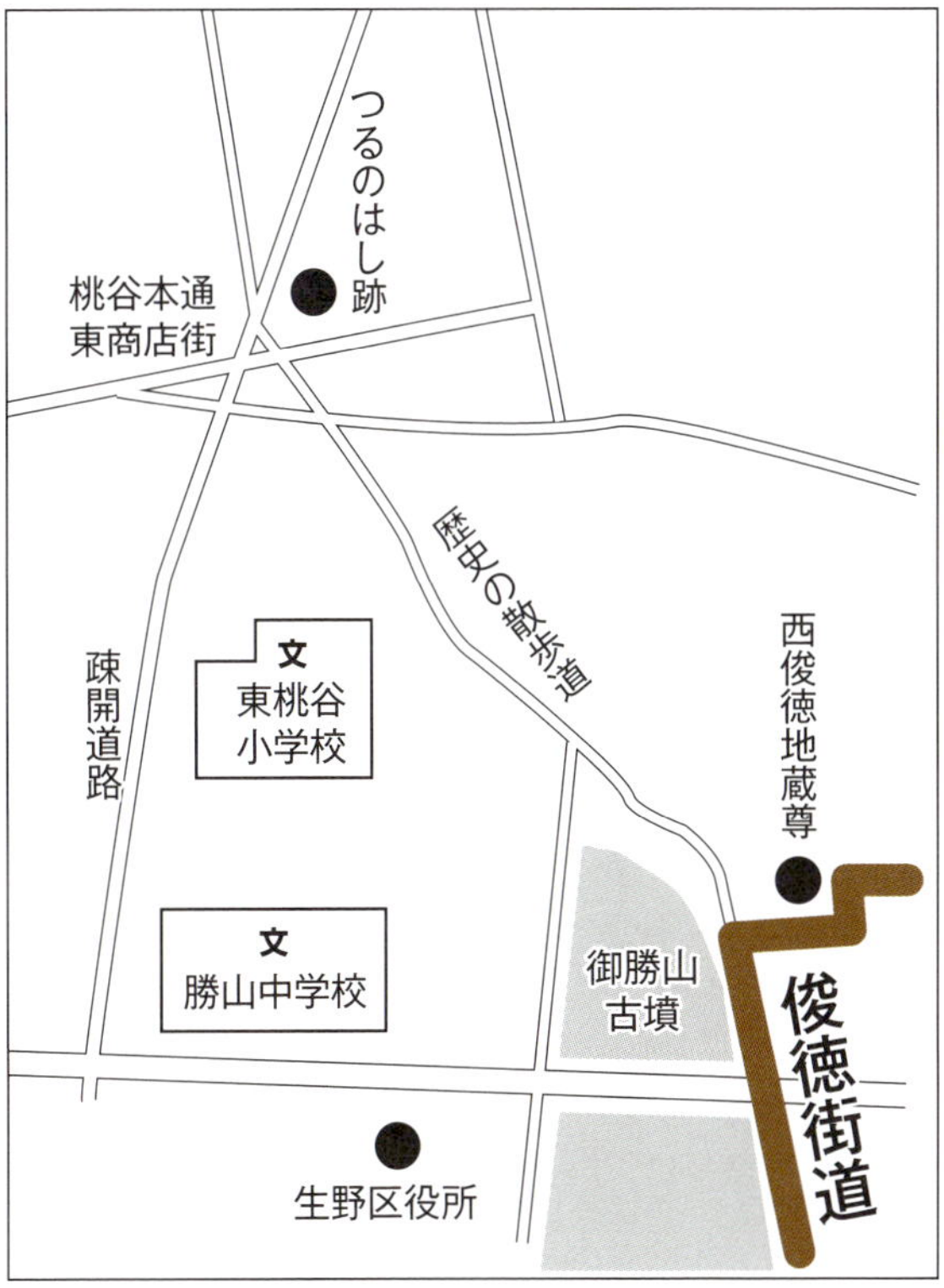

御勝山古墳　大坂の陣で徳川方が本陣に

「つるのはし跡」から俊徳街道に戻ります。街道が突き当たった地点から南方向の路面にも「つたい石」が続いており、勝山通に出るまでの右（西）側が、府史跡の御勝山（おかちやま）古墳です。

古墳時代中期の5世紀前半に造られたもので、かつては「岡山」と呼ばれていました。大坂の陣（1614～15年）で徳川方が本陣を敷き、夏の陣後に二代将軍秀忠が戦勝の宴を開いたことから「御勝山」と呼ばれるようになったといいます。

1973年の発掘調査では埴輪などが発見され、全長約120メートル、濠を含めると約150メートルの前方後円墳と推定。勝山通の北側の隆起はその後円部です。

俊徳街道の西側にある御勝山古墳。写真左奥が後円部

勝山通を渡ると、古墳の前方部の推定域を含む御勝山南公園で、北東角に大阪出身の国文学者・折口信夫（釈紹空　1887～1953年）の歌碑。「小橋過ぎ／鶴橋生野来る道は／古道と思ふ／見覚えのなき」と刻まれています。

公園の東側を回り込むように進みますが、その先で街道は消失。再び街道が復活してすぐ左（南）側に「俊徳道せせらぎ広場」という小公園があります。

疎開道路を渡り、生野区勝山南と生野西地域の境を通じる道を東進。北生野商店街を抜けてJR大阪環状線の高架をくぐる前で天王寺区に入ります。

俊徳道せせらぎ広場

俊徳街道（7）　大阪市天王寺区

浄瑠璃にも織り込まれ

「摂津国分寺跡の碑」（大阪市天王寺区国分町の国分公園）

ＪＲ大阪環状線の高架をくぐり、天王寺区内の俊徳街道を進みます。街道のすぐ南、国分公園の一角に、「摂津国分寺跡」の碑あります。奈良時代に、五穀豊穣や国家安泰を祈って、各国に建立された国分寺と国分尼寺。摂津国（現在の大阪府西部と兵庫県南東部）の所在地は不明で、大阪市北区と中央区にも「国分」「国分寺」の名が残ります。大阪市教委の説明板は、国分町公園と周辺から奈良時代の古瓦が出土していることから、この地を所在地と考える説が有力だとしています。

「国分町」の信号で玉造筋を渡り、大阪市立聖和小学校の北を直進すると右（北）側に寺田町公園があります。その西端からは街道は消滅。比定ルートの一つ南の通を西に進んでいくと、四天王寺の南大門前に到着します。

四天王寺の南大門は大阪大空襲で焼失。1985年に再建されました

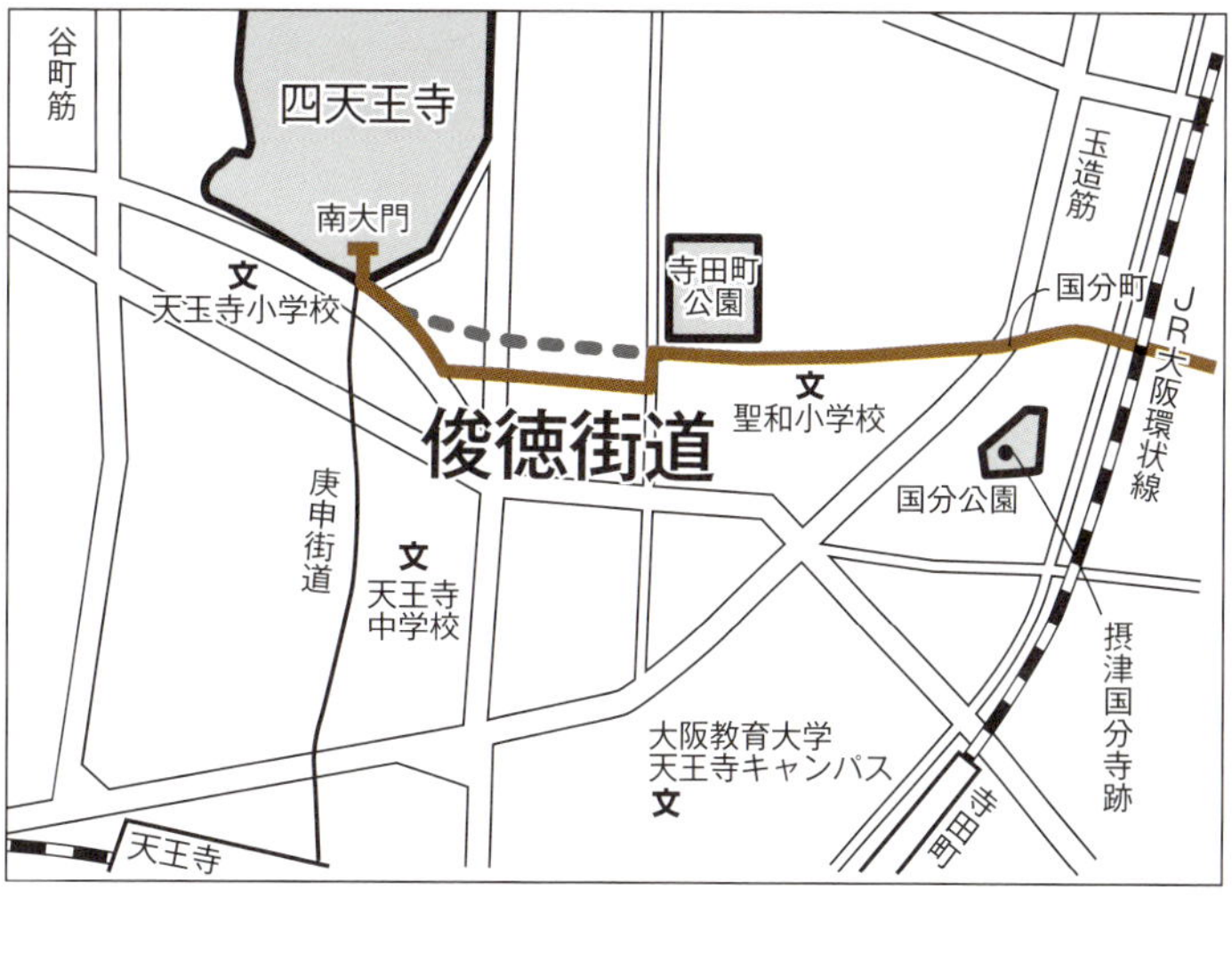

俊徳丸が舞楽修業のため、河内国高安（現在の八尾市）から四天王寺に通った伝説に由来する俊徳街道。俊徳丸の物語などを基にした人形浄瑠璃・歌舞伎「摂州合邦辻」のクライマックス「合邦住家の段」の終曲部分の詞章には、「仏法最初の天王寺、西門通り一筋に、玉手の水や合邦が辻と、古跡を留めけり」と、四天王寺の由来や周辺の伝承が織り込まれています。

庚申街道（1）　概観

街道名は民間信仰から

庚申（こうしん）街道の起点は四天王寺南大門前で、大阪市天王寺区から阿倍野区、東住吉区を通り、終点は大和川北岸の平野区内です。四天王寺南門の境内側に「日本最初庚申尊／四天王寺庚申堂参道／南大門より南へまっすぐ・信号を二つこえて歩いて二分」と、略地図を添えた立て看板があります。

「庚申」は中国の道教に由来する民間信仰。人間の体内に三尸（さんし）という3匹の虫がいて、その人が隠している罪過を知っているとされています。えとの組み合わせで60日ごとに巡ってくる庚申（かのえさる）の夜、睡眠中の人から抜け出して天に昇り、その人の罪や過ちを告げるとされています。

三尸の動きを封じる青面金剛童子（しょうめんこんごうどうじ、庚申尊）を祭るのが庚申堂。庚申の夜に一晩中寝ないで念仏などを行うのが「庚申待（こうしんまち）」と呼ばれる習俗です。

四天王寺は庚申尊が日本で最初に出現した地とされ、かつて庚申堂は、四天王寺の境内の一部だったとされています。庚申参りの道として「庚申街道」の名前が成立したのは、明治31（1898）年のことです。

四天王寺南大門の境内側から、まっすぐ南へ続く庚申街道を望む

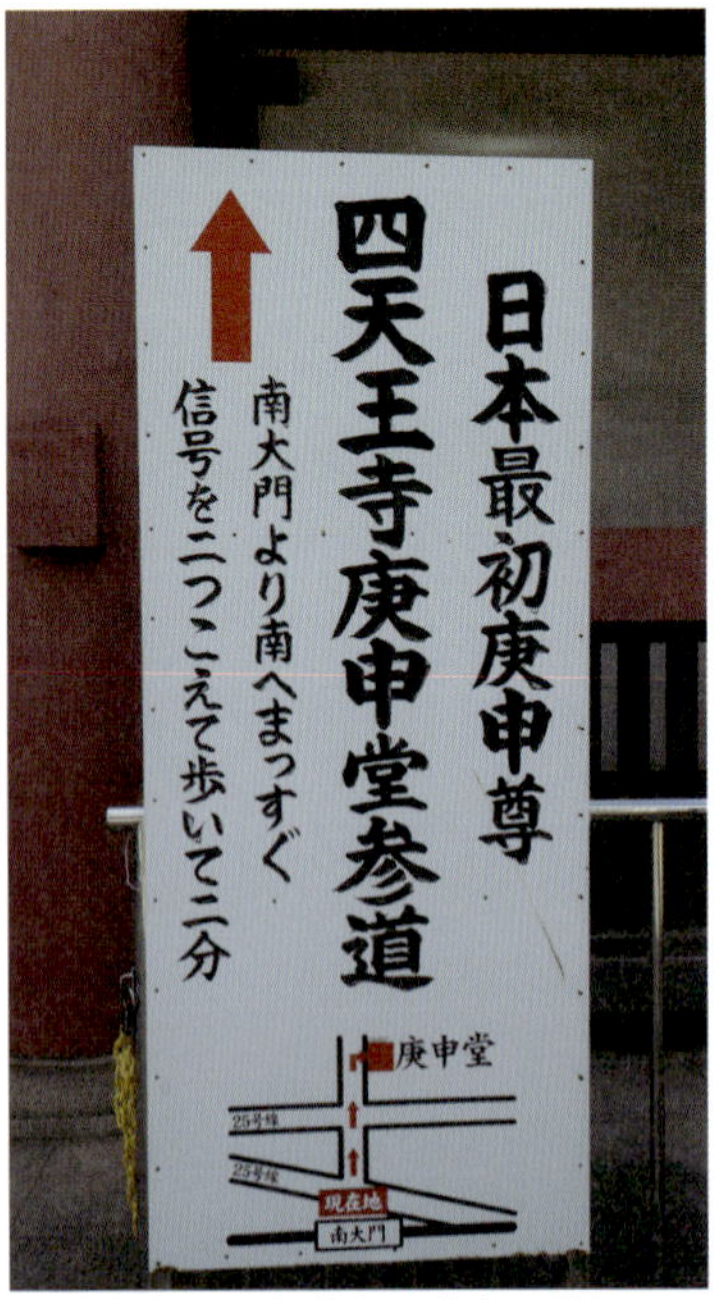

庚申堂への参道を示す立て看板

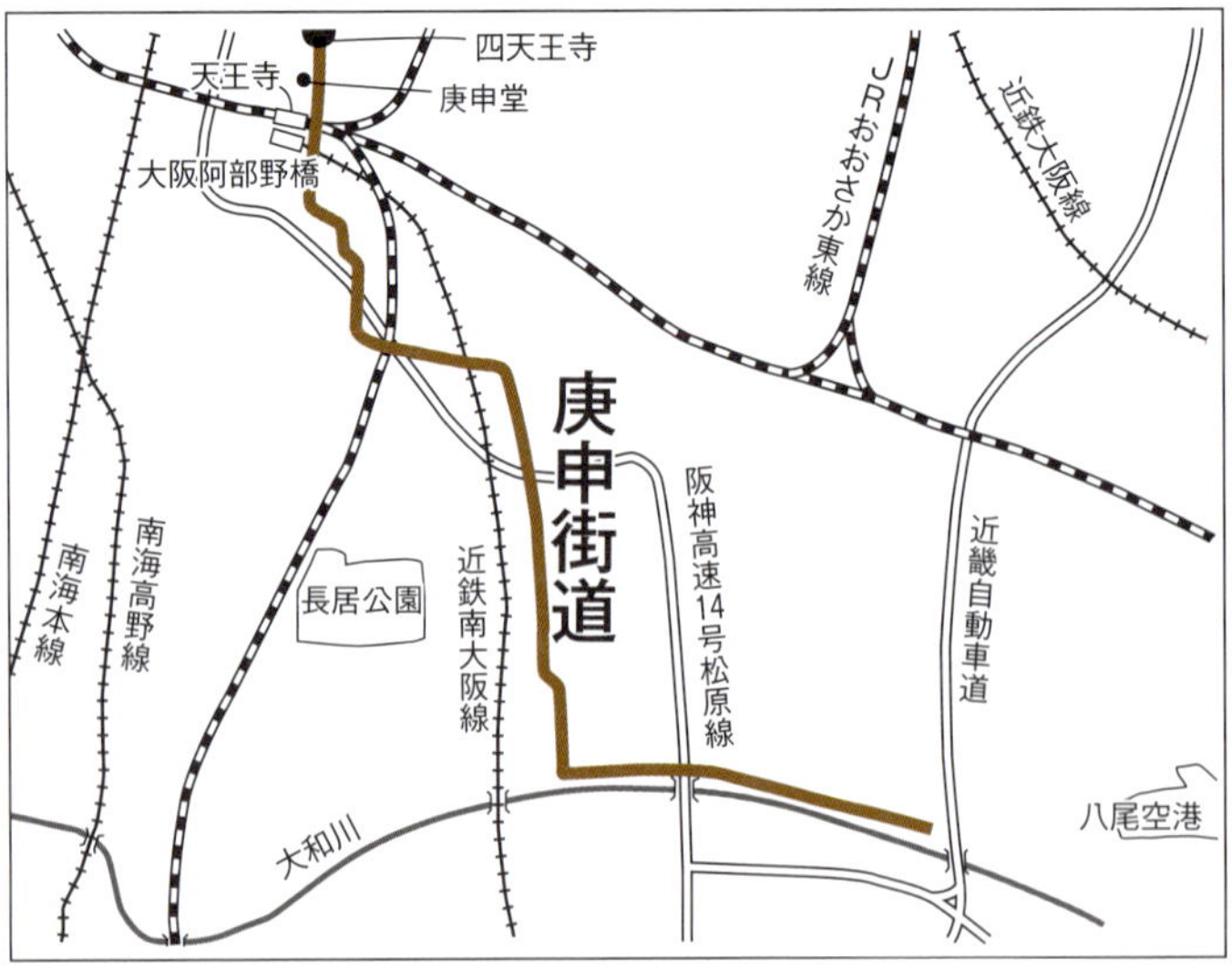

庚申街道（2）

大阪市天王寺区

義太夫墓所から庚申堂へ

四天王寺南大門前から南へ庚申街道を歩き始めます。道には「歴史の散歩道」であることを示す「つたい石」があり、南大門前から２つめの信号を渡った右手が超願寺。ここには義太夫節の祖、初代竹本義太夫（１６５１〜１７１４年）の墓があります。

義太夫は、超願寺に近い摂津国天王寺村の出身。１６８４年に道頓堀に竹本座を創設し、近松門左衛門と組んで操り芝居（人形劇）を興行。これが現代まで受け継がれている人形浄瑠璃・文楽の源流です。

超願寺を過ぎると、ほどなく右手に四天王寺庚申堂があります。本堂に祭られているのは青面金剛童子（庚申尊）。庚申の使いが猿とされていることから、「見ざる」「聞かざる」「言わざる」という三猿を祭る「三猿堂（さんえんどう）」が本堂の南向かいにあります。

60日ごとに巡ってくる「庚申（かのとさる）」の日（本庚申）とその前日（宵庚申）は「庚申まいり」の縁日。最もにぎわうのが、その年最初の庚申の日の「初庚申」です。

庚申堂の南には「谷の清水（清水の井戸）」があります。「四天王寺の名水」と呼ばれる清水が湧き出ていましたが、戦後はビル建設の影響で水が枯れ、現在はポンプでくみ上げています。

初代竹本義太夫の墓がある超願寺

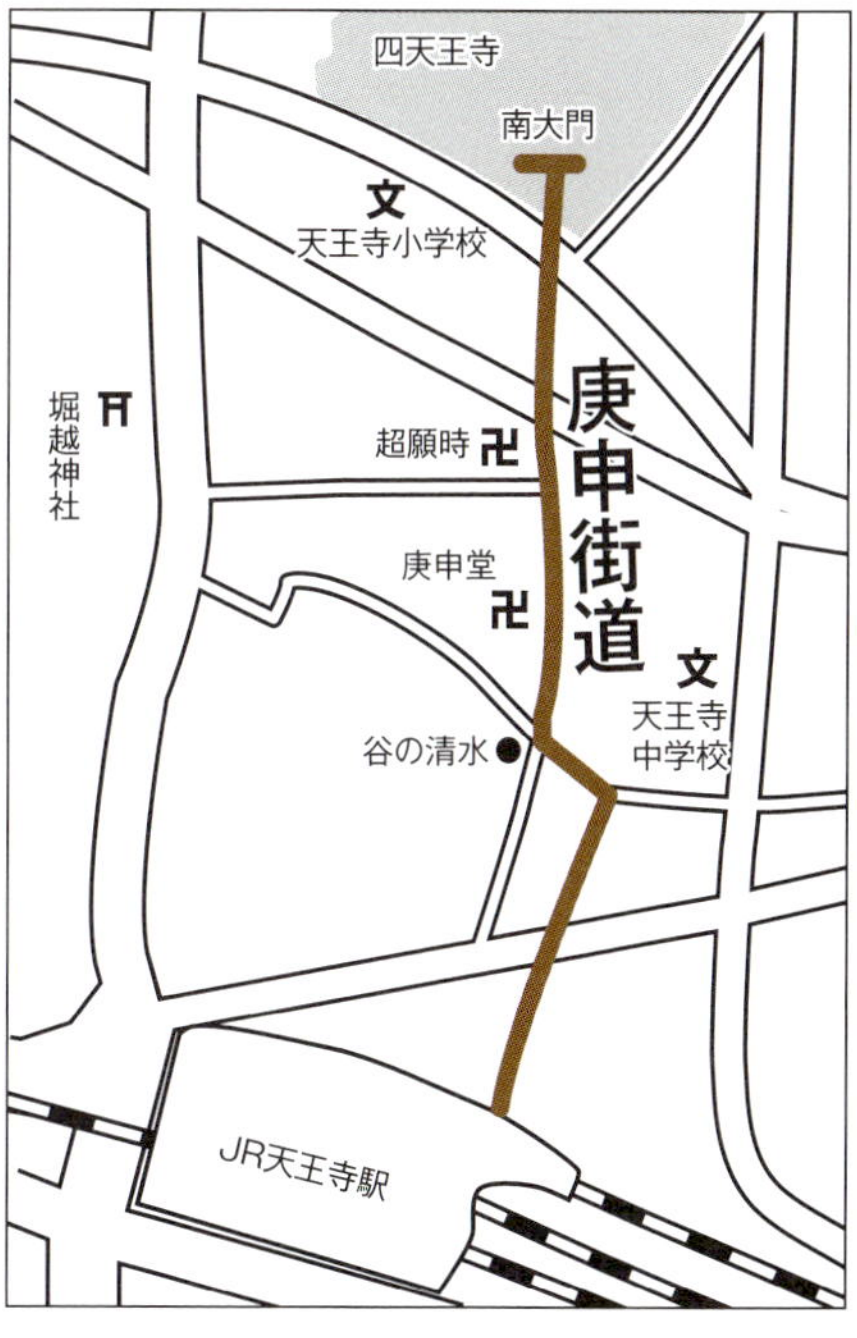

庚申堂境内の百度石にも刻まれた、「見ざる」「聞かざる」「言わざる」の三猿

庚申街道（3）　大阪市阿倍野区

街道沿いの名建築

「谷の清水」のある辻を東へ少し進んでから南へ折れ、玉造筋を渡って天王寺区南河堀（みなみこぼれ）町と非田院（ひでいん）町の間の

庚申堂の南にある「谷の清水」

道へ。JR天王寺駅の地下道とそれに続く陸橋を歩くと、あびこ筋に出ます。

近鉄大阪阿倍野橋駅東側の地下連絡通路を抜けて、南側の「松崎口」から地上に出ます。途中の広場にある「庚申街道歴碑」には、近鉄南大阪線の連続立体交差事業（1977年）で踏切が廃止され、現在の地下通路で駅の南北が結ばれたことが記されています。

専門学校や飲食店、マンションなどが混在する阿倍野区松崎町を歩いて行くと、大通り出ます。そこから左（東）へ進むと、あびこ筋（国道26号）との交差点。南東角にある阿倍野区役所前を過ぎた先で、あびこ筋から分かれて左（東）に入る道が街道です。

すぐに見える重厚な建物は、大阪市立工芸高校の校舎本館。

デザインと造形を総合的に学ぶデザイン系5学科と美術科からなる全国唯一の高校です（2022年度から府に移管）。大正12（1923）年の開校翌年に、現在地に校舎が竣工。19世紀のアールヌーボー様式の巨匠、ヴァン・デ・ヘルデが、ドイツのワイマール工芸学校をモデルに設計したものです。保存工事の後、2000年に大阪市指定有形文化財、08年に経産省の近代化産業遺産に指定されています。

街道沿いに立つ工芸高校の校舎。右が街道

庚申街道（４）

大阪市阿倍野区から東住吉区へ

大坂へ農作物を運んだ道

桃ヶ池公園

大阪市立工芸高校を過ぎて、阿倍野区文の里1丁目から2丁目、4丁目の住宅地を蛇行しながら進みます。明浄学院高校の西南角で右（南）へ折れ、阪神高速14号松原線の高架下をくぐると、すぐに松虫通に出ます。信号を渡ったところが桃ケ池公園。その北端を東へ回り込み、JR阪和線の高架を抜けると、東住吉区に入ります（北田辺5丁目）。

ここからしばらく、松虫通の一つ南の通りを東へ直進します。最初の信号を渡ると、北田辺6丁目。道の右手（南側）に、地元有志の人々が設置した、庚申街道の「歴史顕彰板」があります。それによると、この一帯は旧北田辺村の北辺。江戸時代には、木綿や田辺大根を生産する大坂の近郊農村でした。庚申街道は四天王寺や庚申堂に参詣する「信仰の道」であるとともに、日常的には牛馬車を使って農作物や肥料の運搬に利用されたとのことです。

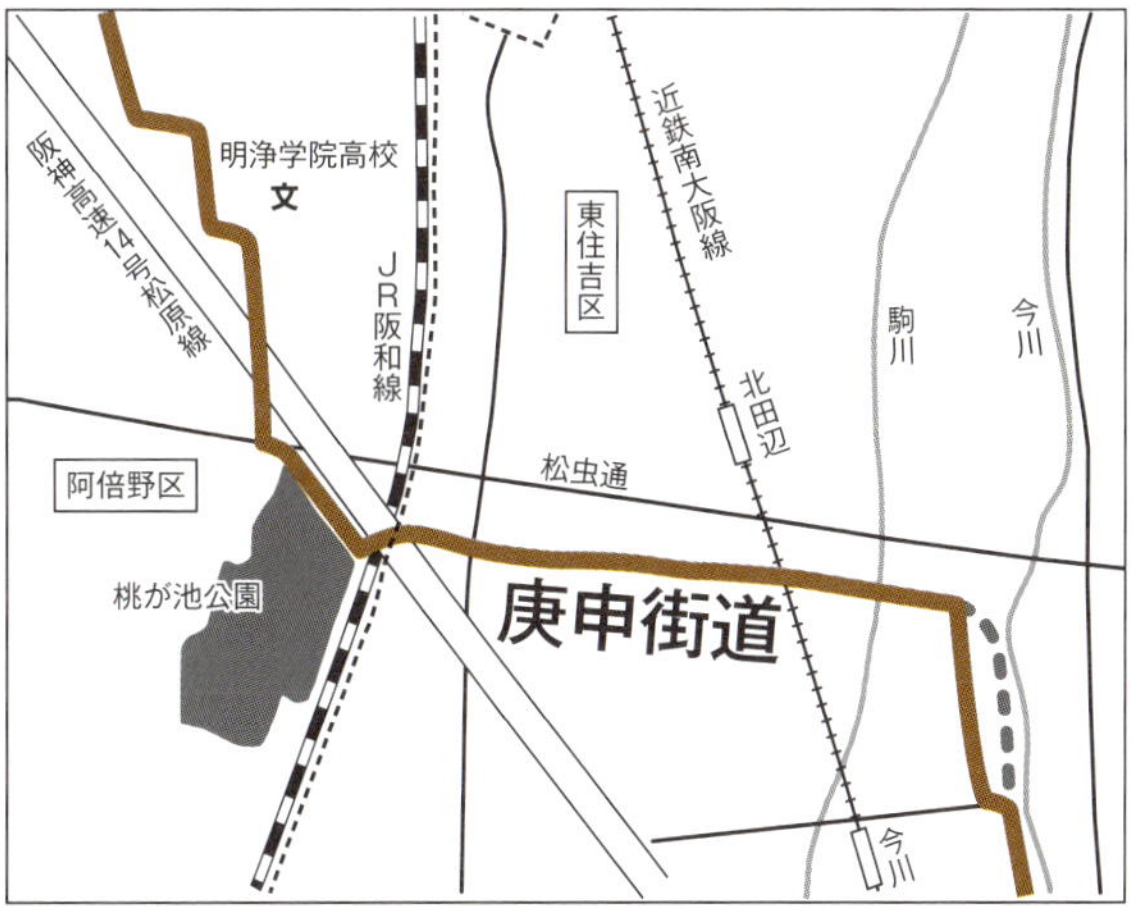

沿道には白壁の土蔵がある古民家も残っています。近鉄南大阪線の高架を過ぎると駒川2丁目。その先、南北に流れる駒川に架かる「北田辺橋」を渡ると、西今川2丁目。さらに行くと、今川の手前で街道の道筋は消滅。今川に沿って南北に連なる緑道の西側の道を南へ進み、近鉄大阪線の「今川」駅の東、今川3丁目から街道が復活して、さらに南へと歩いていきます。

東住吉区北田辺の街道沿いの「歴史顕彰板」

庚申街道（5） 大阪市東住吉区

「針中野」の地名ともなり

東住吉区西今川地域を南へ進み、阪神高速14号松原線の高架を越えると針中野地域。針中野1丁目と2丁目を分ける道筋の左手（東側）にある中井神社を過ぎた先の辻、針中野3丁目の郵便ポストの隣に、道標が立っています。「でんしゃのり」「はりみ」と地面に埋もれて途切れています。3丁目に続く街道の少し先にも道標がもう一つ。ここでは「でんしゃのりば」「はりみち」と読み取れます。

「はりみち」「でんしゃのりば」の道標（東住吉区針中野3丁目）

「でんしゃのりば」は、街道の西を走る近鉄南大阪線の針中野駅ではなく、南海平野線（1980年廃線）の中野駅のこと。「はりみち」は、3丁目にある中野鍼灸院への道案内です。

中野鍼灸院の起源は平安時代。明治時代には西洋医学を取り入れた独自の針治療を行い、近畿一円から「中野鍼まいり」と呼ばれるほど患者が訪れたとか。大正3（1914）年に南海平野線が開通したとき、中野駅から同院までの庚申街道沿い320メートルの間に7基の道標が立てられ、そのうち2基が残っています。

中野家は大阪鉄道（現近鉄南大阪線）の開通にも尽力。そのお礼に最寄りの駅名を「針中野」としたとされており、一帯の地名にもなっています。

街道は湯里（ゆざと）地域から長居公園通を越えて照ケ丘矢田、住道（すんじ）矢田へと南へ続き、大和川の右岸堤防へと上がります。

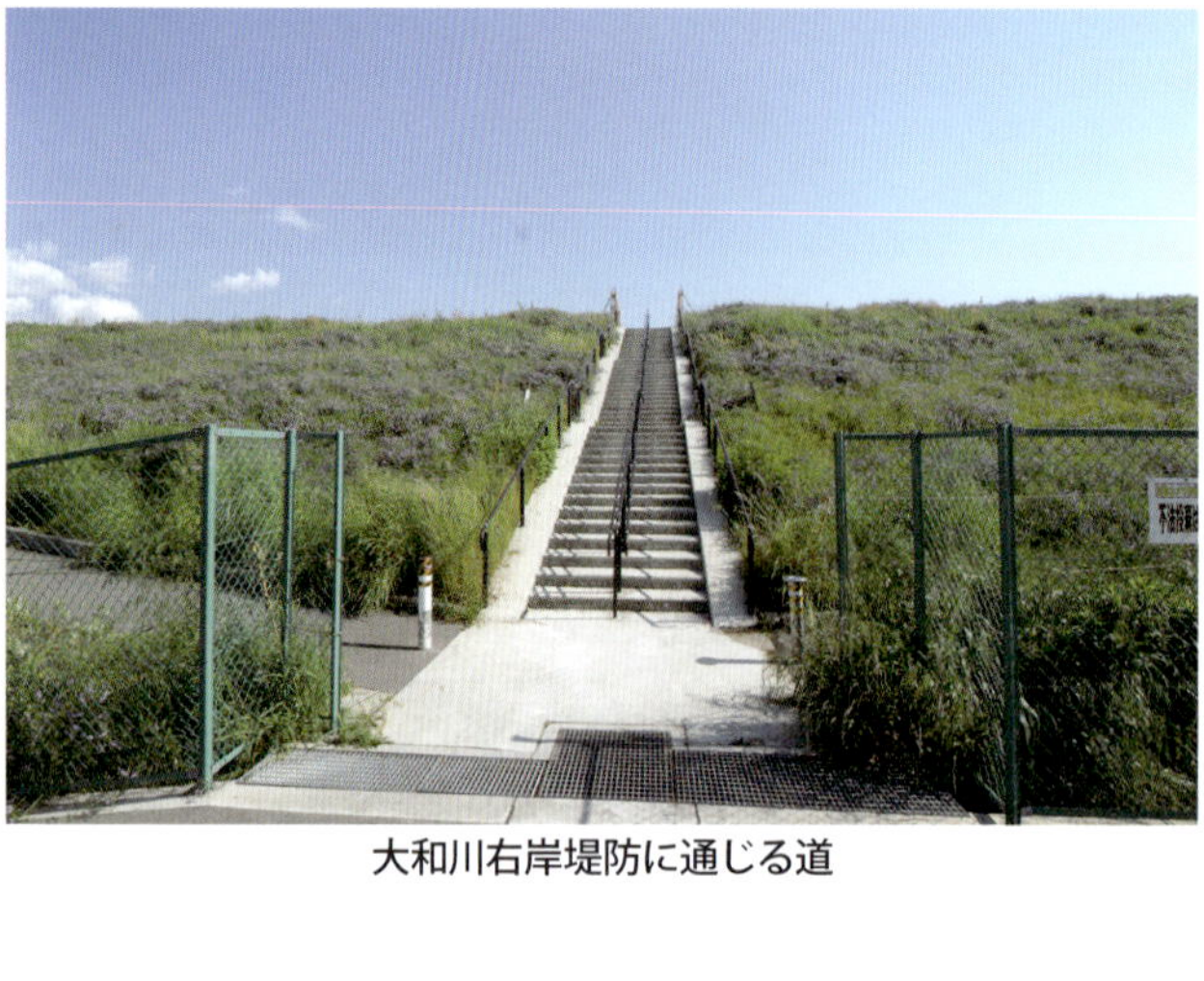
大和川右岸堤防に通じる道

庚申街道（6）平野区内

大和川堤防を行く

大和川右岸堤防

東住吉区住道（すんじ）矢田で大和川右岸の堤防に上がり、平野区内へ。堤防道をひたすら東へ進んで行きます。大和川は2013年9月の台風18号と17年10月の台風21号による大雨で増水しました。氾濫の恐れがあることから、2度にわたり流域自治体に避難勧告が発令。治水対策の抜本的な強化が課題になっています。

阪神高速14号松原線の下をくぐった先、大和川に架かっているのが高野（こうや）大橋で、橋の親柱に顕彰碑があります。約200メートル上流に、大阪から高野山方面に向かう中高野街道が南北に通じており、明治初年に私設橋が架けられました。現在の位置に架け替えられたのは1954年です。

さらに東へと歩き、明治橋を越えると、平野区長吉川辺（ながよしかわなべ）地域。左手（北側）の堤防下に大阪市立川辺小学校と川辺八幡神社の森が見えます。

同神社の創建年月は不明。1704年の大和川付け替え工事で、広大な社領の大部分が川床になりました。

四天王寺南大門から歩き始めた庚申街道。神社の東で、平野区内を南下してきた古市街道と合流します。付近には古い街並みが残っています。

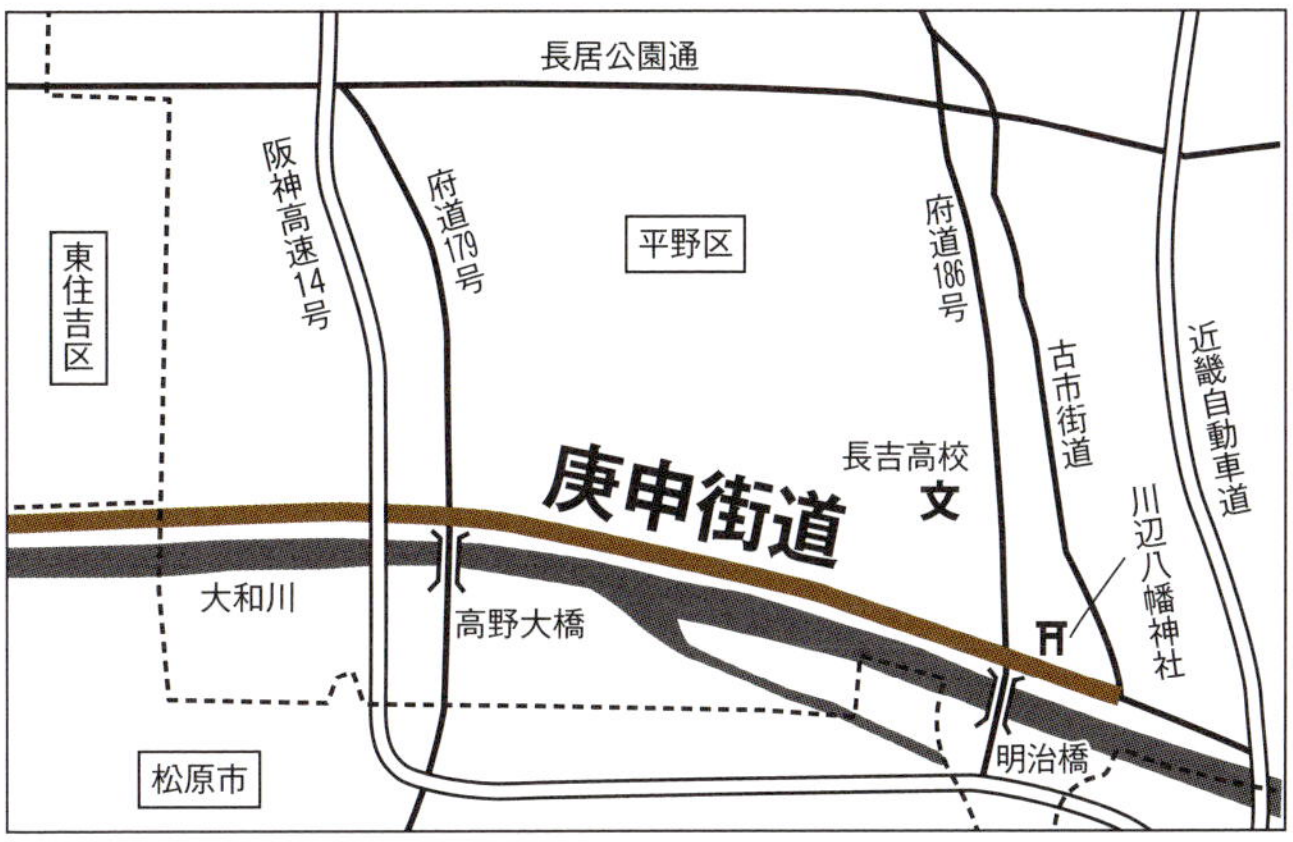

庚申街道と合流する古市街道の街並み

自分の「目の高さ」と「歩幅」で
むすびに代えて

「大阪民主新報」で、本書の基になった「大阪の街道を歩く」を連載していた当時、読者の方から、「毎号の連載を切り抜いている」「地図を頼りに自分も街道を歩いてみた」など、数多くの感想や励ましを寄せていただきました。少なくなかったのは、「連載をぜひ本にしてほしい」との要望。街道以外の記者活動に追われる中、書籍化を決断するまで時間がかかりましたが、ようやく、こうして形にすることができました。

大阪の街道には、本書で扱った以外にも、さまざまあります。それらを取り上げたのが、「大阪民主新報」で2021年から3年間連載した「続・大阪の街道を歩く」。取り上げたのは、次の諸街道です（連載順）。

紀州街道（32回）
西高野街道（17回）※本書所収
能勢街道（26回）
孝子越街道（20回）
長尾街道（17回）
亀岡街道（20回）
枝切街道（3回）
粉河街道（3回）
富田林街道（4回）

なお、本書に収録した「大阪市域の諸街道」の連載では、紀州街道（11回）と亀岡街道（7回）を紹介しました。「続・大阪の街道を歩く」で扱った紀州街道と亀岡街道は、それぞれ、大阪市域からの続きという位置付けです。いずれも府域全体の経路を通して扱いたいという思いから、両街道の大阪市域については本書に収録していません。

◇

連載中には、読者の方から「この記事は、本当に街道を歩いて書いているのか？」との問い合わせもありましたが、取材の大前提は、大阪府域の街道を「実際に自分の足で歩き通す」ということでした。

各街道について、国道や府道に吸収されてしまった区間は、なるべく旧道に近い道をたどりました。市街化や再開発などで旧道が寸断・消滅している場合は適宜、う回路を歩いて対応しています。正・続合わせて6年間の連載で、「街道歩き」を通して大阪府内のすべての市町村を訪ね歩きました。大阪府内を通して歩いた諸街道の延長は、計約362キロメートルです。

◇

記者は、「足で稼ぐ」仕事だといわれます。「街道歩き」は、まさに「歩く」ことそのものが軸でした。1989年に「大阪民主新報」記者になって以来、大阪府内各地に取材で出掛けてきましたが、街道となると、ほとんど初めて歩く道です。地図と突き合わせて街道の経路を確認しながら歩きますが、途中で道が分岐する場合、どちらが街道なのか、慣れないうちは戸惑うこともありました。

それでも自分の「目の高さ」と「歩幅」で進んでこそ、見えてくるものがあります。街道の道ばたに残る古い道標は、小さくても見落とすことがありません。その道を歩いた人々のために、立てられたものだからでしょう。

道をたどっていくと、街道に面して古民家が軒を連ね、地元の人々の生活道路となっている地域もあります。国道や府道から分かれて街道の道筋が残っている区間を行けば、なぜそこに街道が通じていたのかが分かります。何よりも、街道を歩くことを通じて、大阪には縄文時代から現代までの歴史が積み重なっていることを実感せずにはいられません。それらは府民の共有財産です。

大阪府域の北は北摂や豊能、東は北河内、中河内、南河内、南は堺から泉州と、それぞれの地域に応じて多様な営みがあります。大阪は「ものづくりの街」「商売の街」といわれますが、街道を歩けば大阪の農林漁業に出会います。

第3章「熊野街道」で泉州地域を歩いたのは6月上旬で、ちょうどタマネギの収穫期。沿道にはたまねぎの香りがいっぱいでした。「熊野街道」の初日に歩いたのは、大阪市中央区の八軒家浜から住吉区の住吉大社まで。その日の街道歩きを終えて、住吉大社の東、熊野街道と住吉街道が交わる北東角にある池田屋本舗に立ち寄りました。「住之江味噌」で知られる味噌の老舗です。

何種類かの味噌を求めると、ご当主が「きょうはどちらから?」。「八軒家屋浜から熊野街道を歩いて来ました」と話すと、「それは、ご苦労さまでです。ぜひ熊野の本宮まで行って下さい」。こうしたやり取りは連載の記事では書かなかったものの、「街道歩き」の中では沿道の人々とのさまざまな触れ合いもありました。街道歩きは、楽しいのです。

◇

実は「街道歩き」を始めたのは、個人的な事情が大きなきっかけです。50歳になる前後から健康診断の結果が悪く、保健指導も受けていました。生活習慣の改善で食生活を見直すとともに、仕事を含めて「より積極的に歩く」ことを重視。日頃からウォーキング用の靴や靴下をはき、歩数計を導入して日々記録するようにしました。

そこで、大阪府域の街道の道筋を実際に歩き、沿道の街並みや史跡を紹介していく連載を企画。生活習慣改善の「歩き」と、仕事の「街道歩き」の甲斐あってか、半年ほどで体重は10キロほど減って理想体重に。体が軽くなり、脚力もついたことで、街道もさらに楽しく歩けるという、〝好循環〟となりました。

健康で、体力あってこその「街道歩き」ですが、いくつかの自治体を訪ねると、街道を走るコミュニティーバスとも出会いました。住宅地であっても、あたりに商店や病院などが見当たらない地域もあります。「住民の足」となる身近な公共交通の充実、コミュニティーづくりが、いよいよ切実になっている——このことを大阪府内各地を歩いて実感しました。

◇

最後に、本書の出版に当たって、日本機関紙出版センターの丸尾忠義さんに、大変お世話になりました。紙面での連載は基本的にモノクロでしたが、本書ではフルカラーとなり、未使用の写真も追加。写真には所在地を地図検索できるQRコードを添えることなど、さまざまな提案、助言をいただきました。その結果、新聞連載とは異なる一冊となりました。心から感謝いたします。

2024年8月　小西進

主な参考文献

〔総論〕
大阪府編『大阪府誌』（1904年　国立国会図書館デジタルコレクション）
神野清秀『大阪の街道』（松籟社　1989年）
武藤善一郎『改訂版　大阪の街道と道標』（サンライズ出版　1999年）
今井修平・村田路人編『大阪　摂津・河内・和泉』（街道の日本史33　吉川弘文館　2006年）
三善貞司『大阪史蹟事典』（清文堂　1986年）
藤岡謙二郎他編『日本歴史地理用語辞典・新装版』（柏書房　1991年）
藤本篤他監修『大阪府の歴史』（山川出版社　1996年）
武部健一『道路の日本史　古代駅路から高速道路へ』（中央公論新社　2015年）
大阪府内の各市町村史

〔西国街道〕
大阪府教育委員会『歴史の道調査報告書　第六集　西国・丹波街道』（1990年）
大阪府都市整備部『歴史街道ウォーキングマップ　西国街道』（2005年）
『西国街道』（向陽書房　1980年）
『椿の御本陣』（向陽書房　1986年）
『山崎通郡山宿　椿之本陣宿帳―元禄九年～明治三年』（向陽書房　2000年）
茨木市教育委員会『わがまち茨木―街道編―』（1992年）

〔京街道〕
大阪府教育委員会『歴史の道調査報告書　第五集　京街道』（1989年）
大阪府都市整備部『歴史街道ウォーキングマップ　京街道』（2005年）
横井三保著・上方史蹟散策の会編『大阪・高麗橋～京都・伏見宿　京街道』（向陽書房、2009年・二版）
枚方市教育委員会『市立枚方宿鍵屋資料館展示案内』（2001年）

〔熊野街道〕
大阪府教育委員会『歴史の道調査報告書　第一集　熊野・紀州街道』（1987年）
大阪府都市整備部『歴史街道ウォーキングマップ　熊野街道』（2005年）
小山靖憲『熊野古道』（岩波書店　2000年）
神坂次郎『熊野御幸』（新潮社　1922年）
神坂次郎『熊野路』（保育社　1978年）
長谷川靖高『熊野王子　巡拝ガイドブック』（新風書房　2007年）
『大阪人』2004年9月号　特集・熊野街道と大阪（財団法人大阪都市協会）
北川央編『おおさか図像学　近世の庶民生活』（東方出版　2005年）

〔暗越奈良街道〕
大阪府教育委員会『歴史の道調査報告書　第四集　奈良街道』（1989年）
大阪府都市整備部『歴史街道ウォーキングマップ　暗越奈良街道』（2007年）
玉造稲荷神社『伊勢参宮本街道・行程図』（第3版　2012年）
鎌田道隆『お伊勢参り』（中央公論新社　2013年）
杉山三記雄『河内の街道を歩く④　暗越奈良街道を歩いた旅人たち』（読書館　2017年）

〔東高野街道〕
大阪府教育委員会『歴史の道調査報告書　第二集・高野街道』（1988年）、
大阪府都市整備部『歴史街道ウォーキングマップ　東高野街道』（2006年）
上方史蹟散策の会編『東高野街道』（向陽書房　上・1990年、下・1991年）

羽曳野市教育委員会『歴史の散歩道　羽曳野市近辺の史跡と文化財(改訂版)』(１９８０年)
河内長野市教育委員会『シリーズ河内長野の遺跡９　高野街道』(２０１５年)
大阪歴史教育者協議会堺支部『歴史たんけん堺』(２０１１年)
〔西高野街道〕
大阪府教育委員会『歴史の道調査報告書　第二集・高野街道』(１９８８年)、
大阪府都市整備部『歴史街道ウォーキングマップ　高野街道・西高野街道』(２００６年)
河内長野市教委『シリーズ河内長野の遺跡９　高野街道』(２０１５年)
横山豊『西高野街道に遊ぶ』(新葉館出版・２００９年)
堺市北区『～地域を歩き・地域を学ぼう～西高野街道と百舌鳥探訪マップ』(２０１６年)
〔竹内街道〕
大阪府教育委員会『歴史の道調査報告書　第三集　長尾街道・竹内街道』(１９８８年)
大阪府都市整備部『歴史街道ウォーキングマップ　竹内街道』(２００５年)
上方史蹟散策の会編『竹内街道』(向陽書房１９８８年)
太子町立竹内街道歴史資料館『平成６年度企画展　絵図で見る竹内街道』(２０１９年改訂版)
〔大阪市域の諸街道〕
旧街道調査委員会『大阪市の旧街道と坂道』(大阪市土木技術協会、大阪市都市協会、１９８５年)
藤本篤監修『歴史の散歩道　大阪市史跡連絡遊歩道』(大阪市土木技術協会、１９９１年)
小山仁示『改訂・大阪大空襲　大阪が壊滅した日』(東方出版、１９８９年)
〔その他〕
大阪民主新報社『大阪の史跡を訪ねて』全３巻(ナンバー出版　１９７８年改定新版)
『大阪春秋』第１１０号特集「大阪新百景　私の好きな散歩道」(大阪春秋社　２００３年)
祐田善雄校注『文楽浄瑠璃集』(岩波書店　日本古典文学大系99　１９６５年)
桂米朝『米朝ばなし　上方落語地図』(講談社文庫　１９８４年)
中沢新一『大阪アースダイバー』(講談社２０１２年)
森田敏彦『大阪戦争モノ語り　街かどの「戦跡」をたずねて』(清風堂書店　２０１５年)
大阪地域地学研究会・中川康一監修『関西地学の旅２　街道と活断層を歩く』(東方出版２００１年)
追手門学院上町学プロジェクト『上町学　再発見・古都おおさか』(学校法人追手門学院２０１１年)
同『上町学を創造する　よみがえる古都おおさか』(追手門学院大学出版会・丸善出版２０１５年)
新之介『凹凸を楽しむ　大阪「高低差」地形散歩』(洋泉社　２０１６年)
同『凹凸を楽しむ　大阪「高低差」地形散歩広域編』(洋泉社　２０１７年)

初出（「大阪民主新報」紙上連載、特記以外は連載「大阪の街道を歩く」）と取材の記録

○西国街道（２０１７年１月１日・８日合併号～３月26日号　12回）
取材　２０１６年12月15日：大山崎―高槻市・芥川宿／２０１７年１月３日：高槻市・芥川宿―茨木市・豊川／１月12日：茨木市・豊川―伊丹市

○京街道（２０１７年４月２日号～８月６日号　18回）
取材　２０１７年２月16日：高麗橋―守口市・文禄堤―八島／２月25日：守口市―枚方市・光善寺／３月９日：寝屋川―枚方市・枚方宿／４月２日：枚方市―八幡市／６月13日（補足）：樟葉―橋本

○熊野街道（２０１７年８月13日・20日合併号～12月24日号　19回）
取材　２０１７年５月１日：八軒屋浜―住吉大社／５月18日：住吉大社―堺市西区・鳳／６月１日：堺市西区・鳳―岸和田市・久米田／６月４日：岸和田市・久米田―泉佐野市／６月６日：泉佐野市―阪南市

○暗越奈良街道（２０１８年12月31日・２０１９年１月７日合併号～２月25日号　８回）
取材　２０１７年11月28日：大阪市中央区・安堂寺橋―暗峠

○東高野街道（２０１８年12月30日・２０１９年１月６日合併号～９月22日号、33回）
取材　２０１８年11月29日：八幡市―交野市・星田／２０１９年１月５日：交野市・星田―大東市：野崎／１月13日（補足）：交野市・星田／２月21日：大東市・野崎―東大阪市・瓢箪山／４月４日：東大阪市・瓢箪山―八尾市・服部川／４月６日：八尾市・服部川―柏原市・安堂／５月９日：柏原市・安堂―富田林・寺内町／５月30日：富田林・寺内町―河内長野・西高野街道との合流点／８月22日（補足）：河内長野市・汐の宮付近

○西高野街道（続「大阪の街道を歩く」２０２１年９月５日号～12月26日号、17回）
取材　２０２１年５月22日：堺市堺区・竹内街道分岐点―河内長野市・東高野街道合流点／２０２１年５月25日（補足）：河内長野市・九里石所在地／２０２１年５月28日：河内長野市・東高野街道合流点―紀見峠

○竹内街道（２０１９年９月29日号～２０１９年12月22日号、13回）
取材　２０１９年６月６日：堺市堺区・大小路―羽曳野市・古市／６月13日：羽曳野市・古市―竹内峠

大阪市内の諸街道

○大和田街道（２０１８年３月４日号～４月22日号、８回）
取材　２０１８年２月16日：大阪市北区・西天満―大阪市福島区・淀川大橋／３月13日：大阪市福島区・淀川大橋―大阪市西淀川区・佃

○古堤街道（２０１８年４月29日・５月６日合併号、１回）
取材　２０１８年２月22日：大阪市都島区・京橋―大東市・鴻池新田／４月22日（補足）・大阪市城東区内

○俊徳街道（２０１８年５月13日号～６月24日号、７回）
取材　２０１８年５月１日：八尾市、東大阪市・俊徳道―大阪市天王寺区・四天王寺

○庚申街道（２０１８年７月１日号～８月５日号、６回）
取材　２０１８年５月10日：大阪市天王寺区・四天王寺―大阪市平野区

【著者（文・写真）紹介】

小西　進（こにし　すすむ）

1965年、京都・西陣生まれ。1989年、関西大学文学部哲学科を卒業、「大阪民主新報」記者に（～現在）。著書に『「橋下総理」でいいんですか？　記者が見たウソ・ホント』（日本機関紙出版センター　2012年）

大阪の街道を歩く　徹底ガイド　東西南北11ルート

2024年9月20日　初版第1刷発行

著者　小西進
発行者　坂手崇保
発行所　日本機関紙出版センター
〒553-0006　大阪市福島区吉野3-2-35
TEL 06-6465-1254　FAX 06-6465-1255
http://kikanshi-book.com/　hon@nike.eonet.ne.jp
本文組版　Third
編集　丸尾忠義
印刷・製本　シナノパブリッシングプレス

Printed in Japan
ISBN 978-4-88900-291-1